全国高等院校"十二五"规划教材

Linux 操作系统实用教程

张文斌　于张红　刘淑蓉　主编

中国农业科学技术出版社

图书在版编目（CIP）数据

Linux 操作系统实用教程 / 张广斌，于张红，刘淑蓉主编. —北京：中国农业科学技术出版社，2012.8
ISBN 978-7-5116-0951-9

Ⅰ. ①L… Ⅱ. ①张…②于…③刘… Ⅲ. ①Linux 操作系统 – 教材 Ⅳ. ①TP316.89

中国版本图书馆 CIP 数据核字（2012）第 122099 号

责任编辑　闫庆健　李　倩
责任校对　贾晓红

出 版 者	中国农业科学技术出版社 北京市中关村南大街 12 号　邮编：100081
电　　话	（010）82106632（编辑室）（010）82109704（发行部） （010）82109709（读者服务部）
传　　真	（010）82106632
网　　址	http://www.castp.cn
经 销 者	各地新华书店
印 刷 者	北京建宏印刷有限公司
开　　本	787 mm×1 092 mm　1/16
印　　张	14.875
字　　数	374 千字
版　　次	2012 年 8 月第 1 版　2018 年 7 月第 3 次印刷
定　　价	48.00 元

版权所有·翻印必究

《Linux 操作系统实用教程》编委会

主　　编　张广斌　于张红　刘淑蓉

副主编　王剑锋　耿清甲　蹇玉清　曹丽君

编　　委　（按姓氏笔画排序）

　　　　　李玉香　宋金玲　蔡黔鹰

主　　审　崔　勇

内容提要

本书从易用性和实用性出发，以实际操作中命令方式介绍 Linux 系统的应用知识。本书以 Red Hat Enterprise Linux 5 中文版为基础进行编写，全书内容分三部分：系统管理篇、网络服务篇和项目实训篇。共分 15 章，主要介绍 Linux 系统基础知识、Linux 安装与基本操作、Linux 图形界面、文本界面、文件管理、用户管理与权限管理、文件系统管理、进程与作业管理、网络配置、DHCP 服务器、Samba 服务器、DNS 服务器、Web 服务器、Linux 系统管理项目实训、Linux 网络服务管理实训等内容。

本书可供众多 Linux 用户、系统管理员和项目开发人员学习与应用，是 Linux 系统的理想参考书，可作为高等院校计算机相关专业的教材，也可作为各类 Linux 教学培训用教材及自学参考资料。

前　言

当今操作系统，主要有 Windows 和 Unix 两大阵营。从计算机专业角度来看，学生都应该学会使用这两种操作系统。Unix（如 Solaries、AIX 等）是成熟的网络操作系统，然而它们更是商业化的操作系统，具有不菲的价格。而 Linux 可以说是免费的、源代码共享的 PC 版的 Unix 系统，它为我们学习和研究 Unix 操作系统提供了可能，更为难得的是 Linux 在实际中也经常作为生产平台使用。

目前 Linux 主要用在服务器和嵌入式系统两个方面，但用于桌面方面则与 Windows 还有一些差距。本书是以 Red Hat Enterprise Linux 5 中文版为基础，从实用角度编写，具有以下特色。

在内容选取上，坚持集先进性、科学性和实用性于一体，尽可能地将最新、最实用的技术写到教材里，其中许多内容来自企业应用的一手材料。

在内容深浅程度上，以理论够用、侧重实践、由浅入深的原则，通过大量的实例，让学生分层次、分步骤地理解和掌握所学的知识。

在组织结构上，采用模块化编写，分为系统管理篇、网络服务篇和项目实训篇。

由于本书面向对象是 Linux 的入门者，所以书中尽可能以实例说明命令的使用和各配置的使用方法。Linux 是一个功能强大的操作系统，笔者并未把全部内容囊括其中，而是选择最基本、最实用的内容入编。除了普通讲授部分外，本书最后一部分以项目实训方式，将之前各章的知识点融入实训项目中，以学生能按要求完成项目任务为出发点，以工程实践为基础，注重学生实践能力的锻炼，通过精心设计的实训任务，加深学生对知识的理解。

本书由张广斌、于张红、刘淑蓉主编，王剑锋、耿清甲、寒玉清、曹丽君为副主编，李玉香、宋金玲、蔡黔鹰等参编。其中第八章张广斌编写，第九章曹丽君编写，第十章至第十二章于张红编写，第四章至第五章王剑锋编写，第六章至第七章刘淑蓉编写，第一章至第二章耿清甲编写，第三章李玉香编写，第十三章寒玉清编写，第十四章宋金玲、刘淑蓉编写，第十五章蔡黔鹰、于张红编写。全书由张广斌、于张红统稿。

由于时间仓促，加之笔者水平有限，不当之处在所难免，恳请读者批评指正。

编　者

2012 年 7 月

目 录

第一部分 系统管理篇 ………………………………………………… (1)

第一章 Linux 简介 ……………………………………………………… (3)
1－1 什么是 Linux ……………………………………………………… (4)
1－2 Linux 的起源与发展 ……………………………………………… (4)
1－3 Linux 的特点 ……………………………………………………… (5)
1－4 Linux 的组成 ……………………………………………………… (6)
1－5 Linux 版本 ………………………………………………………… (8)
1－6 Linux 的应用现状与发展前景 …………………………………… (9)
1－7 Linux 的基本原理 ………………………………………………… (11)
本章小结 …………………………………………………………………… (14)

第二章 Linux 安装与基本操作 ………………………………………… (15)
2－1 Red Hat Enterprise Linux 简介 ………………………………… (16)
2－2 安装前的准备工作 ………………………………………………… (16)
2－3 安装仅有 RHEL Server 5 的计算机 ……………………………… (18)
2－4 首次启动 RHEL Server 5 ………………………………………… (29)
2－5 安装 Windows 与 RHEL Server 5 双系统的计算机 …………… (35)
2－6 安全删除 Linux …………………………………………………… (38)
本章小结 …………………………………………………………………… (41)

第三章 Linux 图形界面 ………………………………………………… (43)
3－1 X Window 简介 …………………………………………………… (44)
3－2 GNOME 桌面环境 ………………………………………………… (45)
3－3 GNOME 下的系统设置 …………………………………………… (49)
3－4 GNOME 下的办公软件 OpenOffice.org 简介 …………………… (54)
本章小结 …………………………………………………………………… (54)

第四章 文本界面 ………………………………………………………… (56)
4－1 文本界面简介 ……………………………………………………… (57)
4－2 简单 Shell 命令实例 ……………………………………………… (61)
4－3 深入 Shell …………………………………………………………… (67)
4－4 文本编辑器 vi ……………………………………………………… (73)
4－5 图形化用户界面与文本界面 ……………………………………… (76)

4－6　zhcon 中文平台 ··· (78)
　本章小结 ·· (78)
第五章　文件管理 ··· (80)
　5－1　文件概述 ·· (81)
　5－2　文件与目录操作 ·· (85)
　5－3　文件归档与压缩 ·· (89)
　5－4　RPM 软件包管理 ·· (92)
第六章　用户管理与权限管理 ··· (96)
　6－1　用户和组群的基本概念 ··· (97)
　6－2　用户和组群相关的配置文件 ·· (98)
　6－3　用户和组群管理的 Shell 命令 ··· (101)
第七章　文件系统管理 ·· (108)
　7－1　文件系统概述 ··· (109)
　7－2　文件系统的挂载与卸载 ··· (110)
　7－3　磁盘管理 ·· (113)
　7－4　文件系统配额 ··· (115)
第八章　进程与作业管理 ·· (120)
　8－1　进程与作业简介 ·· (121)
　8－2　启动进程 ·· (121)
　8－3　作业切换 ·· (122)
　8－4　管理进程与作业的 Shell 命令 ··· (123)
　8－5　进程调度 ·· (128)
第九章　网络配置 ··· (132)
　9－1　Linux 网络配置基础 ·· (133)
　9－2　配置 Linux 网络 ·· (137)
　9－3　Linux 的网络安全 ··· (145)
　本章小结 ·· (147)

第二部分　网络服务篇 ·· (149)

第十章　DHCP 服务器 ··· (151)
　10－1　DHCP 服务简介 ·· (152)
　10－2　安装 DHCP 服务器 ··· (153)
　10－3　DHCP 服务器配置基础 ··· (155)
　10－4　DHCP 服务器配置实例 ··· (158)
　10－5　DHCP 客户机配置 ·· (159)
第十一章　Samba 服务器 ··· (161)
　11－1　Samba 服务简介 ··· (162)
　11－2　安装 Samba 服务器 ·· (163)

11-3	Samba 服务器配置基础	(164)
11-4	Samba 服务器配置实例	(168)
11-5	Samba 客户端配置	(170)

第十二章 DNS 服务器 (172)

12-1	DNS 服务简介	(173)
12-2	安装 DNS 服务器	(176)
12-3	DNS 服务器配置基础	(177)
12-4	DNS 客户机配置及测试	(182)

第十三章 Web 服务器 (184)

13-1	Web 服务简介	(185)
13-2	安装 Web 服务器	(186)
13-3	Web 服务器配置基础	(187)
13-4	Web 服务器高级配置	(195)

第三部分 项目实训篇 (199)

第十四章 Linux 系统管理项目实训 (201)

14-1	实训项目一：安装和启动 Red Hat Enterprise Linux5	(202)
14-2	实训项目二：Linux 系统基本管理命令	(203)
14-3	实训项目三：Linux 文本编辑工具	(206)
14-4	实训项目四：用户和组群管理	(207)
14-5	实训项目五：文件和文件系统管理	(211)
14-6	实训项目六：作业和进程管理	(213)

第十五章 Linux 网络服务管理实训 (215)

15-1	实训项目一：配置和管理 Samba 服务器	(216)
15-2	实训项目二：配置和管理 DNS 服务器	(219)
15-3	实训项目三：配置和管理 Web 服务器	(222)

参考文献 (225)

第一部分 系统管理篇

第一章 Linux 简介

　　Linux 是当前最具发展潜力的服务器操作系统之一，其自由与开放的特性，加上其强大的网络功能，使 Linux 在 21 世纪有着无限广阔的发展前景。本章将对 Linux 的相关知识进行简要介绍，主要包括 Linux 的起源与发展、Linux 的主要特点、Linux 的组成、Linux 内核版本与发行版本及 Linux 的应用现状与发展前景等。

本章重点知识包括

◎ 什么是 Linux
◎ Linux 的起源与发展
◎ Linux 的特点
◎ Linux 的组成
◎ Linux 的版本
◎ Linux 的应用现状与发展前景
◎ Linux 的基本原理

1-1 什么是 Linux

Linux 是一套免费使用和自由传播的操作系统，它主要用于基于 Intel x86 系列 CPU 的计算机上。这个系统是由世界各地成千上万程序员设计和实现的，其目的是建立不受任何商品化软件的版本制约、全世界都能自由使用的操作系统软件。

Linux 以它的高效性和灵活性著称，它能够在 PC 计算机上实现全部的 Unix 特性，具有多任务、多用户的能力。Linux 操作系统软件包不仅包括完整的 Linux 操作系统，而且还包括了文本编辑器、高级语言编译器等应用软件。它还包括带有多个窗口管理器的 X Windows 图形用户界面，如同人们使用 Windows 2003 一样，允许用户使用窗口、图标和菜单对接系统进行操作。

由于 Linux 是一套具有 Unix 全部功能的开放源代码的操作系统，因此它在众多的操作系统软件中占有很大的优势，为广大的计算机爱好者提供了学习、探索以及修改计算机操作系统内核的机会。

1-2 Linux 的起源与发展

Linux 是在 20 世纪 70 年代初期，首先由 Unix 系统发展演变而来。现在通常所说的 Linux，指的是 GNU/Linux，即采用 Linux 内核的 GNU 操作系统。Linux 最早是由 Linus Torvalds 先生在 1991 年开始编写。在这之前，Richard Stallman 先生创建了 Free Software Foundation（FSF）组织以及 GNU 项目，并不断地编写创建 GNU 程序（程序的许可方式均为 GPL：General Public License），由于不断地有程序员和开发者加入到 GNU 组织中，便造就了今天我们所看到的 Linux。

1.2.1 UNIX 系统的出现

1969 年，在美国的贝尔实验室，K. Thompson 和 D. M. Richie 开发了名为 UNIX 的多用户、多任务操作系统。UNIX 操作系统性能可靠、运行稳定，至今仍广泛应用于银行、航空、保险、金融等领域的大中型计算机和高端服务器中。UNIX 的商业版本有 SUN 公司开发的 Solaris，IBM 公司的 AIX 和惠普公司的 HP-UX 等。但是 UNIX 也有致命的弱点：一是必须借助操作命令才能管理和使用 UNIX 系统，这使操作时有一定的困难（现在，UNIX 操作系统已能提供简便易用的窗口图形化用户界面供用户使用。）；二是其价格相当昂贵，使之无法广泛地普遍应用于家庭个人电脑。这些缺陷制约了 UNIX 的发展。

1.2.2 自由软件的兴起

1984 年，麻省理工学院的研究员 Richard Stallman 提出："计算机产业不应以技术垄断为基础赚取高额利润，而应以服务为中心。在计算机软件源代码开放的基础上，为用户提供综合性服务，与此同时取得相应的报酬。"Richard Stallman 在此思想基础上提出了自由软件

（Free Softwaar）的概念，并成立了自由软件基金会（Free Software Foundation，FSF），实施 GNU 计划。

图 1-1　GUN 标志

GNU 就是 GUN's NOT UNIX 的缩写，其标志如图 1-1 所示。Stallman 认为：UNIX 虽然不是最好的操作系统，但是至少不太差，而他自信有能力把 UNIX 不足的地方加以改进，使它成为一个优良的操作系统，就是名为 GNU 的一个与 UNIX 兼容的操作系统，并且开发这个系统的目的就是为了让所有计算机用户都可以自由地获得这个系统。任何人都可以免费地获得这个系统的源代码，并可以相互自由拷贝。

自由软件基金会也提出了通用公共许可证（General Public License，GPL）原则，它与软件保护协议截然不同，这个通用公共许可证允许用户自由下载、分发、修改和再分发资源代码公开的自由软件，并可在分发软件的过程中收取适当的成本和服务费用，但不允许任何人将软件据为己有。

目前，GNU 计划包括操作系统和开发工具两大类产品，全世界范围内有无数自由软件志愿者已加入 GNU 计划，并已推出一系列自由软件来满足用户在各方面的需要。

1.2.3　Linux 的出现与发展

最早开始 Linux 开发的是一位名叫 Linus Torvalds 的芬兰赫尔辛基大学的学生。Linus Torvalds 为了完成自己操作系统的作业，开始基于 Minix（是由一位名叫 Andrew Tannebaum 的计算机教授编写的一个免费的 UNIX 操作系统示教程序）操作系统编写一些程序，最后他惊奇地发现自己的这些程序已经足够实现一个操作系统的基本功能。于是，他将这个操作系统的源程序通过 FTP 上传到互联网上，并邀请所有有兴趣的人发表评论或者共同修改代码。随后，Linus Torvalds 将这个操作系统命名为 Linux，即 Linus's unix 的意思。在众多程序员的共同努力下，到 1994 年 Linux 已经成长为一个功能完善、稳定可靠的操作系统。1994 年 3 月 14 日，Linux 发布了它的第一个正式版本 1.0 版本，其图标如图 1-2 所示。

图 1-2　Linux 图标

Linux 的迅速发展和开源的魅力，为它赢得了众多用户，并得到了 IBM、HP、Novell、Oracle 等诸多厂商的支持。如今，Linux 内核的最新版本已经发展到了 2.6 内核。

1-3　Linux 的特点

Linux 之所以能在短短的十几年间得到迅猛发展，是跟 Linux 所具有的良好特性分不开的。Linux 继承了 UNIX 系统的优秀设计思想，几乎拥有最新 UNIX 的全部功能。总体而言，Linux 具有以下主要特点。

1. 真正的多用户多任务

Linux 是真正的多用户多任务操作系统。Linux 支持多个用户从相同或不同的终端上同时使用一台计算机，而没有商业软件所谓许可证的限制，在同一时间段中，Linux 系统能够响应多个用户的不同请求。Linux 系统中的每个用户对自己的资源（如文件、设备等）有特定的使用权限，不会相互影响。

2. 强大的可移植性

Linux 是一种可移植性很强的操作系统，无论是掌上电脑、个人计算机、小型机，还是中型机、大型机上都可以运行 Linux，迄今为止 Linux 是支持最多硬件平台的操作系统。

3. 良好的兼容性

Linux 完全符合 IEEE 的 POSIX（Portable Operation System for UNIX，面向 UNIX 的可移植操作系统）标准，可兼容现在的主流 UNIX 系统（System V 和 BSD）。在 UNIX 系统下可以执行的程序，几乎完全可以在 Linux 上运行。这就为应用系统从 UNIX 系统向 Linux 系统的转移提供了可能。

4. 高度的稳定性

Linux 集成了 UNIX 的优良特性，可以连续运行数月、数年而无需重新启动。在过去十几年的广泛应用中只有屈指可数的几个病毒感染过 Linux，这种强免疫性归功于 Linux 系统健壮的基础架构。Linux 的基础架构由相互无关的层构成，每层都有特定的功能和严格的权限许可，从而保证最大限度地稳定运行。

5. 强大的图形化用户界面

Linux 除了提供字符命令界面外，还提供强大的图形化用户界面，如图 1-3 所示。Linux 的图形化用户界面整合了大量应用程序和系统管理工具，并可使用鼠标。用户在图形化用户界面下能方便地使用各种资源，完成各种操作。

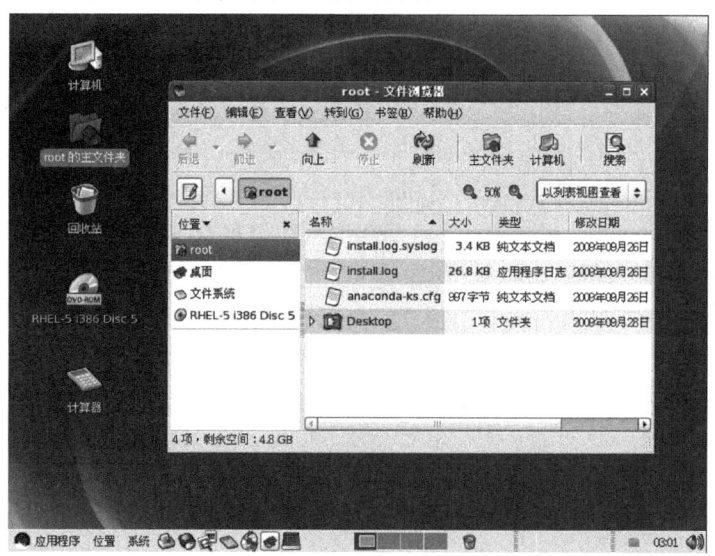

图 1-3　Linux 图形化用户界面

1-4　Linux 的组成

Linux 系统一般由内核、Shell、文件系统和应用程序四大部分构成。其中，内核是所有组成中最为基础、最为重要的部分。

1.4.1 内核

内核是系统的心脏，是运行程序和管理硬件设备，如磁盘、打印机等的核心程序。Linux 内核本身并不是操作系统，它是一个完整操作系统的组成部分，它具有最基本功能，如虚拟内存、多任务、共享库、需求加载、共享的写时拷贝（copy-on-write）、可执行程序和 TCP/IP 网络功能等。

Linux 的内核由内存管理程序、虚拟文件系统、进程调度程序、进程间通信及网络接口五部分构成，如图 1-4 所示。

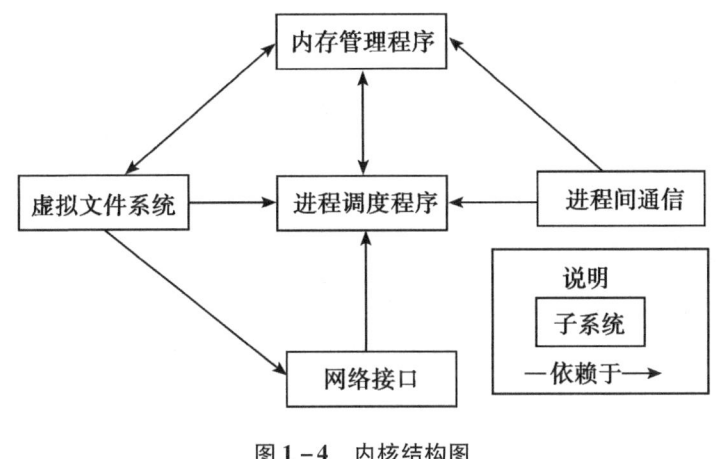

图 1-4 内核结构图

1. 进程调度程序

进程调度程序负责控制进程访问 CPU。调度程序所使用的策略可以保证进程能够公平地访问 CPU，同时保证内核可以准时执行一些必需的硬件操作。

2. 内存管理程序

内存管理程序使多个进程可以安全地共享机器内存系统。此外，内存管理程序支持虚拟内存。虚拟内存使得 Linux 可以支持进程使用超过系统中的内存数量的内存，暂时用不着的存储信息可以交换出内存，存放到永久性存储器上（如磁盘的交换分区或交换文件中），然后在需要它们的时候再交换回来。

3. 虚拟文件系统

虚拟文件系统通过提供一个所有设备的公共文件接口，抽象了不同硬件设备的细节。此外，虚拟文件系统支持与其他操作系统兼存的、不同的文件系统格式。

4. 进程间通信

进程间通信子系统为单个 Linux 系统上进程与进程之间的通信提供了一些机制。

5. 网络接口

网络接口提供了对许多建网标准和网络硬件的访问。

1.4.2 Shell

Linux 的内核并不能直接接受来自终端的用户命令，也就不能直接与用户进行交互操作，这就需要 Shell 这一交互式命令解释程序来充当用户和内核之间的桥梁。Shell 负责将用户的命令解释为内核能够接受的低级语言,并将操作系统响应的信息以用户能理解的方式显示出来,其作用如图 1-5 所示。

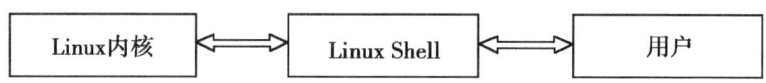

图 1-5 用户、Shell 和 Linux 内核的关系示意图

当用户启动 Linux 并成功登录到 Linux 后,系统就会自动启动 Shell。从用户登录到用户退出登录,用户输入的每个命令都要由 Shell 接收,并由 Shell 去解释输入的命令。如果用户输入的命令正确,Shell 会去调用相应的命令或程序,并由内核负责其执行,从而实现用户所要求的功能。

Shell 不仅是一种交互式命令解释程序,而且还是一种程序设计语言,它跟 MS-DOS 中的批处理命令类似,但比批处理命令功能强大。在 Shell 脚本程序中可以定义和使用变量进行参数传递、流程控制和函数调用等。

1.4.3 文件系统

文件系统是文件存放在磁盘等存储设备上的组织方法。Linux 系统能支持多种目前流行的文件系统,如 ext2、ext3、FAT、FAT32、VFTA 和 ISO9660 等。

1.4.4 应用程序

标准的 Linux 系统都有一套叫作实用工具的程序,它们是专门的程序,如编辑器、编程语言、X Window、办公软件、Internet 工具和数据库等。

1-5 Linux 版本

我们所说的 Linux 有狭义和广义两层含义。狭义的 Linux 是指 Linux 的内核(Kernel),它完成内存调度、进程管理、设备驱动等操作系统的基本功能,但是,并不包括应用程序。广义的 Linux 是指以 Linux 内核为基础,包含应用程序和相关的系统设备与管理工具的完整操作系统。

到目前为止,Linux 的内核仍由 Linus Torvalds 领导下的开发小组负责开发。因为 Linux 内核可自由获取,并且允许厂商自行搭配其他应用程序,所以,不同厂商将 Linux 内核与不同的应用程序相组合,并开发相关的管理工具就形成了不同的 Linux 发行套件,即广义的 Linux。

因此 Linux 的版本可分为两种:内核版本和发行版本。

1.5.1 Linux 内核版本

Linux 的内核版本号由 3 个数字组成,一般表示为 X. Y. Z 形式。其中:

X:表示主版本号,通常在一段时间内比较稳定。

Y：表示次版本号，如果是偶数，代表这个内核版本是正式版本，可以公开发行；如果是奇数，则代表这个内核版本是测试版本，还不太稳定仅供测试。

Z：表示修改号，这个数字越大，则表明修改的次数越多，版本相对更完善。

Linux 的正式版本与测试版本是相互关联的。正式版本从针对上个版本的特定缺陷进行修改，而测试版本则在正式版本的基础上继续增加新功能，当测试版本被证明稳定后就成为正式版本。正式版本和测试版本不断循环，不断完善内核的功能。Linux 内核版本的发展历程可参见表 1-1。

表 1-1　Linux 内核版本

内核版本	发布日期
0.1	1991.11
1.0	1994.3
2.0	1994.6
2.2	1999.1
2.4.1	2001.1
2.4.20	2002.11
2.6.1	2004.1
2.6.6	2004.5
2.6.16	2006.3
2.6.24	2008.1

1.5.2　Linux 的发行版本

目前 Linux 发行版本的数量已超过 300 种，并且还在不断地增加。但是无论哪种发行版本都同属于 Linux 大家庭，任何发行版本都不拥有发布内核的权利。发行版本之间的差别主要在于包含的软件种类及数量不同。常见 Linux 发行版本如表 1-2 所示。

1-6　Linux 的应用现状与发展前景

目前，全球 Linux 用户约有 2 000 万人，并且在不断地增加，许多知名企业和大学都是 Linux 的用户。Oracle、AMD、IBM、Dell 等计算机公司正大力支持 Linux 的发展，不断地推出基于 Linux 平台的产品。

1.6.1　Linux 的应用范围

Linux 的应用范围主要包括服务器、嵌入式系统、集群计算和桌面等方面。

1. 网络服务

Linux 被广泛应用于互联网和内联网，在 Linux 操作系统下结合一些应用程序（如 Apache、Vsftpd、Sendmail 等）就可以提供 WWW 服务、FTP 服务和电子邮件服务等。此外，Linux 系统还被广泛用于提供 DNS 服务、NFS 服务等网络服务。

2. 文件和打印服务

Linux 下的 Samba 服务器，可以轻松的面向用户提供文件和打印服务，而且还可通过磁盘配合控制用户对磁盘空间的使用。

表 1-2　Linux 发行版本

商标		简　要　说　明
redhat	简介	Red Hat是全世界最著名，使用最为广泛的Linux发行版本。Red Hat公司能为客户提供完善的服务和技术支持，并可在线更新软件包
	最新产品	2003年10月发行Red Hat Enterprise Linux 3 2004年5月发行Red Hat Fedora Core 2
	网址	http://www.redhat.com
Mandrake	简介	凭借优秀的图形化桌面环境以及自行研制的图形化配置工具，Mandrnke成为Linux界易用、实用的代名词
	最新产品	2004年1月发行Mandrake Linux Cooker
	网址	http://www.Linuxmandrake.com
SUSE	简介	SUSE是历史最悠久的Linux发行版本之一，可提供最完整最全面Linux解决方案
	最新产品	2003年10月发行SUSE Linux 9.0
	网址	http://www.suse.com
debian	简介	Dcbian是完全依靠Internet上的Linux爱好者开发维护的Linux发行版本，其包含的应用程序最为丰富
	最新产品	2003年11月发行Debian GNU/Linux 3.0r2
	网址	http://www.dcbiun.org
turbolinux	简介	TurboLinux是亚洲地区著名的Linux发行版本
	最新产品	2003年10月发行TurboLinux 10 Desktop
	网址	http://www.furboLinux.com
红旗	简介	红旗Linux是中国本土开发的较有影响的Linux发行版本
	最新产品	2003年7月发行Red Flag Server 4
	网址	http://www.redflag-linux.com
中软Linux	简介	中软Linux也是中国本土开发的较有竞争力的Linux发行版本
	最新产品	2003年6月发行Coxix Linux 4.0
	网址	http://linux.cosix.com.cn

3. 数据库服务

目前，各大数据库厂商均已推出基于 Linux 的大型数据库，如 Oracle、Sybase、DB2 等。Linux 凭借其稳定运行的性能，在数据库服务领域有取代 Windows 的趋势。

1.6.2　嵌入式系统

什么是嵌入式系统（Embedded System）？概括而言，凡是带有微处理器的非计算机系统都可以称为嵌入式系统，MP3、PDA 等设备都采用嵌入式系统。各种各样的嵌入式系统设备在应用数量上已远远超过了计算机，其数量相当大。嵌入式系统是目前最具有商业前景的 Linux 应用，大约有 55% 的嵌入式系统倾向于以 Linux 作为开发系统。对于嵌入式系统而言，Linux 有许多不可忽略的优点。

（1）Linux 具有很强的可移植性，支持各种不同电子产品的硬件平台。

（2）Linux 内核可免费获得，并可根据实际需要自由修改，这符合嵌入式产品能需要定制的要求。

（3）Linux 功能强大并且内核很小，一个功能完备的 Linux 内核只有大约 1Mb，而最核心的微内核只有 100kB。

（4）Linux 支持多种开发语言，如 C，Java，为嵌入式系统上的多种应用提供了可能。

目前，实用性嵌入式 Linux 系统已经开始走入市场，如手机、PDA、路由器等。

早在 2003 年 3 月摩托罗拉公司就公布了世界上第一个嵌入式 Linux 系统的手机 A760，它集个人资料管理软件、视频播放器、音乐播放器和即时通讯工具于一体。据统计，Linux 电子产品所占的份额正在迅猛增加，现在已经突破 1%。

1.6.3 集群计算机

所谓集群计算机（Cluster Computer）就是利用高速的计算机网络，将许多台计算机连接起来，并加入相应的集群软件，形成了具有超强可靠性和计算能力的计算机。目前，Linux 已经成为构筑集群计算机的主要操作系统之一，Linux 在集群计算机的应用中具有非常大的优势：

1. 极高的性价比

Linux 集群计算机的价格是相同性能的传统超级计算机的 10%～30%。构筑高性能的 Linux 集群计算机不需要购买昂贵的专用硬件设备，就是利用廉价的个人计算机，并加上很少的软件费用也可获得极强的运算能力。

2. 极强的可扩展能力

在 Linux 集群计算机中增加单个的计算机就能增加整个集群的计算能力，并不需要淘汰原来的计算机设备，这就可以很方便地扩展集群计算机的计算能力。经过几年的发展，基于 Linux 操作系统上的集群技术已经相当成熟，且已成为发展高性能、高可靠性计算机系统的主要途径。

1.6.4 桌面

桌面曾经是 Linux 的弱项，因为 Linux 沿袭了 UNIX 的传统，字符界面下使用 Shell 命令完全控制计算机。为方便用户的使用，从早期的 Linux 发行版本就开始提供图形化用户界面。但是限于当时的技术，这种图形化界面在易用性方面跟 Windows 相比还有一定的差距，随着 Linux 技术，特别是随着 X Window 领域技术的发展，Linux 在界面美观、使用方便等方面都有了长足的进展，Linux 桌面操作系统逐渐被用户接受。

1-7 Linux 的基本原理

Linux 作为一种操作系统，当然具有操作系统的所有功能，并通过以下管理模块来为用户提供良好的使用环境，实现对整个系统中硬件资源和软件资源的管理。

1.7.1 Linux 的 CPU 管理

CPU 是计算机最重要的资源，对 CPU 的管理是操作系统最核心的功能。Linux 对 CPU

的管理主要体现在对 CPU 运行时间的合理分配管理上。

Linux 是多用户多任务的操作系统，主要采用分时方式管理 CPU 的运行时间，也就是 Linux 将 CPU 的运行时间划分为若干个很短的时间片，CPU 依次轮流处理等待完成的任务，每项任务在分配给它的一个时间片内不能执行完成的话，就必须暂时中断，等待下一轮 CPU 对其进行处理，而此时 CPU 转向处理另一个任务。出于时间片的时间非常短，在不太长的时间内所有的任务都能被 CPU 执行到，都有所进展。从人的角度看来，CPU 在"同时"为多个用户服务，并"同时"处理多项任务。

Linux 在分时的基础上，对 CPU 的管理还涉及 CPU 的运行时间在各用户或各任务之间的分配和调度，其具体体现为进程和作业的调度和管理。进程和作业的相关内容将在后面的章节中详细介绍。

1.7.2 Linux 的存储管理

存储器分为内存与外存两种。内存用于存放当前执行中的程序代码和正在使用的数据。外存，包括硬盘、软盘、光盘、U 盘等设备，主要用来保存数据。操作系统的存储管理主要是指对内存的管理。

Linux 采用虚拟存储技术，也就是利用硬盘的空间来扩充内存空间，从而为程序的执行提供足够的空间。根据程序的局部空间原理，Linux 环境下任何一个程序执行时，只有那些确实被用到的程序段和数据才会被系统读取到内存中。当一个程序刚被加载执行时，CPU 只为它分配虚拟内存空间，而只有当运行到那些必须被用到的程序段和数据时才会为它分配物理内存空间。

Linux 遵循页式存储管理机制，虚拟内存和物理内存皆按页为单位加以分割，页的大小固定不变。当需要把虚拟内存中的程序段和数据调入或调出物理内存时，皆是以页为单位进行。虚拟内存中某一页与物理内存中某一页的对照关系保存在页表中。

当物理内存已经全部被占据，而系统又需要将虚拟内存中的部分程序段或数据调入物理内存时，Linux 采用 LRU 算法（Least Recently Used Algorithm，最近最少使用算法）淘汰最近没有访问的物理页，从而空出内存空间以调入必需的程序段或数据。对于被淘汰的物理页有两种处理方法。

（1）如果此页内容被调入物理内存后没有改动，则直接废弃。如果今后需要还可从虚拟内存拷贝。

（2）如果此页内容被调入物理内存后改动过，那么系统会将这一页的内容保存到磁盘的交换分区（swap 分区）。如果今后需要时，还可从交换分区恢复到物理内存。

1.7.3 Linux 的文件管理

文件管理就是对外存上的数据实施统一管理。外存上所记录的信息，不管是程序还是数据都以文件的形式存在。操作系统对文件的管理依靠文件系统来实现。文件系统对文件存储位置与空间大小进行分配，实施文件的读写操作，并提供文件的保护与共享。

Linux 采用的文件系统与 Windows 完全不同。目前 Linux 主要采用 ext3 或 ext2 文件系统，也可采用 ReiserFS、XJF 等文件系统。ext2 是所有 Linux 发行版本的基本文件系统，其使用安全存取文件的性能也非常好。ext3 是 ext2 的增强版本，它在 ext2 的基础上加入了记录元数据的日志功能,当系统非正常关机后并重启时,ext3 文件系统能够快速恢复该系统。

由于采用了虚拟文件系统(Virtual File System)技术,Linux 可以支持多种文件系统,其中包括 DOS 的 FAT,Window 2000 的 FAT32(在 Linux 中称之为 vfat),光盘的 ISO9660,甚至还包括实现网络共享的 nfs 等文件系统。

所谓虚拟文件系统是操作系统和真正文件系统之间的接口,它将各种不同文件系统的信息进行转化,形成统一的格式后交给 Linux 操作系统处理,并将处理结果还原为原来的文件系统格式。对于 Linux 而言,它所处理的是统一的虚拟文件系统,而不需要知道文件所采用的真实文件系统。

Linux 将文件系统通过挂载操作将其放置于某个目录,从而让不同的文件系统结合成为一个整体,可以方便地和其他操作系统共享数据。虚拟文件系统与操作系统的关系如图1-6 所示。

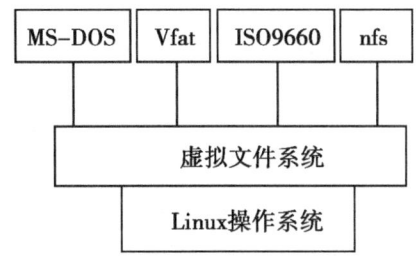

图1-6 虚拟文件系统与操作系统关系示意图

1.7.4 Linux 的设备管理

操作系统对计算机所有的外部设备进行统一的分配和控制,对设备驱动、设备分配与共享等操作进行统一的管理。

Linux 操作系统把所有外部设备按其数据交换的特性分成以下三大类,如图1-7 所示。

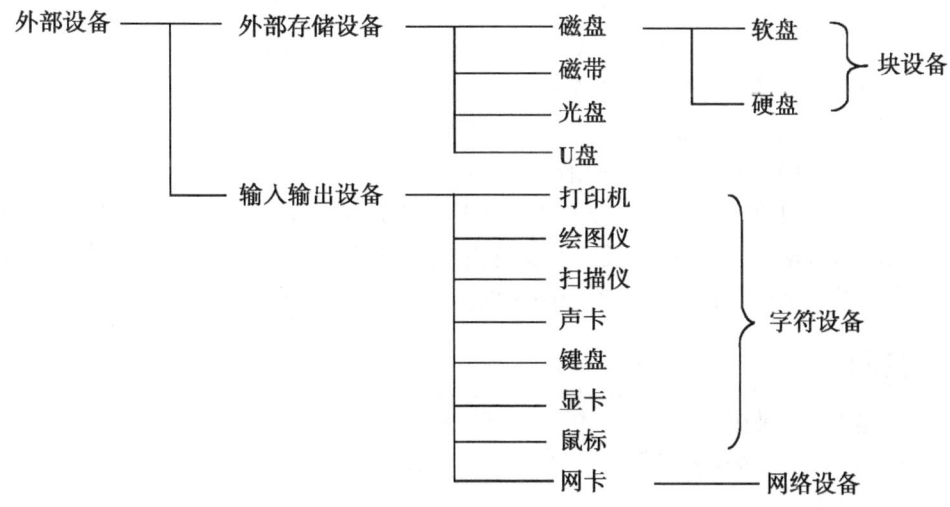

图1-7 Linux 的外部设备分类

1. 字符设备

字符设备是以字符为单位进行输入输出的设备，如打印机、显示终端等等。字符设备大多连接在计算机的串行接口上。CPU 可以直接对字符设备进行读写，而不需经过缓冲区。

2. 块设备

块设备是以数据块为单位进行输入输出的设备，如磁盘、磁带、光盘等。数据块可以是硬盘或软盘上的一个扇区，也可以是磁带上的一个数据段。数据块的大小可以是 512 字节、1 024字节或者 4 096字节等。CPU 不能直接对块设备进行读写，无论是从块设备读取还是向块设备写入数据都必须首先将数据送到缓冲区，然后以块为单位进行数据交换。

3. 网络设备

网络设备是以数据包为单位进行数据交换的设备，如以太网卡。网络数据传送时必须按照一定的网络协议对数据进行处理，对数据进行压缩后，再加上数据包头和数据包尾形成一个较为安全的传输数据包后，才进行网络传输。

无论是哪个类型的设备，Linux 都把它统一当作文件来处理，只要安装了驱动程序，任何用户都可以像使用文件一样来使用这些设备，而不必知道它们的具体存在形式。

本章小结

Linux 是一个免费的多用户、多任务的操作系统，其稳定性、安全性与强大的网络功能使其成为目前发展潜力最大的操作系统。

Linux 系统具有多用户、多任务、开放性、可移植性等特点。Linux 系统一般由内核、Shell、文件系统和应用程序 4 部分组成。内核、Shell 和文件系统一起形成了基本的操作系统结构，它们使得用户可以运行程序，管理文件并使用系统。

Linux 的版本有内核版本和发行版本两种。内核版本是指 Linux 内核的版本，而发行版本是各 Linux 发行商将 Linux 内核和应用软件及相关文档组合起来，并提供一些安装界面和系统管理工具的发行套件。Linux 有很多发行版本，其中 RedHat 公司推出的各 Linux 发行版本是目前使用最为广泛的。Linux 系统的应用范围主要涉及应用服务器、嵌入式系统开发、集群计算机及桌面应用等方面。

Linux 是一种分时操作系统，采用虚拟存储技术来扩充内存空间。Linux 一般采用 ext3 或 ext2 文件系统，并在虚拟文件系统技术的支持下支持多种文件系统，可实现 Linux 与其他操作系统之间的数据共享。Linux 把外部设备当作文件来处理，并根据数据交换的特性将外部设备分为三类：字符设备、块设备和网络设备。

课后习题

（1）简述 Linux 操作系统的发展历史及特点？

（2）Linux 操作系统由哪几部分构成？其功能是什么？

第二章

2 Linux 安装与基本操作

本书以最流行的企业级 Linux – Red Hat Enterprise Linux 5（简称：RHEL 5）为例，说明 Linux 操作系统的实际操作。本章从实际操作的第一步安装，开始讲解 Linux 操作系统。首先介绍安装前的准备工作，然后介绍安装仅有 RHEL 5 的计算机，以及安装 Windows 与 RHEL 5 并存的计算机的过程。本章还将说明安装需要注意的问题等。

本章还要介绍如何启动和关闭 RHEL 5，以及首次图形化启动过程需要的系统设置，最后介绍在 Windows 和 Linux 并存的计算机上保留 Windows 的所有数据，安全卸载 Linux 的相关内容。

---- 本章要点 ----

- ◎ Red Hat Enterprise Linux 简介
- ◎ 安装前的准备工作
- ◎ 安装仅有 RHEL Server 5 的计算机
- ◎ 首次启动 RHEL Server 5
- ◎ 安装 Windows 与 RHEL Server 5 双系统的计算机
- ◎ 保留 Windows，安全卸载 Linux

2-1 Red Hat Enterprise Linux 简介

Red Hat 公司于 2007 年 3 月 14 日正式发布了 RedHat Enterprise Linux 5.0。RedHat Enterprise Linux 5.0 是 Red Hat 的商业服务器操作系统版本的第四次重要版本发布。Red Hat 酝酿发布 RedHat Enterprise Linux 5.0 已经超过了两年，主要变化包括 Linux 内核由 2.6.9 升级为 2.6.18，支持 Xen 虚拟化技术，集群存储等。RedHat Enterprise Linux 5.0 的版本主要分为 Desktop 和 Sever 两个版本。

Desktop 版本分为：

（1） Red Hat Enterprise Linux Desktop - 对应以前的 Red Hat Desktop。

（2） Red Hat Enterprise Linux Desktop with Workstation option - 对应以前的 Red Hat Enterprise。

Server 版本分为：

（1） Red Hat Enterprise Linux Advanced Platform. - 对应以前的 Red Hat Enterprise Linux AS。

（2） Red Hat Enterprise Linux - 对应以前的 Red Hat Enterprise Linux ES。

Red Hat Enterprise Linux 5 是目前使用较为广泛的企业级 Linux 版本，可支持多核处理器，支持包括 Intel、AMD 和 IBM 等硬件平台，并首次加入虚拟化技术，通过整合虚拟机的技术管理操作系统和应用程序，成为单一的个体，拥有强大的故障和保安隔离，并能在任何硬件上运行。

2-2 安装前的准备工作

2.2.1 硬件的基本需求

1. 内存

RHEL Server 5 通常作为服务器操作系统使用，系统最低要求有 256MB 的内存，推荐 512MB 以上。如果计算机内存不足 256MB，系统仍能运行，只是性能受到极大影响。

2. 硬盘

安装 RHEL Server 5 所需的硬盘空间取决于选择安装的软件包的数量和大小。一般而言，2GB 以上的空间可以基本满足用户桌面应用和服务器管理的需求，而 5GB 以上的空间可以方便用户选择性使用多种应用程序。通常设置 Linux 的硬盘空间为 10GB 以上。

3. 显卡

Linux 对显卡的支持分为纯文本模式和 X Windows 图形模式。一般而言，采用纯文本模式时显卡只要是 VGA 级或更好的即可；而采用 X Windows 图形模式时，大多数显卡都能显示识别。

2.2.2 检查硬件支持

Linux 目前支持几乎所有的处理器（CPU）。早期的 Linux 只支持数量很少的显卡、声卡，而如今，如果要安装 Linux，已经不需要再为硬件是否能被 Linux 支持担心了。经过十多年的发展，Linux 内核不断完善，已经能够支持大部分的主流硬件，同时各大硬件厂商也意识到了 Linux 操作系统对其产品线的重要性，纷纷针对 Linux 推出了驱动程序和补丁，使得 Linux 在硬件驱动上获得了更广泛的支持。

另外，如果声卡、显卡是非常新的型号，Linux 内核暂时无法支持，RedHat 会自动把无法准确识别的硬件模拟成标准硬件来使用，让硬件一样可以在 Linux 发挥作用。

2.2.3 多重引导

Linux 支持多重引导，用户可以选择启动不同的操作系统。用户可以在整个硬盘上单独安装 Linux，也可以安装在有其他操作系统的硬盘上。Linux 使用的空间必须和其他操作系统所用的空间分离。

目前 Linux 中实现多重引导的引导装载程序主要是 GRUB。

GRUB 提供给用户交互式的图形化界面，还允许用户定制个性化的图形化界面。

GRUB 在 x86 机器上，提供一个真正基于命令先行的，先于操作系统（pre-OS）的环境。它对于用确定的选项装载操作系统或收集系统信息方面，提供了最大程度的适应性。

GRUB 支持逻辑块寻址（LBA）方式。LBA 将用于寻找驱动器上文件的地址转换工作置于驱动器的硬件中，它被用在许多 IDE 和所有的 SCSI 硬盘中。

GRUB 的配置能在每次系统引导时被读取。这就避免了用户每次改变引导选项时都要重写一次主引导记录。在使用 GRUB 中，如果说配置文件被错误配置并且引导，那它也仅仅简单地转到一个默认的命令先行，允许用户手工输入命令来运行操作系统。

2.2.4 磁盘分区

为了安装 Red Hat Linux，必须为它准备硬盘空间。这个硬盘空间必须和计算机上安装的其他操作系统（如 Windows，OS/2 或着其他版本的 Linux）所使用的硬盘空间分开。

请注意，要正常安装 RedHat Enterprise Linux 5.0 操作系统，最少要有以下两个分区。

（1）ext3，实质存放文档资料的分区。

（2）Swap，用作虚拟内存（Virtual Memory）的分区。

因为 Linux 操作系统需要有自己的文件系统分区，而且 Linux 的分区和微软 Windows 的分区不同，不能共用，所以需要为 Linux 单独开辟一个（或若干个）分区。Linux 一般可以采用 EXT3 分区，这也是 RHEL Server 5 默认采用的文件系统。

2.2.5 安装方式

RHEL Server 5 提供多种安装方式，包括两种本地安装方式：光盘安装、硬盘安装；三种网络安装方式：NFS 安装、FTP 安装、HTTP 安装。

硬盘安装需要使用系统安装光盘的 ISO 映像文件。安装前需要将 ISO 文件存放到本地硬盘的某一位置。

注意：存放 ISO 映像文件的分区必须是 ext2、ext3 或 FAT 32 文件系统格式，否则将无法执行硬盘安装。

网络安装方式所用的 NFS、FTP、HTTP 服务器必须能够提供完整的 Linux 安装树目录，即安装盘中所有必须的文件都存在且可以被使用。本书选用最常用的光盘安装方式进行安装。

2-3 安装仅有 RHEL Server 5 的计算机

2.3.1 光盘引导安装

一般情况下，计算机先读取硬盘上引导扇区中的程序来启动计算机，所以要安装 RHEL Server 5，先要确认将计算机的 BIOS 设定成用 CD-ROM 开机，并将 RedHat Enterprise Linux Server 5.0 第一片安装光盘放入光驱，如无意外，可以看到如图 2-1 所示的开机界面。

图 2-1 光盘启动界面

直接按【Enter】键，进入图形安装界面；在" boots:"后输入" linux text"，再按【Enter】键，则进入文本模式的安装。按【F1】~【F5】功能键可以获取更多信息。

这里选择按【Enter】键，进入图形安装界面。

2.3.2 检验光盘

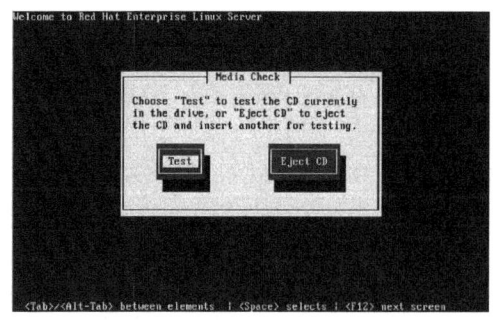

图 2-2 选择是否检验光盘

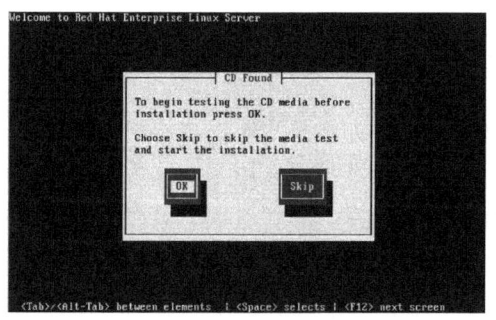

图 2-3 确认检验光盘

启动了 RedHat Enterprise Linux Server 5.0 安装光盘而未进入光盘前，会出现图 2-2 所示的界面，确认是否进行光盘介质检查。这个程序可以帮助你检验各片安装光盘是否有任何问题，您可以选择"OK"按钮进入检验或选择"Skip"按钮跳过检验直接进入安装程序。这里选择"OK"并按【Enter】键进行光盘介质检查，则出现图 2-3 所示界面。

选中"Test"按钮并按【Enter】键，就开始对光盘进行介质检查，检查完毕则显示检查报告。如图 2-4 所示，表明这张光盘一切正常，可以用于安装。如果在检验光盘的过程中出现如图 2-5 所示的界面，表示光盘存在错误，不能用于安装。此时应中止安装，取出光盘，对原来的计算机系统并不造成影响。用户获取正确的 RHEL Server 5 安装光盘后才能再次安装。

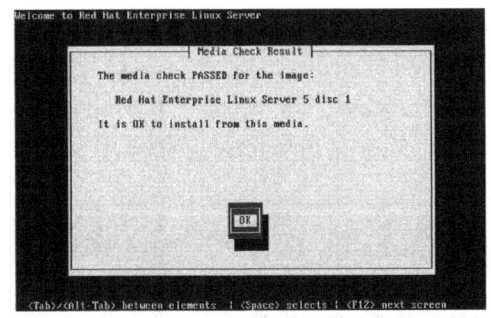

图 2-4　光盘介质正常时的检查报告

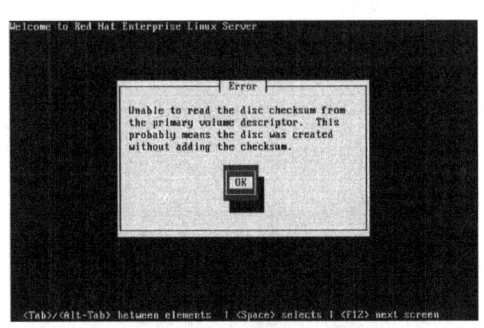

图 2-5　光盘介质错误时的检查报告

光盘检验完成后，直接按【Enter】键，光盘自动弹出，并出现图 2-6 所示的界面，提示用户可以将第二张光盘放入光驱中。选择"Test"按钮并按【Enter】键，可以继续检查剩余的其他安装光盘。如果希望中止检查过程直接进入安装，也可以把第一张光盘放入光驱，然后选择"Continue"按钮后按【Enter】键。

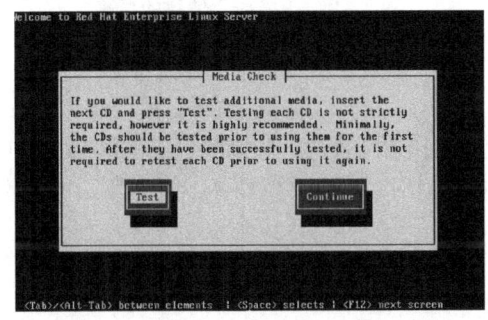

图 2-6　选择是否继续进行光盘检查

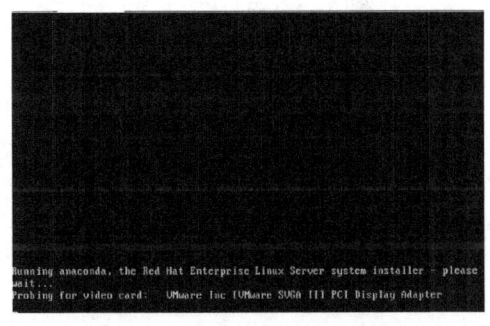

图 2-7　硬件检验

用相同的方法可以依次对所有光盘进行检查。5 张安装光盘经检验都没有错误信息后，在图 2-6 所示界面中选择选择"Continue"按钮后，将第一张光盘放入光驱中，按【Enter】键，进入安装的下一步。

在安装 RedHat Enterprise Linux Server 5.0 系统前，会先进行计算机硬件的自我检验，如图 2-7 所示，包括"计算机主板型号、显示卡、Mouse、硬盘"等检查，如果计算机硬件检验没有问题，即进入下一步。

特别说明：RedHat Linux、Fedora Core 的安装程序叫 Anaconda，是由 Python 及一些 C 程

序编写成的。

2.3.3 欢迎界面

当完成所有的检验后，就会正式进入安装程序。在安装程序每个界面底部都有3个按钮。按【Release Note】（发行公告）按钮，会显示这个版本主要的新增功能。每次选好一个界面的配置时，你可以按【Next】按钮，进入下一个安装界面。如果发觉之前选择的配置有问题时，可以按【Back】按钮，跳回上一个安装界面。如图2-8显示的是RHEL Server 5的欢迎界面，可单击【Next】按钮继续。

2.3.4 选择语言

接下来安装程序，首先会询问安装 RHEL Server 5 时使用那种语言来显示信息，如图2-9所示。在此选择的语言也会成为安装后 RedHat Enterprise Linux Server 5.0 的缺省语言，RHEL Server 5 对中文的支持不错，这里可以选择【Chinese（Simplified）简体中文】，按【Next】按钮进入下一步安装界面。

图2-8 安装欢迎界面

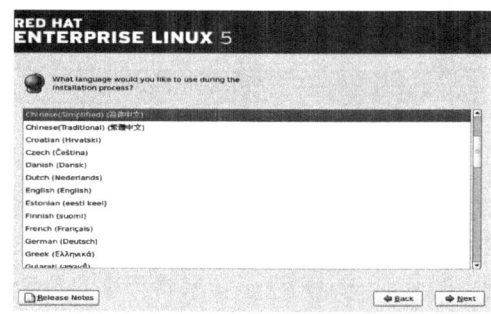
图2-9 选择显示信息的语言

2.3.5 选择键盘类型

不同国家键盘的排列可能会有少许不同，对一般中国和中国香港、中国澳门、中国台湾的用户来说，请选择【美国英语式】，如图2-10所示。按【下一步（N）】按钮，进入下一步安装界面。

2.3.6 检查系统安装号码

重点在 RedHat Enterprise Linux Server 5.0 后的版本中，系统安装过程会出现一个安装号码特别界面，请注意：输入不同的安装号码会得到不同的安装程序软件！如果不输入安装号码，则只有核心服务器和桌面系统被安装。

在安装过程中使用的安装号码将被存放在/etc/sysconfig/rhn/install-num 中，当在红帽网络（Red Hat Network）注册时，此文件将自动被 rhn_register 引用，来决定系统所订阅的软件包。

按【确定（O）】键进入下一步安装界面（图2-11）。

2.3.7 硬盘分区和格式化

如果安装程序发觉您的硬盘是新的或没有任何分区表（Partition Table），它会发出警告

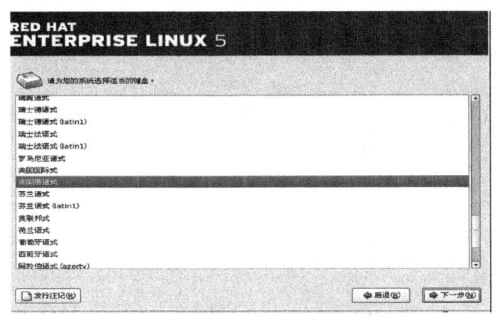
图 2-10 选择键盘类型

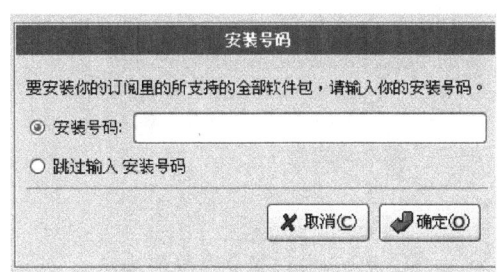
图 2-11 输入安装号码

并询问是否初始化分区表。由于这个操作会删除硬盘上的所有资料,如果硬盘上有重要资料,请按【否(N)】按钮,放弃整个安装程序。按【是(Y)】按钮,进入下一步安装界面。如图 2-12 所示。

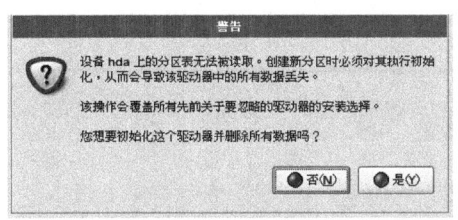
图 2-12 选择是否初始化硬盘

1. 选择硬盘分区方式

RHEL Server 5 提供了以下 4 个方式的硬盘分区模式。

(1) 在选定磁盘上删除所有分区并创建默认分区结构:这种方式下,硬盘上原有的数据都将被删除,如果只安装 RHEL Server 5,此种方式最简便。

(2) 在选定磁盘上删除所有 Linux 分区并创建默认的分区结构:这是默认的硬盘分区方式,硬盘上原有的 Linux 内容将被删除。

(3) 使用选定驱动器中的空余空间并创建默认的分区结构:利用硬盘上未被任何系统使用的剩余空间安装。

(4) 建立自定义的分区结构:由用户自己决定如何进行分区。

单击【高级存储配置】按钮,将弹出【高级存储选项】对话框,可添加 iSCSI 目标或者禁用 Dmraid 设备。如图 2-13 所示。

要在计算机上安装 Linux,在此选择【建立自定义的分区结构】分区模式,如图 2-14 所示。按【下一步(N)】按钮进入下一步安装界面。

以图形化界面安装 RHEL Server 5 时,实际上无论是由系统自动创建分区还是手工分区,都是使用 Disk Druid 进行磁盘分区的。Disk Druid 是 Linux 中最常用的图形化磁盘分区工具。

在 Disk Druid 操作界面的上部,首先显示硬盘的逻辑设备名称(如/dev/hda)、硬盘容量以及硬盘的型号。然后以柱状图方式显示各分区占用硬盘的比例。

在界面中部是与硬盘分区有关的功能按钮。

底部的列表则显示了不同分区的信息,包括设置名称、挂载点、类型、格式化、分区大小等,如图 2-15 所示。本例中分区的具体情况为:

图 2-13 高级存储配置选项

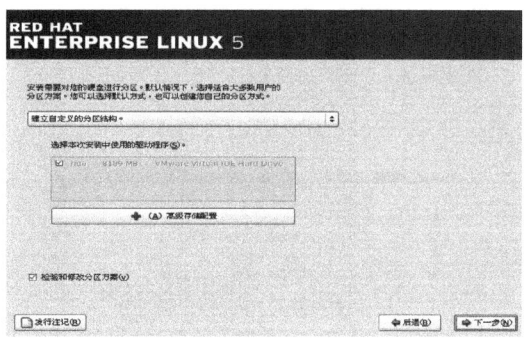
图 2-14 Disk Druid 操作界面

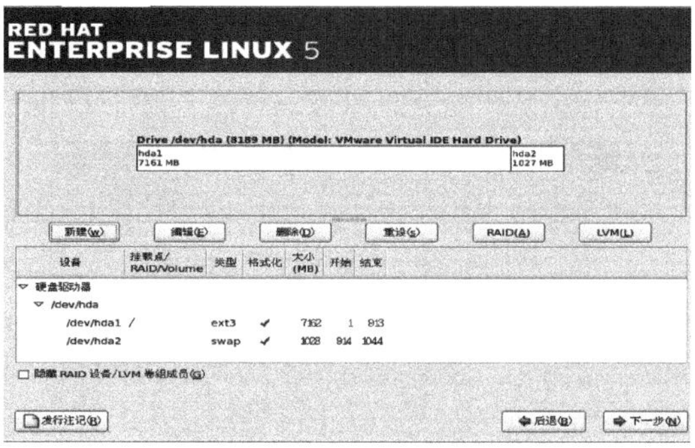

图 2-15 磁盘分区信息

①/dev/hda，表示计算机上有一个 IDE 接口的硬盘，分为一个"ext3"分区（/dev/had1）和一个"swap"分区（/dev/had2）。

②/dev/hda1，表示硬盘的文档分区。挂载点为"/"，类型为"ext3"，占用 7 162MB 的磁盘空间。

③/dev/hda2，表示硬盘的交换分区。类型为"swap"，占用 1 028MB 的磁盘空间。

磁盘分区时 Linux 系统安装过程中最重要的步骤。如果原来安装有程序和资料文档，操作不慎可能会影响到原来的系统。

2. 硬盘分区方案

Linux 系统的分区和其他操作系统不同，比如 Windows 系统在安装时只要有一个分区就可以安装，但是安装 Linux 时必须至少有两个分区：

（1）/分区（ext3 分区），用于存放包括系统程序和用户数据在内的所有数据的分区；也即实际存放文档资料的分区。其文件类型是 ext2 或 ext3，因 ext3 较优，建议使用 ext3。

（2）交换分区（swap 分区），用作虚拟内存（Virtual Memory）的分割区。也就是说，当系统没有足够的内存来存储正在被处理的数据时，可以将部分暂时不用的数据写入交换分区。Swap 分区的大小不应小于 16M 及计算机真正的内存大小。而一般建议 Swap 分区的大小应约为实体内存（Physical Memory）大小的 1~2 倍，其文件系统类型是 swap。

挂载点实际上就是 Linux 中的磁盘文件系统的入口目录，类似于 Windows 中的用来访问不同分区的 C:、D:、E: 等盘符。其实 Windows XP 也支持将一个磁盘分区挂在一个文件夹下面，只是我们习惯了 C:、D: 这样的盘符操作，一般没有将分区挂到文件夹。

在 Red Hat Linux 的每一个分区都必须要指定一个"Mount Point"（挂载点），告诉 Red Hat Linux 在启动时，这个目录要给哪个目录使用。对 Windows 用户来说，操作系统必须装在同一分区里。对 Red Hat Linux 来说，可以把系统文件分几个区来装（必须要说明载入点），也可以就装在同一个分区中（挂载点是"/"）。下面列出了常见的几种分区。

①/boot 分区，它包含了操作系统的内核和在启动系统过程中所要用到的文件，这个分区的大小约在 50～100MB 之间。

②/usr 分区，是 Red Hat Linux 系统存放软件的地方。

③/home 分区，是用户的 home 目录所在地，这个分区的大小取决于有多少用户。

④/var/log 分区，是系统日志记录分区。

⑤/tmp 分区，用来存放临时文件。这对于多用户系统或者网络服务器来说是有必要的。

⑥/bin 分区，存放标准系统实用程序。

⑦/dev 分区，存放设备文件。

⑧/opt 分区，存放可选的安装的软件。

⑨/sbin 分区，存放标准系统管理文件。

3. 新建交换分区

选中空闲空间，单击【新建】按钮，出现如图 2-16 所示的界面。在此对话框中进行如下操作。

图 2-16　创建交换分区

（1）单击"文件系统类型"下拉列表框，选中"swap"选项，这时"挂载点"下拉列表框的内容会变成灰度显示，即交换分区不需要挂载点。

（2）在"大小"文本框输入表示交换分区大小的数字。

（3）单击"确定"按钮，结束对交换分区的设置回到 Disk Druid 操作界面。磁盘分区信息部分多出一行交换分区的相关信息，而空闲磁盘空间的大小将减少。

4. 新建根分区

再次选中空闲空间，单击【新建】按钮，出现如图 2-17 所示的界面。在此对话框中进行如下操作。

（1）单击"挂载点"下拉列表框，选中"/"选项，即新建根分区。

（2）单击"文件系统类型"下拉列表框，选中"ext3"选项，在此根分区采用 ext3 文件系统类型。

（3）由于不再设置其他分区，在"大小"文本框可以不输入，而是在"其他大小选项"

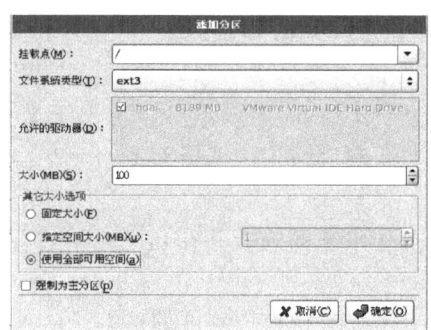

图 2-17 创建根分区

区域中选择"使用全部可用空间"单选按钮,那么磁盘上所有的可用空间都划归根分区。

(4) 单击"确定"按钮,结束对根分区的设置。

完成后出现图 2-15 所示的界面。显示新建 Linux 分区后的磁盘分区情况。此时"格式化"列中显示"√"符号,表示新建的 Linux 分区需要格式化来创建文件系统。此时磁盘分区工作全部完成,单击【下一步(N)】按钮继续。

2.3.8 配置系统引导

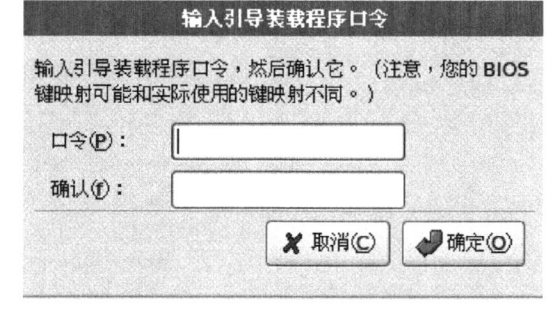

图 2-18 配置引导装载程序　　　　图 2-19 设置引导装载程序口令

出现如图 2-18 所示的界面,配置引导装载程序。RHEL Server 5 默认以 GRUB 作为引导装载程序,只有当存在其他引导装载程序时,才能选择不安装 GRUB。

为保证系统的安全性,可以为引导装载程序设置口令,保证引导装载程序的配置参数不能被任意修改。选中"使用引导装载程序口令"复选框后,在弹出的对话框中输入口令即可,如图 2-19 所示。

默认情况下,引导装载程序安装于第一块硬盘的主引导记录中(MBR)。如果选中"配置高级引导装载程序选项"复选框,则在下一步操作中可以将引导装载程序安装到引导分区的第一个扇区,如图 2-20 所示。一般情况下不用更改相关设置,单击【下一步(N)】按钮下一步安装界面。

2.3.9 配置网络

选择安装程序自动分割硬盘或配置引导装载程序后,接着来到配置网络的界面。如图 2-21 所示。Linux 中以太网卡以"eth *"(即 ethernet,以太网)的形式表示。eth0 表示第

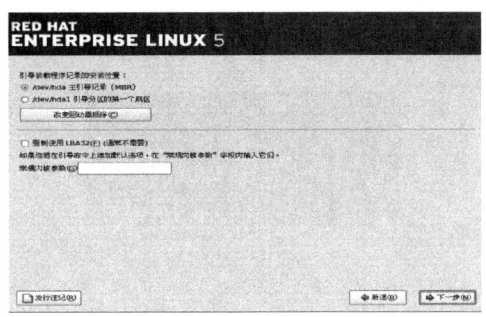

图 2-20　配置高级引导装载程序

一块以太网卡，eth1 表示第二块以太网卡，以此类推。从图 2-21 所示界面可知，当前计算机中只有一块网卡，其 IP 地址默认通过 DHCP 动态分配，如果计算机不属于任何一个网络，或者计算机正处于采用 DHCP 动态分配的网络，那么不需要修改配置。

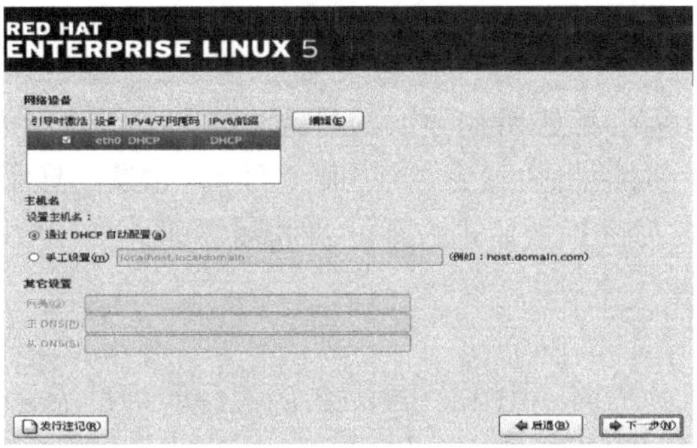

图 2-21　配置网络

主机名默认通过 DHCP 自动配置，也可以在"设置主机名"选项区域中选择"手工设置"单选按钮，并为计算机设置一个主机名。而如果不输入任何名称，计算机会默认使用 localhost.localdomain 作为主机名。

如果计算机位于使用静态 IP 地址的网络，就需要为网卡配置静态 IP 地址。选中网络设备，单击"编辑"按钮，弹出如图 2-22 所示的对话框，首先取消选中"使用动态 IP 配置"的复选框，如果为采用 IPv4 地址，则取消选中"启动 IPv6 支持"复选框，然后输入静态 IPv4 地址和子网掩码，最后单击【确定（O）】按钮返回网络配置界面。

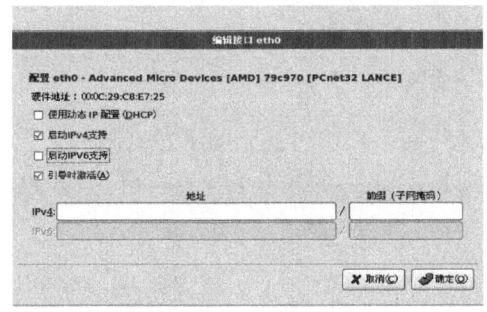

图 2-22　配置网卡的静态 IP 地址和子网掩码

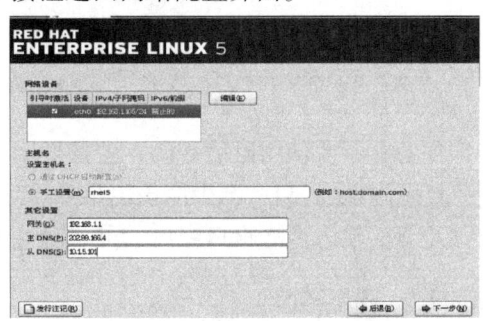

图 2-23　配置主机名、网关与 DNS 地址

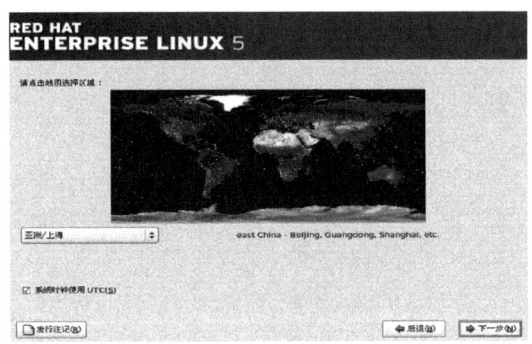

图 2-24 配置时区

然后，根据网络的实际情况，设置网络的网关和 DNS 服务器的地址，以及计算机的主机名，如图 2-23 所示。修改完毕后单击【下一步（N）】按钮继续。

2.3.10 配置时区

为了方便日常操作，需要配置所在地区的时区。如图 2-24 所示。如果在前面选择语言时选择"中文（简体）"，时区将缺省为"亚洲/上海"。如果选择了 English，时区则将缺省为"美国"。按【下一步（N）】按钮进入下一步安装界面。

2.3.11 设定根用户口令

出现如图 2-25 所示的界面。RHEL Server 5 的系统管理员为 root，是整个系统中最高权力的用户账户。他可以任意删除系统中的任何档案，亦可以对系统做出永久性损害，所以其密码非常重要。

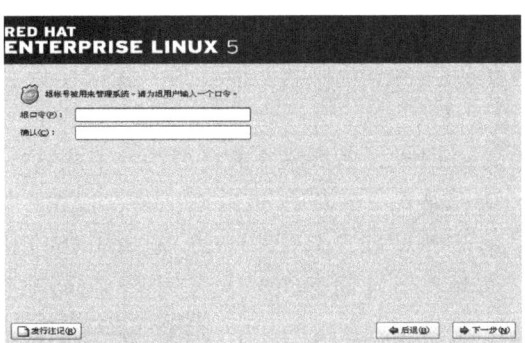

图 2-25 设定根用户口令

注意：不要使用电话号码、生日日期、人名或任何在字典中可找到的字做密码。

Linux 规定，口令至少应该包括 6 个字符（无论是字母、数字还是符号均可），并且区分大小写。输入两次根口令后，可单击【下一步（N）】按钮继续。

2.3.12 选择软件

接着是选择要安装那些软件。如图 2-26 所示的界面。和其他操作系统不同，大部分 GUN/Linux 操作系统都附上大量软件，包括办公套装、网页浏览器、电邮程序、绘图程序、网页服务器、文件服务器等，足够应付大部分需要，无须额外另购买软件。

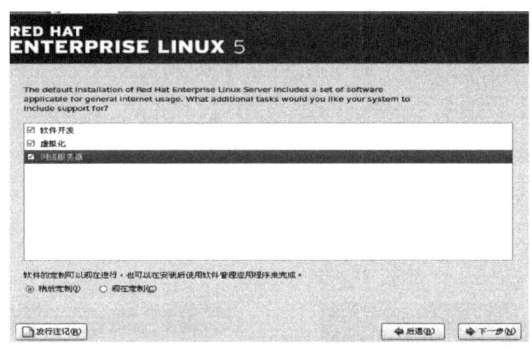

图 2 – 26　选择软件

此时若默认选择【稍后定制】单选按钮，则按照默认软件包，单击【下一步】按钮，将继续安装。如果希望根据需要来选择要安装的软件包，则选择【现在定制】按钮，单击【下一步】按钮，出现如图 2 – 27 所示的界面。

为方便分类管理，RHEL Server 5 将软件包根据功能分为多个类别，如桌面环境、应用程序、开发等。当前选中的类别的基本信息显示在界面的中间位置。每个类别里又包括多个软件包组。

每一个软件包组中均包括若干软件包，软件包组被选中后将安装此软件包组中的默认软件包，单击【可选的软件包】按钮，可选择安装此软件包组中的所有软件包或特定的软件包，如图 2 – 28 所示，显示了桌面环境软件包组中的所有软件包。

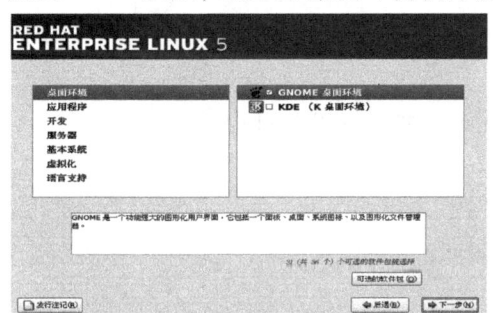

图 2 – 27　定制安装软件包界面一

图 2 – 28　定制安装软件包界面二

选择所需要的软件包后，单击【下一步】按钮，将检查所选软件包的相互依赖关系，如图 2 – 29 所示。

图 2 – 29　检查软件包的依赖关系

2.3.13 即将安装

出现如图 2-30 所示的界面,即提醒用户系统即将开始安装,如果用户觉得在此之前的设置需要修改,可单击【后退】按钮返回,重新进行设置,否则可单击【下一步(N)】按钮继续。安装过程的信息保留在/root/install.log 文件中。

RedHat Enterprise Linux Server 5.0 操作系统的安装时需要 5 张安装光盘,缺少一张都会安装失败。所以,安装程序会询问是否预备好全部 5 张安装光盘,如图 2-31 所示。随之按【继续(C)】按钮,进入下一步安装界面。

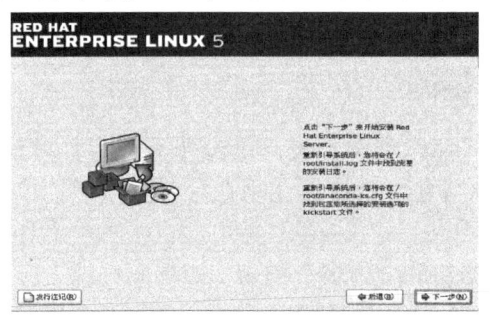

图 2-30　即将安装界面　　　　　　　　图 2-31　需要的安装介质

安装程序进入软件包的安装阶段时,Linux 光盘的数据将写入硬盘。

2.3.14 安装软件包

按【继续】按钮后,RHEL Server 5 操作系统就会正式安装到硬盘中。根据选择安装软件的多少,这个过程需用十多到几十分钟的时间。

界面中央会出现如下提示信息,显示系统安装软件包的准备过程。

(1) 正在格式化/文件系统。

(2) 正在将安装映像传输到硬盘。

(3) 正在开启安装进程,可能会花几分钟时间。

(4) 正在处理安装文件。

然后系统将逐个安装软件包,屏幕下方显示正在安装的软件包的文件名、大小,以及主要功能。屏幕中部显示安装进度以及预计还需要多少时间才能完成,如图 2-32 所示。

安装过程中会出现如图 2-33 所示的"更换光盘"对话框。根据屏幕提示,在安装过程中依次插入安装光盘。

2.3.15 安装结束

最后出现如图 2-34 所示的界面,提示安装过程已经结束,此时单击【重新引导】按钮,取出光盘,计算机将重新启动。

图 2-32 安装软件包

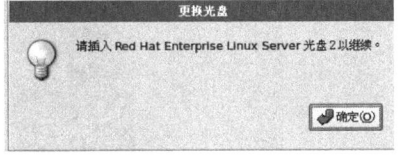

图 2-33 更换光盘

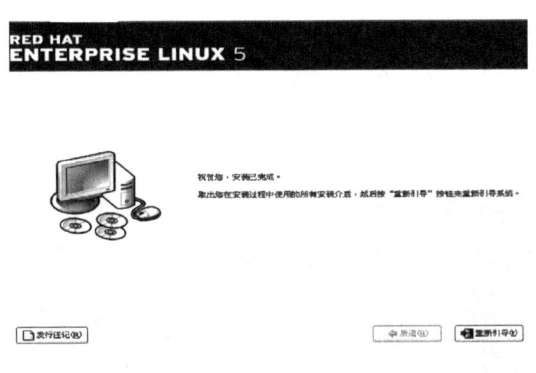

图 2-34 安装结束界面

2-4 首次启动 RHEL Server 5

RHEL Server 5 安装结束后，需重新启动计算机则将进入如下的启动过程。

2.4.1 BIOS 自检

计算机会首先加载 BIOS，检查基本的硬件信息，如内存的大小、CPU 的主频以及硬盘容量等，然后就会根据 BIOS 中的系统引导顺序，依次查找系统引导设备。当系统以硬盘为第一引导设备或是没有系统引导光盘和软盘时，计算机就会打开第一块硬盘的主引导记录（MBR），并执行已记录在主引导记录上的程序，也即操作系统的引导装载程序。

2.4.2 选择操作系统

执行引导装载程序 GRUB 后，计算机会自动进入 RedHat Enterprise Linux Server 5.0 操作系统开机启动界面。倒计时表示将要启动的操作系统，如图 2-35 所示。GRUB 的启动界面默认只停留 5 秒，如果 5 秒内不进行选择，则启动默认的操作系统。引导装载程序 GRUB 的配置文件为/etc/grub.conf，可修改此文件的内容来改变 GRUB 等待选择的时间以及默认执行的操作系统。

如果选择启动 RHEL Server 5，系统紧接着就要加载 Linux 的内核，可以说从此时开始正

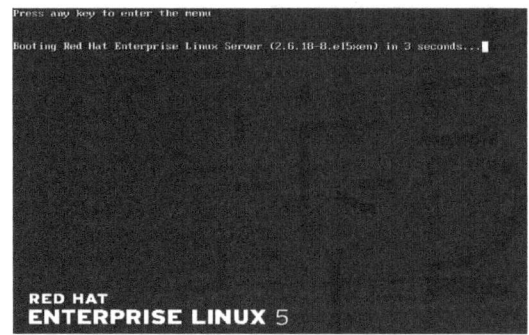

图 2-35 启动界面

式进入 Linux 的控制。Linux 会搜索并启动系统上的所有硬件设备，如图 2-36 所示，即显示了正在启动的项目和进度情况。单击"显示细节"按钮，将显示启动过程的详细信息。用户可借此机会了解硬件设备是否都成功驱动。然后，系统还会执行一系列的与启动相关的许多程序，如图 2-37 所示。

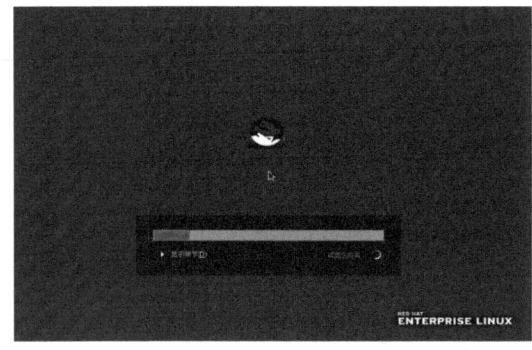

图 2-36 启动进度界面

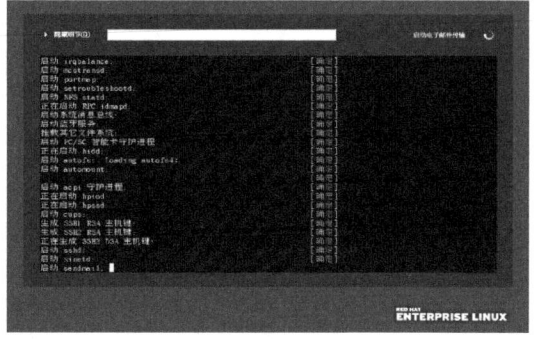

图 2-37 启动过程的详细信息

2.4.3 初始化配置

1. 欢迎界面

首次启动 RHEL Server 5 将出现如图 2-38 所示的欢迎界面，单击【前进（F）】按钮进行一系列初始化配置。

2. 许可协议

出现如图 2-39 所示的许可协议界面，阅读 RHEL Server 5 操作系统许可协议内容，知道用户可以享有的权益，并同意许可协议书的内容。选择【是，我同意这个许可协议】，按【前进（F）】按钮继续其他初始化配置。

3. 配置系统防火墙

出现如图 2-40 所示的设置防火墙界面，如果计算机需要连接到互联网上，但是并不打算把该计算机作为服务器，那么选择"启用"而不允许任何服务通过防火墙，是最安全的选择。也可以选择禁用防火墙。

如果需要该计算机向其他计算机提供网络服务，那么要选中指定服务前的复选框，允许相应的服务通过防火墙。

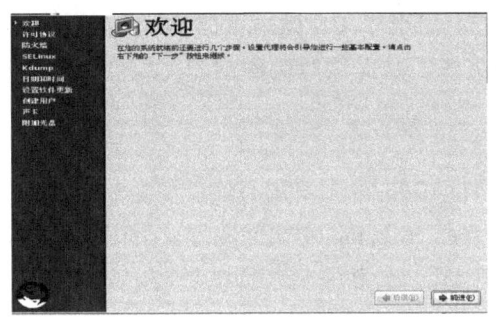
图 2-38　欢迎界面

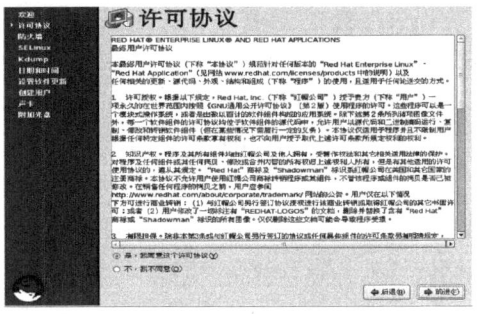
图 2-39　许可协议

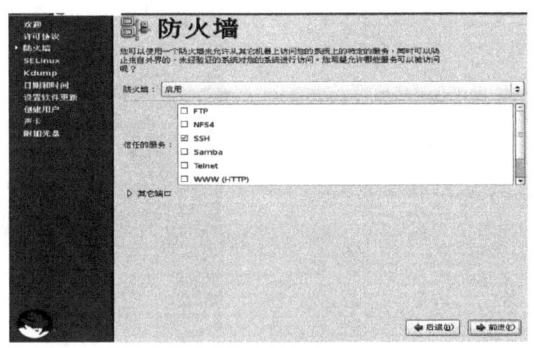
图 2-40　设置防火墙

特别说明:【信任的服务】列出了一些常用的因特网服务,例如 FTP、SSH、WWW 等。选取这些服务表示 GNU/Linux 容许外界对这项服务的访问。如果打算把计算机作为服务器提供一些因特网服务,除了要安装及启动相关服务的服务器外,亦要在这里选取这些服务开放门户,否则外来的计算机就不能连接到服务器,当然,完成安装后,仍可以随时更改这个配置。

如果要指定可使用的端口,先单击"其他端口"按钮,界面下方显示出端口列表。然后单击"添加"按钮,弹出"添加端口"对话框(图 2-41),设置完成后单击【确定】按钮,然后单击【前进】按钮继续。

图 2-41　添加端口

4. 配置系统 SELinux

出现如图 2-42 所示的 SELinux 设置界面。RHEL Server 5 操作系统有 SELinux 功能。SELinux 全称是 Security Enhanced Linux,由美国国家安全部(National Security Agency)领导开发的 GPL 项目,它拥有一个灵活而强制性的访问控制结构,旨在提高 Linux 系统的安全性，提供强健的安全保证，可防御未知攻击，据称相当于 B1 级的军事安全性能。应用 SELinux 后，可以减轻恶意攻击或恶意软件带来的灾难，并提供对机密性和完整性有很高要求的信息的安全保障。

5. 配置系统 Kdump

Kdump 是非常重要的 Linux 内核的崩溃转储工具，Kdump 工具组合提供了新的崩溃转储功能，以及加快启动的可能。通过跳过引导时的固件，Kdump 可以提供前一个内核的内存转储以调试。当系统崩溃时，Kdump 将捕获相关信息以供分析系统崩溃的原因。如图 2 – 43 所示。按【前进（F）】键继续其他初始化配置。

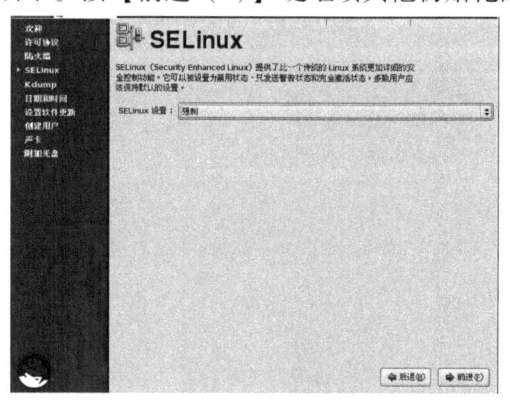

图 2 – 42　设置 SELinux　　　　　　　图 2 – 43　设置 Kdump

6. 配置系统时间

这个界面可以调节系统日期与时间。如图 2 – 44 所示。

可根据实际情况，对于需要采用网络时间协议来同步系统时间的计算机，可以选中"网络时间协议"选项卡，如图 2 – 45 所示。选中"启用网络时间协议"复选框后，可以选择一个时间服务器作为远程时间服务器，也可以按【新增】按钮加入一些时间服务器的地址，当网络连接时可连接所设置的时间服务器，并与之同步时间。

设置日期和时间应根据实际情况，设置正确的时间，按【前进（F）】键继续其他初始化配置。

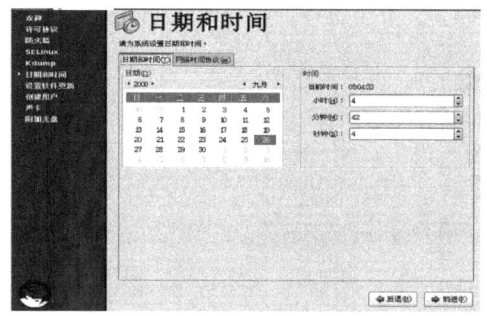 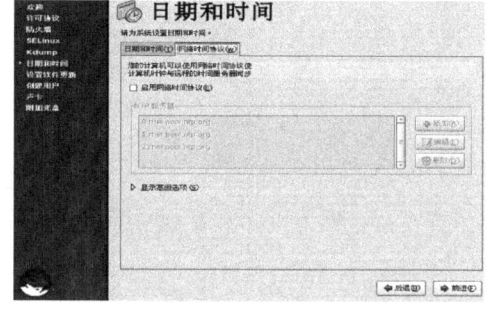

图 2 – 44　设置日期和时间　　　　　　图 2 – 45　设置网络时间协议

7. 配置系统软件更新

出现图 2 – 46 所示的界面，询问是否连接到 Red Hat 网站进行注册。RHEL Server 5 注册到 Red Hat 公司网络后可以确保系统时刻使用 Red Hat 的最新信息来更新。

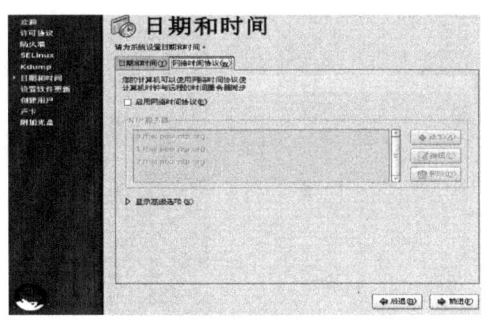

图 2-46 注册 Red Hat 网络

如果网络连接已成功设置，那么可以选择"（Y）是，我现在注册"单选按钮，连接到 Red Hat 网站进行注册。用户需要提供 Red Hat 网站注册的登录账户和密码。也可以选择"（N）不，我将在以后注册"单选按钮，单击【前进（F）】继续。

8. 配置系统普通用户

Linux 是多用户（Multi-User）的作业系统，为方便管理每个用户的档案及资源，每个用户都有自己的账户及密码。Linux 在用户账号管理方面与 Windows 有所不同，Linux 中将用户账号分为三大类型：超级用户、系统用户、普通用户。

（1）超级用户，又称 root 用户，每个 Linux 系统都必须有，并且只有一个。超级用户对计算机系统拥有最高的绝对权限。它可以删除任何文件，可以终止任何程序。在安装过程中就必须为 root 用户设置口令，参见图 2-25。

（2）系统用户是与系统运行和系统提供的服务密切相关的用户，通常在安装相关软件包时自动创建，通常保持其默认状态。

（3）普通用户的用户名可以是任意字符串。一个 Linux 系统中可以有成千上万个普通用户。普通用户都是在安装完成之后由超级用户创建的，并且只能管理有限的资源。

由于超级用户的权限非常大，为了防止误操作造成系统崩溃等严重后果。通常不以超级用户账号登录系统，而是以普通用户账号登录使用。当涉及系统设置等操作时，才从普通用户账号转换为超级用户账号。

在如图 2-47 所示的界面中创建一个普通用户的账号（如 zhangsan），需要依次输入用户名、全名和口令，其中口令必须输入两遍，而全名可以不输入。单击【前进】按钮继续其他初始化配置。

9. 配置系统声卡

如果安装程序侦测到声卡（Sound Card），它会设定相关驱动程序并要用户测试。按【前进（F）】键继续其他初始化配置。如图 2-48 所示。

10. 配置系统附加光盘

出现如图 2-49 所示的界面。此时可安装附加的软件安装光盘，可以用鼠标点击"安装"按钮进行附加软件的安装。当然也可以不安装任何软件光盘。直接单击【结束】按钮完成所有配置项目。

到此为止红帽企业版 RedHat Enterprise Linux Server 5.0 安装现已完成，安装程序会提示做好重新引导系统的准备。如果安装介质（磁盘驱动器内的磁盘或光盘驱动器内的光盘）在重新引导时没有被自动弹出，请记住务必取出它们。

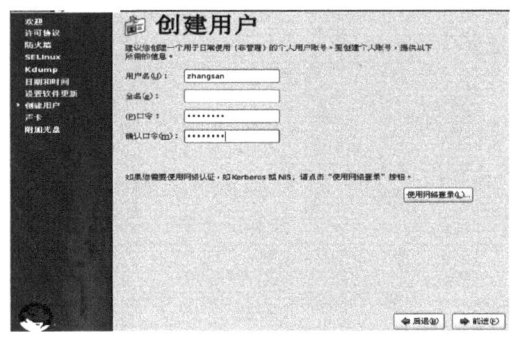
图 2-47 创建用户账号

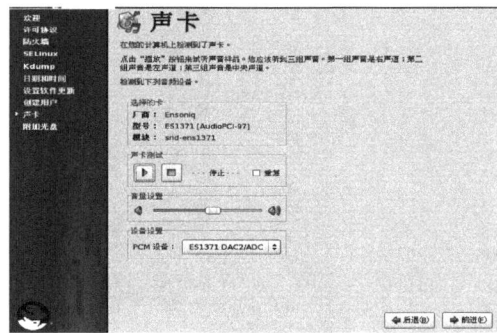
图 2-48 检测声卡

图 2-49 安装附加光盘

2.4.4 登录 Linux

1. 输入用户名

出现如图 2-50 所示的界面,输入用户名(在此以 zhangsan 用户账号登录),并按【Enter】键。

2. 输入口令

继续输入该用户所对应的口令,并按【Enter】键。如果用户名与口令均正确,则出现如图 2-51 所示的桌面环境。

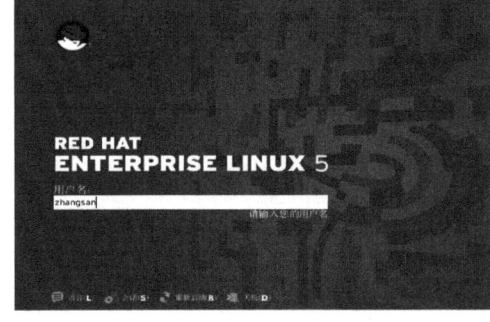
图 2-50 输入用户名

图 2-51 GNOME 桌面环境

至此完成第一次启动 RHEL Server 5 图形化用户界面的所有操作。

首次启动图形化用户界面时,由于需要进行多项初始化设置,较为费时。以后再启动图形化界面则只经过 BIOS 自检、选择操作系统、登录 Linux 三个步骤即可。

2.4.5 注销、关机与重启

1. 桌面环境下注销、关机与重启

单击 GNOME 桌面系统菜单（图 2-52），选中"关机"选项，出现如图 2-53 所示的对话框。系统将在 60 秒后自动关机，也可单击"关机"或"重新启动"按钮立即关机或重启计算机。

单击 GNOME 桌面系统菜单（图 2-52）的"注销"选项，出现如图 2-54 所示的对话框，系统将在 60 秒后自动注销，单击"注销"按钮立即回到图所示界面，等待其他用户登录。

图 2-52 系统菜单

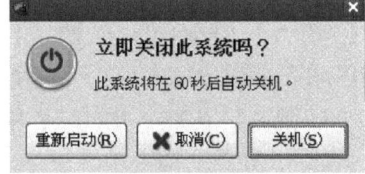
图 2-53 确认关机

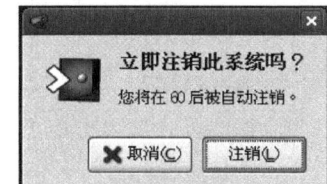
图 2-54 确认注销

2. 登录界面下关机与重启

在如图 2-51 所示的界面中单击界面下方的"关机"或"重新启动"按钮也可进行关机或重启操作。

2-5 安装 Windows 与 RHEL Server 5 双系统的计算机

假设某计算机中已经安装 Windows XP，其磁盘分区情况如图 2-55 所示，要求增加安装 RHEL Server 5，并保证原来的 Windows XP 仍可使用。此硬盘分为 C、D、E 三个部分。对于此类硬盘比较简便的操作方法是将 E 盘上的数据转移到 C 盘或者是 D 盘，而利用 E 盘的硬盘空间用来安装 Linux。计算机上已安装 Windows 2000 或者 Windows 2003 操作系统的均可参照此安装过程。

2.5.1 设置磁盘分区

1. 选择分区

当安装 Windows 与 RHEL Server 5 并存的计算机系统时，在如图 2-14 所示界面选择【建立自定义的分区结构】模式，进入如图 2-56 所示的界面。

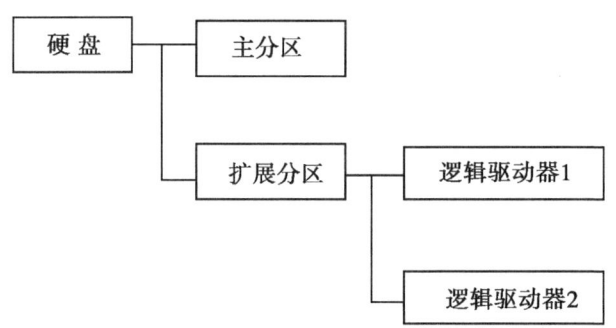

图 2-55 硬盘分区情况示意图

(1) /dev/hda,表示计算机上的一块硬盘。
(2) /dev/hda1,表示硬盘主分区,也即 Windows 中的 C 盘。
(3) /dev/hda2,表示硬盘的扩展分区,即除 C 盘以外的空间。
(4) /dev/hda5,表示硬盘的第一个逻辑分区,即 Windows 中的 D 盘。
(5) /dev/hda6,表示硬盘的第二个逻辑分区,即 Windows 中的 E 盘。

特别说明:硬盘经过分割后成为各个分区,分区依照功能性的不同又可分为主分区(Primary)、扩展分区(Extended)及逻辑分区(Logical)三种。

(1) 硬盘最多可以区分 4 个主分区或 3 个主分区 +1 个扩展分区。
(2) 扩展分区又可分成数个(没有限制,总容量不得超过扩展分区大小)逻辑分区。
(3) 主分区使用:hda [1-4],包含扩展分区在内。
(4) 逻辑分区使用:hda [5-~],请注意,逻辑分区一定由 5 开始计算。

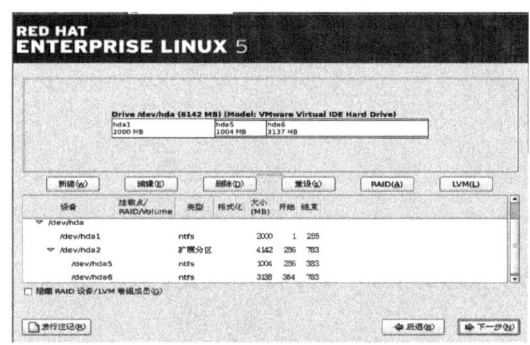

图 2-56 磁盘原有的分区信息

2. 删除一个 Windows 的分区

为了利用 E 盘的磁盘空间来安装 RHEL Server 5,必须首先删除 E 盘所在的分区。在图 2-56 所示的界面中选中"/dev/hda6"所在的行,单击【删除】按钮,出现"确认删除"对话框,单击"删除"按钮。

出现如图 2-57 所示的界面,刚才 /dev/hda6 所在的行已经被"空闲"所取代,表明这一分区已经成功删除,该分区上原有的数据则不复存在。

3. 新建交换分区和根分区

前面介绍过,安装 Linux 系统,至少需要两个分区,即交换分区和根分区。选中空闲空

第二章 Linux 安装与基本操作

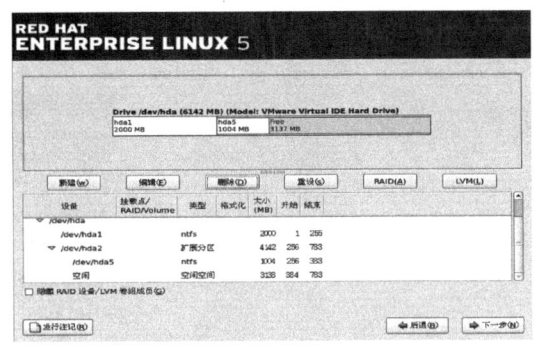

图 2–57 删除 E 盘后的分区情况

间，单击【新建】按钮，出现如图 2–16 所示的界面。在此建立交换分区（即 swap 分区），此时注意该分区大小应为物理内存的 1~2 倍。

然后在剩余的空闲空间中建立根分区（ext3 分区，挂载点 "/"），如图 2–17 所示。选择 "使用全部可用空间" 单选按钮。将剩余的全部空闲空间都划归根分区。创建完成后如图 2–58 所示。至此磁盘分区工作全部完成，可单击【下一步】继续。

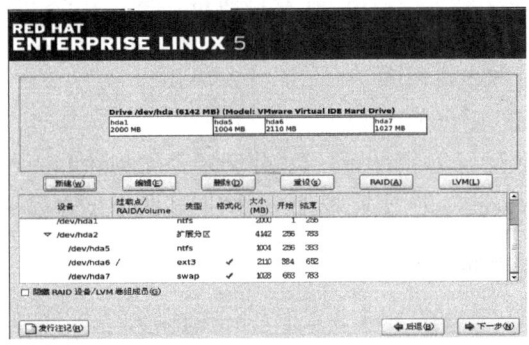

图 2–58 新建 Linux 分区后的磁盘分区情况

2.5.2 配置系统引导

出现如图 2–59 所示的界面，配置双系统引导装载程序。

引导装载程序的选项标签默认将 Windows 操作系统称为 Other。为了方便使用，可以将其修改为真实的操作系统的名称。选择 "标签" 列的 "Other" 选项，单击【编辑】按钮，出现如图 2–60 所示的对话框，将 "Other" 修改为 "Windows XP"。另外，GURB 在计算机启动后将默认启动 RHEL Server 5，如果在图 2–60 中选中 "默认引导目标" 复选框，则计算机启动后将默认启动 Windows XP。单击【确定】按钮，回到图 2–59 所示的界面。

如果要选择启动其他的操作系统，或者改变 GRUB 引导的内核，系统启动时按任意键就会显示引导程序选择界面。光标会停留在安装时所设置的默认操作系统上，利用上下方向键可改变要启动的操作系统，按【Enter】键即开始启动。

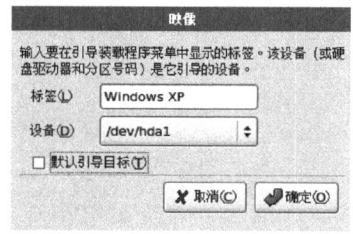

图 2-59 配置双系统引导程序　　　　图 2-60 编辑引导程序的标签

2-6 安全删除 Linux

对于仅安装 Linux 的计算机而言，只要重新安装其他操作系统就能将已安装的 Linux 完全删除。而对于 Windows 与 Linux 并存的计算机而言，安全删除 Linux 而不影响 Windows 的所有数据，需要进行以下两个步骤的操作：

（1）删除 Linux 的引导装载程序。
（2）删除 Linux 所用的磁盘分区。

在顺序上无论是先删除 Linux 所用的磁盘分区还是先删除 Linux 的引导装载程序都可以。无论已安装的 Linux 和 Windows 的版本如何，采用上述两个步骤都可以安全删除 Linux。

2.6.1 删除引导装载程序

1. 利用 Windows 98 的启动软盘

无论已安装的 Windows 版本如何，都可以利用 Windows 98 的启动软盘（或光盘启动工具中的 Windows 启动盘）来删除 Linux 的引导装载程序。首先需要修改 BIOS 中的启动顺序，将软盘设置为第一启动设备，然后将 Windows 98 的启动软盘放入软盘驱动器，启动计算机，出现如图 2-61 所示的界面。

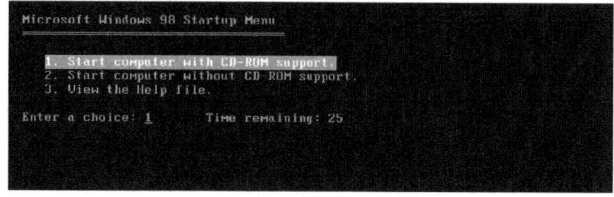

图 2-61 Windows 98 启动软盘启动计算机

选择 "1. Start Computer with CD-ROM support"（启动计算机，光驱可用）或者是选择 "2. Start Computer without CD-ROM support"（仅启动计算机，光驱不可用）都可以。此后屏幕上出现 DOS 提示符，如图 2-62 所示。

在 DOS 提示符后输入 "fdisk /mbr" 命令，就能删除处于硬盘的主引导记录（MBR）中的引导装载程序，如图 2-63 所示。重新启动计算机后，就不会出现 GRUB 启动界面。

图 2-62　Windows 98 命令行

图 2-63　删除 Linux 引导装载程序

2. 利用 Windows 2000 安装光盘

目前使用 Windows 98 的计算机正日趋减少，有时并不能得到 Windows 98 启动软盘。另外一个解决方法就是利用 Windows 的安装光盘来删除 Linux 的引导装载程序。

首先修改 BIOS 中的启动顺序，将其设置为首先启动光盘．然后将 Windows 2000 Server 的安装光盘放入光驱，启动计算机将出现如图 2-64 所示的界面。

根据屏幕提示信息，按【R】键，选择修复 Windows 2000 的安装。出现如图 2-65 所示的界面。按【C】键，以故障恢复控制台方式对 Windows 2000 进行修复。出现如图 2-66 所示的界面。

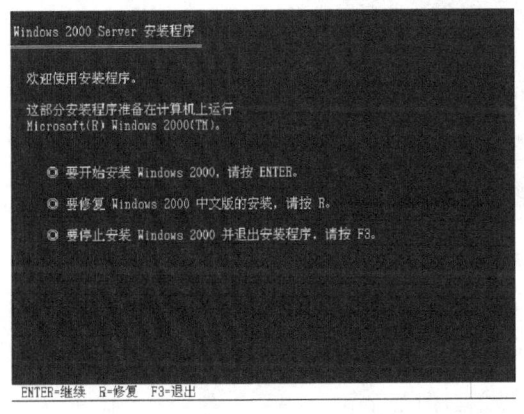

图 2-64　Windows 2000 Server 光盘启动

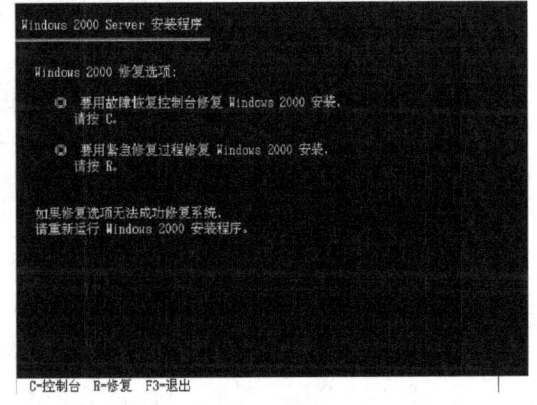

图 2-65　Windows 2000 Server 的修复选项

屏幕显示计算机中已安装的 Windows 2000 的系统文件保存于 C：\ WINNT 目录，编号为 1，输入"1"并按【Enter】键，进行恢复安装，如图 2-67 所示。然后根据屏幕提示，在 DOS 提示符后输入命令"fixmbr"。这个命令能删除位于硬盘的主引导记录（MBR）中的引导装载程序；此后将出现一系列警告信息，输入"y"并按【Enter】键，进行实际的操作。最后再次出现 DOS 提示符，输入"exit"命令退出。

fixmbr 命令适用于 Windows 2000 安装光盘启动计算机的情况，而 fdisk /mbr 则适用于 Windows 98 安装光盘或启动软盘启动计算机的情况。

3. 利用 Windows XP 安装光盘

利用 Windows XP 安装光盘也能删除 Linux 主引导记录中的引导装载程序，与使用 Windows 2000 光盘相同，先设置 BIOS 中的启动顺序，将其设置为首先启动光盘，然后将安装光盘放入光驱并启动计算机。检查硬件设备后将出现如图 2-68 所示的界面。显示目前的分区情况。

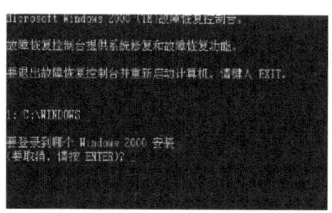

图 2－66 Windows 2000 的故障恢复控制台

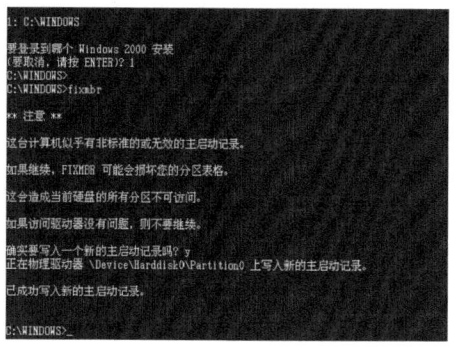

图 2－67 Windows 2000 下删除引导装载程序

光标保留在安装 Windoors XP 的那个分区（如 C：分区 1）。按【Enter】键，表示要重新安装，安装程序会提示这个分区已安装有 Windows，如果重新安装将删除以前的相关文件。

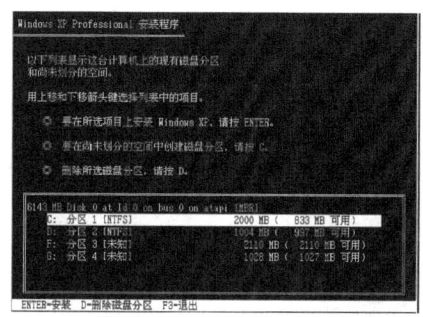

图 2－68 Windows XP 安装程序

这时按【F3】键退出安装程序，安装程序会弹出如图 2－69 所示的对话框，确认是否要退出安装，再按【F3】键，退出安装程序，计算机将重新启动。启动后即进入 Windows XP，未出现 GRUB 引导界面，表明 GRUB 引导装载程序已删除。

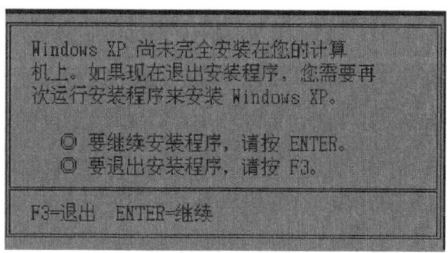

图 2－69 确认退出安装

2.6.2 删除 Linux 所用的磁盘分区

删除 Linux 磁盘分区的方法有很多种，在此介绍在 Windows 下删除 Linux 磁盘分区的方法。如果已安装的 Linux 是与 Windows XP（或者是 Windows 2000、Windows 2003）并存的，那么可以借助 Windows 自带的磁盘管理工具来删除 Linux 磁盘分区，也可以利用 PQ Partition Magic 等磁盘分区专用软件来删除。

在 Windows XP 下依次单击"开始"→"控制面板"→"管理工具"→"计算机管理"菜单项,打开"计算机管理"窗口。单击左侧的"磁盘管理"项,右侧显示计算机的磁盘分区情况,如图 2-70 所示。由于 Windows 不能识别 Linux 所使用的文件系统类型,"文件系统"列无任何信息的磁盘分区就是 Linux 所用的磁盘分区。图中 Linux 的磁盘分区有两个。

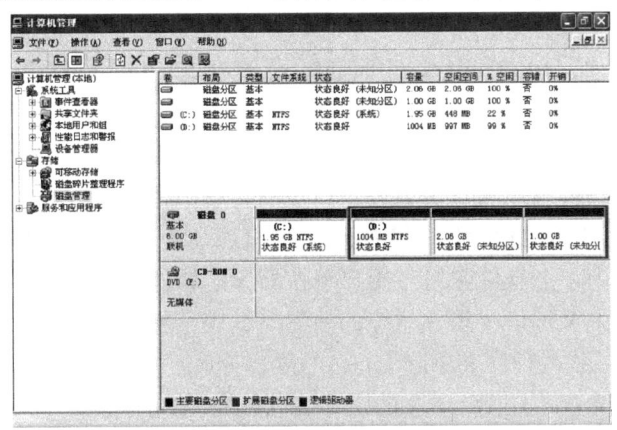

图 2-70 "磁盘管理"窗口

右击 Linux 所用分区,弹出快捷菜单,选择"删除逻辑驱动器"菜单项删除这一分区。用相同的方法可删除 Linux 的另一分区。完成后磁盘分区情况如图 2-71 所示。

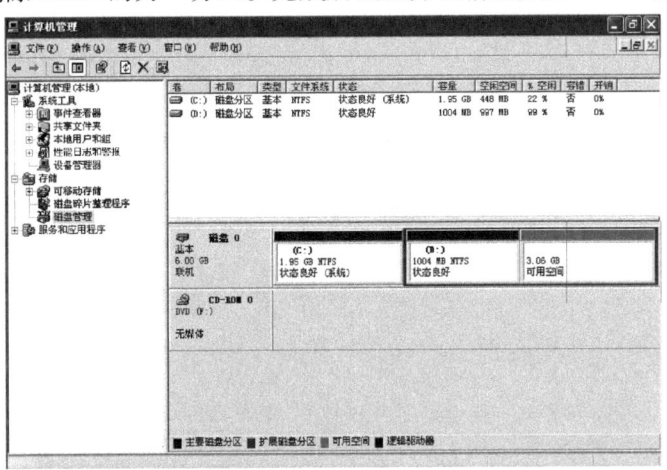

图 2-71 删除 Linux 分区后的"磁盘管理"窗口

本章小结

RHEL Server 5 为用户提供非常简单易用的安装工具,按照安装界面的提示信息,进行设备配置、磁盘分区、软件包安装及相关系统配置等多项工作,即可安装成功。

在安装过程必须对磁盘进行分区,自动分区是由系统来决定分区的个数以及每个分区的大小,而手工分区是由用户来决定磁盘分区的具体情况。图形化安装时,无论是自动分区还是手工分区，RHEL Server 5 都使用 Disk Druid 软件。单独安装 Linux 时 Linux 使用整个磁盘空间，与其他操作系统并存安装 Linux 时，Linux 仅使用部分磁盘空间。

安装 Linux 时至少需要两个分区：交换分区和根分区。交换分区采用 swap 文件系统类型，用于实现虚拟存储；根分区一般采用 ext3 文件系统类型，用于保存程序和数据。用户也可以根据需要创建多个分区。

利用引导装载程序，用户可选择性地启动操作系统。Linux 中常用的引导装载程序是 GRUB，并将其安装于硬盘的主引导记录（MBR）。

Linux 的用户可分为超级用户、系统用户和普通用户三大类型。在安装过程中必须为超级用户设置口令，而普通用户账号由超级用户在安装后创建。

RHEL Server 5 中使用的程序均以软件包形式出现，为了方便分类管理，RHEL Server 5 将软件包根据功能分为多个软件包组。用户可在相应的软件包组中选择需要安装的软件包。

在不影响计算机中 Windows 操作系统的前提下，安全删除 Linux 需要进行两个步骤的操作：删除 Linux 的引导装载程序和删除 Linux 的磁盘分区。利用 Windows 98 的启动软盘或者相应的 Windows 安装光盘可删除 Linux 的引导装载程序。利用 Windows 的磁盘管理工具或专用磁盘分区软件可删除 Linux 的磁盘分区，并将空闲空间转换为 Windows 可使用的磁盘分区。

第三章

3 Linux 图形界面

对于初次使用 Linux 系统的用户来说，使用字符命令来管理 Linux 系统过于复杂，用户可以进入 Linux 系统的桌面环境（如 GNOME）进行管理。本章将对 Linux 的图形化用户界面 X Window 进行介绍。

———— 主要内容包括 ————

◎ X Window 简介
◎ GNOME 桌面环境
◎ GNOME 下的环境设置

3 – 1 X Window 简介

一套优秀的操作系统，除了性能稳定、功能齐全之外，还应该拥有一个友好的操作系统界面。X Window 是 UNIX/Linux 操作系统图形化用户界面的标准，目前绝大多数的 UNIX 计算机上都运行 X Window 的某个版本。RHEL 5AS 中采用的是 xFree86 4.7.0 版本。X Window 为 Linux 提供美观易用的图形化操作平台，是普通用户逐渐接受 Linux 的重要原因之一。

X Window 和 Windows 都提供图形化用户界面，在使用上也极其相似，但在结构上两者完全不同。X Window 本身不是操作系统，而是一种可运行于多种操作系统，采用客户机服务器模式的应用程序。X Window 主要由三部分组成：X 服务器（X Server）、X 客户机（X Client）与 X 协议（X Protocol），其工作模式如图 3 – 1 所示。

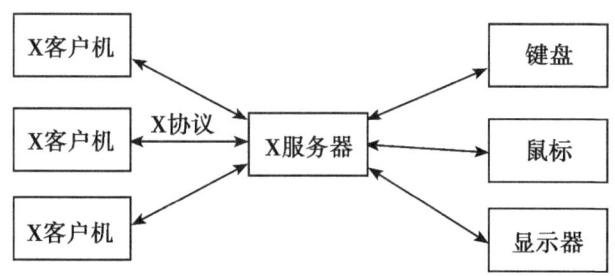

图 3 – 1 X Window 工作模式示意图

1. X 服务器（X Server）

X 服务器（X Server）主要是控制输出及输入设备的程序，并维护相关资源。它是接收输入设备的信息，并将其传给 X Client，而将 X Client 传来的信息输出到屏幕上。所以不同的显卡就需要选择不同的 X Server，在配置 X Window 时最主要的就是配置 X Server。

2. X 客户端（X Client）

X 客户端（X Client）是应用程序的核心部分，它是与硬件无关的，每个应用程序就是一个 X Client，它可以运行在与 X 服务器不同的电脑上。

3. X 协议（X Protocol）

X 协议（X Protocol）是 X 客户端和服务器进行通信的一套协定，X 协议支持网络，能在本地系统中和网络实现这个协议，支持的网络协议有 TCP/IP 等。

为了使得 X Window 更加易于使用，各个不同的公司与组织都针对其做了许多集成桌面环境，如 AIX 上的 CDE，SUN 的 OpenServer，而在 Linux 下则主要是 GNOME 与 KDE。下面我们就一起来了解一下它们。

3.1.1 GNOME 简介

GNOME 最初是由墨西哥的程序设计师 Miguel De Icazq 先生发起的，它受到了 Red Hat 公司的大力支持。它现在属于 GNU 计划的一部分，主要目的是希望能够为用户提供一个完整、易学易用的桌面环境，并为程序设计师提供强大的应用程序开发环境。

1997 年 8 月，为了克服 KDE 所遇到的 QT 许可协议和单一 C＋＋依赖的困难，以墨西哥的 Miguel de Icaza 先生为首的 250 个程序员就开始了一个新项目，完全从头开始，这就是 GNOME。经过 14 个月的共同努力，终于完成了这个工程。现在 GNOME 已得到了占 Linux 市场份额最大发行商 Red Hat 的支持，拥有了大量应用软件，包括文字处理软件 GNOME Office，电子表格软件 Gnumeric，日历程序 GNOMEcal，堪与 PhotoShop 媲美的图形图像处理软件 Gimp 等。在后面的章节，笔者会对 GNOME 桌面环境做详细介绍。

3.1.2 KDE 简介

KDE 项目是在 1996 年 10 月发起的，其目的是在 X Window 上建立一个完整易用的桌面环境。KDE 现在除了拥有 KFM（类似于 IE4.0）、KPresenter（类似 PowerPoint）、KIllustrator（类似 CorelDraw 或 Illustrator）等重量级软件，还有体贴用户的 GUI 配置软件可以帮助用户配置 Unix/Linux，使其深受使用者欢迎。但由于 KDE 是基于 TrollTech 公司开发的 Qt 程序库的，所以也受到了许多批评。虽然 Qt 本身作为一基于 C＋＋的跨平台开发工具是非常优秀，但可惜的是它不是自由软件。Qt 的 License 允许任何人使用 Qt 编写免费软件及免费拷贝给其他用户使用，但如果利用 Qt 编写非免费软件则需要购买他们的 License，更重要的是任何人都不可以随意修改 Qt 源代码。

3－2　GNOME 桌面环境

GNOME 桌面环境如图 3－2 所示。主要由桌面窗口和系统面板两部分构成。

图 3－2　GNOME 桌面环境

3.2.1 桌面窗口

桌面窗口是系统的工作区域，它与 Windows 操纵系统的桌面相似。桌面上可放置文件、文件夹、应用程序启动器的快捷方式等。要打开一个文件夹或者一个应用程序，只要左键单击相应的图标即可，其基本操纵与 Windows 相同。此外，可以将桌面的图标拖放到桌面的任意位置。我们也可以利用桌面属性，更改桌面的背景、颜色等属性。

3.2.2 系统面板

系统面板一般位于桌面环境的底部（也可拖动放到桌面的上端、左侧和右侧），它与 Windows 环境下的任务栏功能相似。面板包含了便于使用系统的图标和小型程序。面板上还包含"应用程序"、"位置"和"系统"按钮，其中包含所有应用程序的菜单项目的快捷方式。嵌入在面板中的小程序在不妨碍工作的同时，允许运行指定任务监控系统或服务；通知区域中显示日期和时间以及音量调整程序。

1. 系统菜单

单击面板上的"应用程序"按钮，可以进入系统内的应用程序。从这里可以启动系统中大部分的应用程序，如图像、影音、办公、Internet、游戏以及系统工具等。此外，还可以启动每个子菜单中的附加程序，如图 3-3 所示。

使用面板上的"位置"按钮，可快速的进入某个文件夹中，如主文件夹、桌面、计算机等，还可以在系统中搜索文件、查看最近打开的文档等，如图 3-4 所示。

可以使用面板上的"系统"按钮操纵首选项、管理、帮助、注销以及关机等功能，使用"管理"可以对系统设置进行管理，如图 3-5 所示。

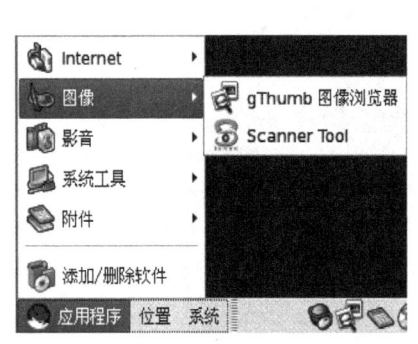
图 3-3 应用程序按钮

图 3-4 位置按钮

图 3-5 系统按钮

2. 工作区切换器

图形化桌面提供了使用多个工作区的功能。因此不必把所有运行着的应用程序都放在一个可视桌面区域。工作区切换器能把每个工作区都显示成一个小方块，然后在上面显示运行着的应用程序,如图 3-6 所示。可以用鼠标单击某个小方块来切换到该桌面上,还可以使用键盘快捷键方式 [Ctrl + Alt + 箭头键] 在桌面间切换。

图 3-6 工作区、任务条

3. 任务条

工作区切换器旁边的小程序是任务条。任务条显示当前系统上运行的应用程序,如图 3-6 所示。在应用程序最小化的时候,单击任务条上的相应应用程序的图标,即可使其恢复到桌面。

4. 小程序

小程序是运行在面板上的小型应用程序,通常用来监控系统中的各类情况。在面板上添加小程序,可以右键单击面板上未使用的区域,选择"添加到面板",打开如图 3-7 的显示界面,从项目列表中选择某个项目,然后单击"添加"按钮将其添加到面板中,添加后的小程序会出现在面板上。

图 3-7 在面板上添加项目

5. 通知区域

通知区域显示与系统工作状态有关的信息,包括 Red Hat 网络通知图标、验证图标、打印机通知图标等。

3.2.3 Nautilus 文件管理器

GNOME 桌面环境包括一个名为 Nautilus 的文件管理器,其功能类似于 Windows 中的资源管理器。Nautilus 不仅能以图形的方式显示本地或远程计算机的文件和文件夹信息,而且还提供给用户一个综合界面来配置桌面、配置系统等。从"应用程序"菜单选择"文件浏览器"菜单项都能启动 Nautilus。

按照 Nautilus 的默认设置,文件和文件夹均以图标方式显示,而图像文件的图标显示该图像的缩略图,文本文件的图标则显示文本的开头内容,如图 3-8 所示。

图 3-8　文件浏览器　　　　　　　　　　图 3-9　侧栏信息

Nautilus 的窗口

Nautilus 的窗口主要包括以下几个部分。

(1) 位置栏。位置栏显示正在浏览的目录路径。如果输入其他目录名称，并按 Enter 键即可查看其他目录下的文件和文件夹。不过，对于普通用户而言，只能查看自己拥有权限的那些目录和文件，否则系统将提示无权访问。此外，在位置栏还可以输入 FTP 网站的 URL 地址，以查看这个 FTP 服务器下的文件和目录信息。

(2) 显示比例按钮。显示比例按钮可调整主识图窗口的显示比例。显示比例可在 25% ~400% 之间变化，默认的显示比例为 100%。

(3) 显示方式按钮。Nautilus 提供如下两种显示方式：以图标视图查看，是默认的显示形式，如图 3-8 所示；以列表视图查看，此时不仅显示文件名，而且还显示文件大小、文件类型和修改日期信息，与 Windows 相同。

(4) 侧栏。单击"查看"菜单，选中"左侧栏"（默认选中），则在屏幕的左侧出现侧栏，如图 3-9 所示。

①信息：显示当前文件夹的信息。

②历史：显示最近浏览过的文件和文件夹列表。

③徽标：显示可供使用的部分徽标。拖动徽标到文件夹或文件图标就为其设定了徽标，一个文件或文件夹可拥有多个徽标。

④树：显示整个 Linux 系统的目录树结构。

⑤备忘：显示文件和文件夹的注释信息。

3-3 GNOME 下的系统设置

3.3.1 系统监视器

使用"系统监视器"可以查看系统信息、进程信息、资源信息以及文件系统信息。单击面板上的"系统"—"管理"—"系统监视器",打开如图 3-10 所示的"系统管理器"对话框界面。

1. "进程"选项卡

"进程"选项卡如图 3-11 所示,其中显示了系统的进程名、状态、%CPU、Nice、ID 以及内存信息。如果要对进程进行操作,右键单击某进程,在弹出的菜单中可以选择"停止进程"、"继续进程"、"结束进程"、"杀死进程"以及"更改优先级"等,进行相应的操作。

2. "资源"选项卡

"资源"选项卡如图 3-10 所示。选项卡上直观地显示出了系统的 CPU、内存、交换分区以及网络的使用情况。

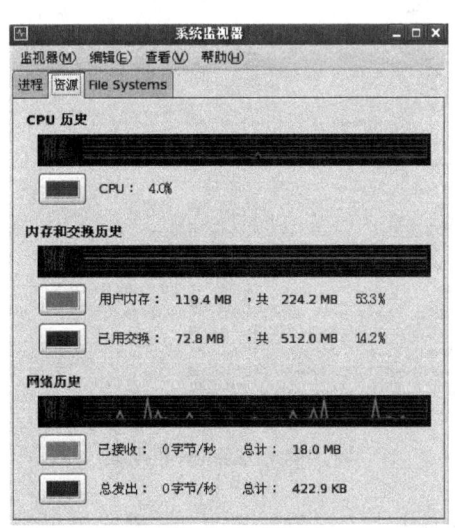

图 3-10 系统管理器

3. "文件系统"选项卡

"文件系统"选项卡如图 3-12 所示。选项卡上显示了系统当前挂载的文件系统的具体信息,包括设备、挂载目录、文件类型、容量等。

3.3.2 磁盘使用分析器

使用"磁盘使用分析器"工具可以对本地计算机甚至远程计算机的文件夹和文件系统进行扫描并分析。单击面板上的"应用程序"—"系统工具"—"磁盘使用分析器",打

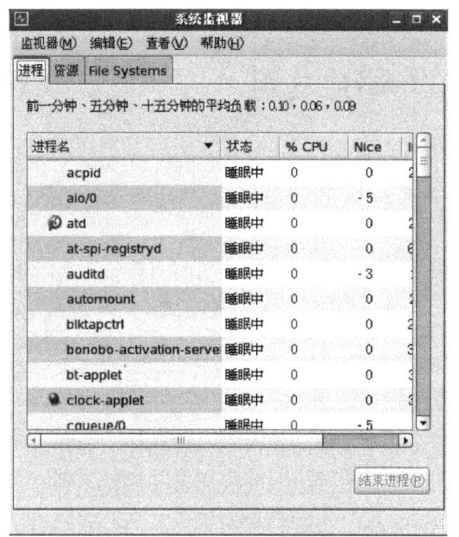
图 3-11 "进程"选项卡

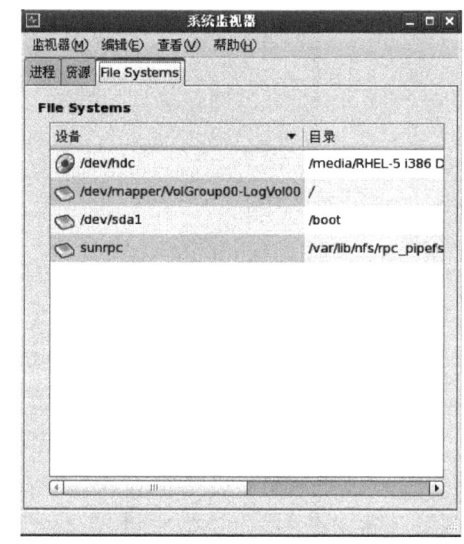
图 3-12 "文件系统"选项卡

开"磁盘使用分析器"界面,单击"分析器"—"扫描文件系统"菜单开始对文件系统进行扫描分析,经过一段时间后出现如图 3-13 所示的磁盘分析结果界面。

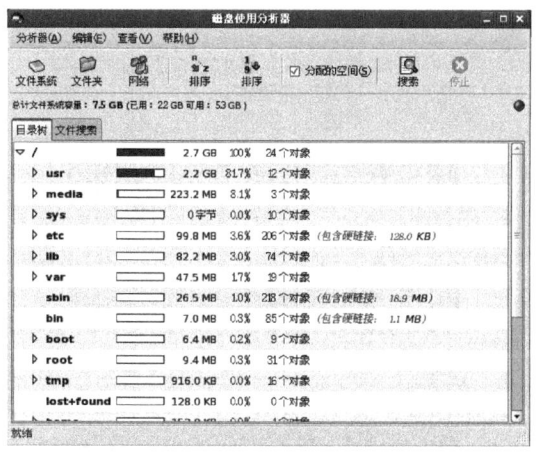
图 3-13 磁盘分析结果

3.3.3 添加/删除应用程序

选择系统面板中的"应用程序"—"添加/删除软件"工具,弹出如图 3-14 所示界面,显示当前系统已安装 RHEL 5 AS 自带软件包情况。利用这一工具可以添加或删除 RHEL 5 AS 安装盘所提供的软件包。

3.3.4 显示设置

在 RHEL 5 AS 系统安装过程中对显示器、视频卡和显示设置都进行了配置。要更改这些设置,可以使用"显示设置"工具。

单击系统面板的"系统"—"管理"—"显示设置"菜单,可以打开显示设置界面,

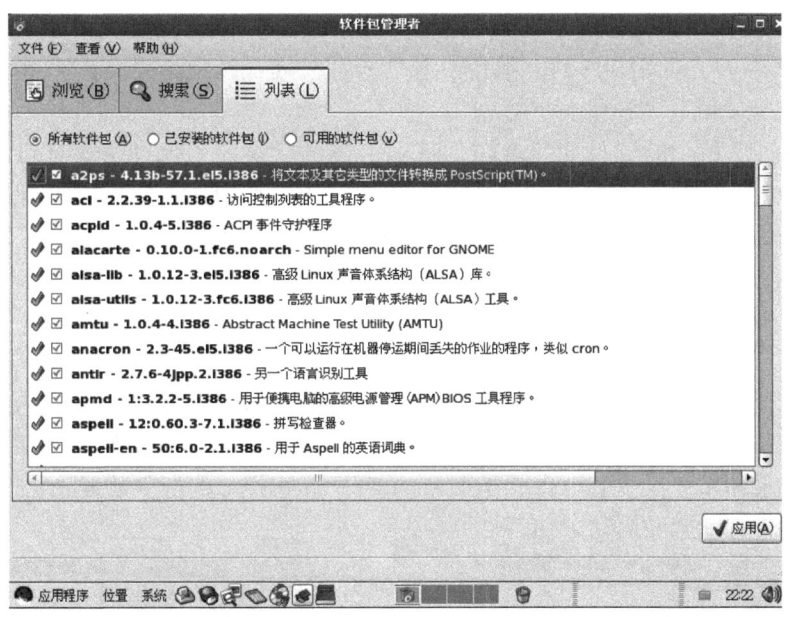

图 3-14　添加/删除软件界面

如图 3-15 所示。

1. "设置"选项卡

在如图 3-15 的"设置"选项卡中允许用户更改分辨率和色彩深度。分辨率越高，显示器在一次显示中所显示的图像就越多。

2. "硬件"选项卡

当系统启动时会自动探测显示器和视频卡，如果这些硬件被正确探测到，信息会显示在"硬件"选项卡中，如图 3-16 所示。要更改显示器和视频卡类型，需要单击相应的"配置"按钮，然后选择相应的显示器和视频卡类型即可。

图 3-15　"设置"选项卡

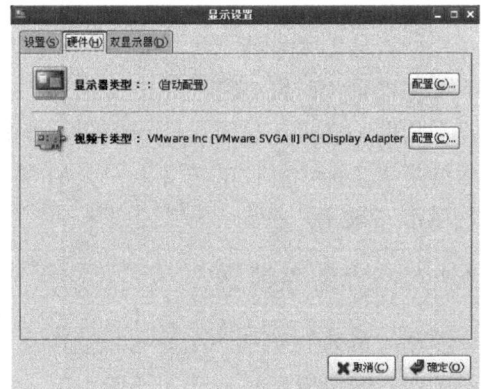

图 3-16　"硬件"选项卡

3.3.5　日期/时间设置

使用"日期/时间属性"工具允许用户更改系统日期和时间、配置系统的时区及设置网络时间协议（NTP）守护进程来与时间服务器的系统时钟进行同步。单击面板上的"系统"—"管理"—"日期和时间"菜单打开"日期时间"选项卡界面，如图3-17所示。

1. "日期和时间"选项卡

在如图3-17所示的"日期和时间"选项卡中可以设置系统日期和时间。使用方向键左右移动月份或年份可以相应的更改月份或年份，单击"日期"中的日期更改日期。在"时间"部分中的"小时"、"分钟"和"秒钟"文本框中可以设置相应的时间。最后单击"确定"按钮，使更改生效。

2. "网络时间协议"选项卡

网络时间协议（NTP）守护进程使用远程时间服务器或时间源来同步系统时钟，该程序允许配置NTP守护进程来与远程服务器同步系统时钟，如图3-18所示。要启用该项功能，首先选择"启用网络时间协议"选项，在"NTP服务器"下面就会出现3台NTP服务器，可以选择预定义的服务器中的一台或添加新的NTP服务器。单击"确定"按钮，配置被保存，NTP守护进程就会被启动。

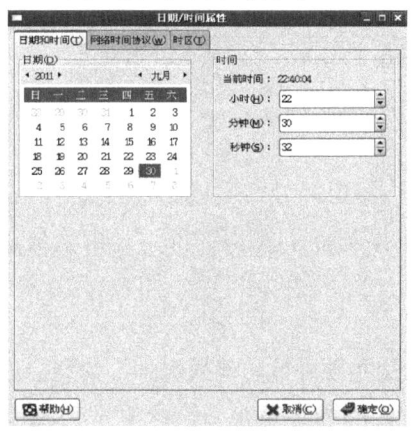
图3-17 "日期和时间"选项卡

图3-18 "网络时间协议"选项卡

3. "时区"选项卡

要配置系统时区，需要单击"时区"选项卡，弹出如图3-19所示界面。时区可以通过互动地图来选择，也可以使用地图下面的列表中选择需要的时区。在列表中单击代表所在时区的城市，一个红色的"X"便会出现，地图下的时区列表中的选择就会发生相应的变化，单击"确定"按钮，设置生效。

3.3.6 桌面背景设置

使用"外观首选项"工具可以更改桌面背景，可以使用/usr/share/backgrounds/mu目录中的图像，也可以使用自己的图像。单击面板上的"系统"—"首选项"—"桌面背景"，或者右键单击桌面，在弹出的菜单中选择"更改桌面背景"，打开桌面背景首选项界面，如图3-20所示。

在该界面中，选择相应的图像作为系统背景，单击"添加壁纸"按钮，可以添加自定义的壁纸，"删除"按钮可以删除选定的壁纸。"样式"可以设置为居中、填充屏幕、缩小、放大以及平铺。单击"关闭"按钮，设置生效并退出界面。

图 3-19 "时区"选项卡

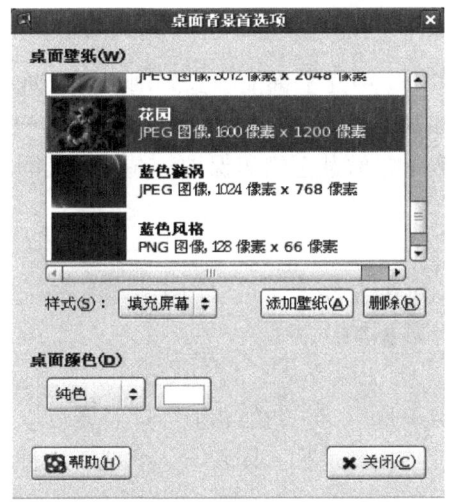

图 3-20 桌面设置界面

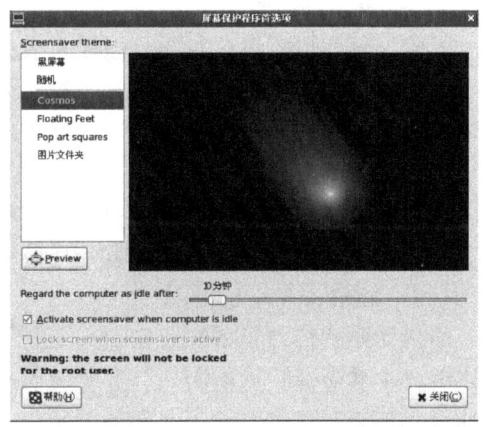

图 3-21 屏幕保护程序设置

3.3.7 屏幕保护程序设置

单击面板上的"系统"—"首选项"—"屏幕保护程序",可打开屏幕保护程序界面,如图 3-21 所示,对屏保进行设置。

在"屏幕保护程序主题"中选择相应主题,选择"计算机空闲时激活屏幕保护程序"选项,并调整"于此时间后视计算机为空闲"的时间,在经过该时间后将激活屏幕保护程序。

3.3.8 其他设置

此外,在"系统"—"首选项"菜单中,我们还可以对键盘、鼠标、音量等进行设置;在"系统"—"管理"菜单中,我们可以对根口令、语言、声卡检测等进行设置,在此不再进行详细阐述。

3-4 GNOME 下的办公软件 OpenOffice.org 简介

OpenOffice.org 以 SUN 公司的 StarOffice 为基础开发完成，其源代码完全公开。OpenOffice.org 办公软件是跨平台的软件，其不仅可运行于 Solaris、Linux 平台，而且还能运行于 Windows 平台，并且拥有多达 25 个语言的版本。OpenOffice.org 的功能与 Microsoft Office 软件功能类似，包括文字处理、表格处理、演示文稿处理等，并且兼容目前主要的文档文件格式。从使用界面上看，OpenOffice.org 也与主流的办公软件类似，操作非常简单。

OpenOffice.org 办公软件主要由 Writer、Calc、Impress、Draw 和 Math 五个应用程序组成。

1. OpenOffice.org Writer

Microsoft Word 所提供的功能在 OpenOffice.org Writer 中几乎都能找到。用户可以进行字体、段落、页面格式设置，还可以插入表格、图形和其他对象。另外，OpenOffice.org Writer 还可以将文档设置为不同的区域，可对区域进行锁定、隐藏甚至密码保护。在多数人同时编辑统一文档时，可同时显示不同用户修改的部分。

2. OpenOffice.org Calc

OpenOffice.org Calc 电子表格软件与 Microsoft Excel 非常相似，可以用于制作工作表、进行数学运算、生成图标、进行数据筛选及分类汇总等数据操作。

3. OpenOffice.org Impress

演示文稿软件 OpenOffice.org Impress 与 Microsoft PowerPoint 功能相似，两者皆可以采用投影方式来播放演示文稿内容，并提供多种换页特效。用户可插入图片、文字或者各种对象至演示文稿中，还可以加入备注信息等。

4. OpenOffice.org Draw

图形绘制和处理软件 OpenOffice.org Draw 的功能远胜于 Microsoft Windows 的画图软件，它不仅可以绘制各种二维的基本图形，还可以绘制三维图形，实现二维图形向三维图形的转换，以及位图图像向矢量图形的转换，并可进行图形的分组、合并和融合等操作。

5. OpenOffice.org Math

公式编辑器 OpenOffice.org Math 与 Office 的公式编辑工具功能相似，用于编辑数学公式。

本章小结

REHL 5 AS 包括了一个功能强大的图形化桌面环境 GNOME，可以很方便地访问应用程序、文件和系统资源。通过图形化桌面环境能够使用图形化应用程序以及对计算机进行系统设置。REHL 提供了 3 种主要的工具来使用系统上的应用程序：系统面板、桌面和菜单系统。

GNOME 图形化桌面包括了一个叫做 Nautilus 的文件浏览器，它类似于 Windows 系统中的资源管理器，提供了系统和个人文件的图形化显示。Nautilus 文件浏览器不仅仅是文件的可视列表，它还允许从一个综合界面配置桌面、配置 Linux 系统、浏览资源列表、访问网络资源等等。

此外，我们利用菜单系统可以对一些系统属性进行设置，如系统监视、磁盘分析、桌面背景、屏幕保护程序、日期和时间等。

第四章

4 文本界面

本章简要介绍文本界面的基本概念，详细介绍 Shell 命令的基本功能，其中包括输入输出重定向、管道、历史记录、别名等内容，并且介绍多个最常用的 Shell 命令。本章还介绍屏幕文本编辑器 vi 的使用方法，以及图形化用户界面与文本界面的相互关系。

本章要点

- 文本界面简介
- 简单 Shell 命令实例
- 深入 Shell
- 文本编辑器 vi
- 图形化用户界面与文本界面
- zhcon 中文平台

4–1 文本界面简介

Linux 与 UNIX 操作系统类似，在文本界面下使用相关的 Shell 命令就可以完成操作系统的所有任务。而图形化用户界面的出现，为用户提供了简便易用的操作平台。虽然图形化用户界面比较简单直观，但是使用文本界面的工作方式仍然十分常见。这主要是因为：

（1）目前的图形化用户界面还不能完成所有的系统操作，部分操作仍然必须在文本界面下进行。

（2）文本界面占用的系统资源较少，同一硬件配置的计算机仅运行文本界面时比运行图形化用户界面时速度快。

（3）对于熟练的系统管理人员而言，文本界面更加直接高效。

相信随着图形化用户界面的发展，将会有越来越多的操作可以在图形化用户界面下成功完成。但是要熟练运用 Linux 操作系统，文本界面以及 Shell 命令仍然是必须要掌握的核心内容。掌握 Shell 命令后，无论是使用哪种发行版本的 Linux 都会感到得心应手、运用自如。

4.1.1 虚拟终端

Linux 的文本界面也称为虚拟终端（Virtual Terminal）或者虚拟控制台（Virtual Console）。操作 Windows 计算机时，用户使用的是真实的终端。而 Linux 具有虚拟终端的功能，可为用户提供多个互不干扰、独立工作的工作界面。操作 Linux 计算机时，用户面对的虽然只是一套物理终端设置，但是仿佛在操作多个终端。

Linux 的虚拟终端默认有 7 个，其中第 1~6 个虚拟终端总是字符界面，而第 7 个虚拟终端则总是图形化用户界面，并且必须在启动图形化用户界面后才存在。每个虚拟终端相互独立，用户可以相同或不同的用户账号登录各虚拟终端，同时使用计算机。虚拟终端之间可以相互切换。

（1）使用【Alt + F1】至【Alt + F7】组合键，可从字符界面的虚拟终端切换到其他虚拟终端。

（2）使用【Ctrl + Alt + F1】至【Ctrl + Alt + F6】组合键，则可从图形化用户界面切换到字符界面的虚拟终端。

4.1.2 文本界面下的用户登录

如果用户正在使用图形化用户界面，按【Ctrl + Alt + F1】组合键切换到第 1 个虚拟终端，将出现如图 4–1 所示的文本界面。RHEL Server 5 的文本界面默认使用英文。即使在安装时指定系统的默认语言为简体中文，文本界面下中文字符也不能正常显示，需要安装 zhcon 等中文平台。

在此文本界面上，第一行信息表示当前使用的 Linux 的发行版本是 Red Hat Enterprise Linux Server，版本号为 5，又名 Tikanga。第二行信息显示 Linux 内核版本是 2.6.18-8.el5xen，以及本机的 CPU 型号是 i686。（Linux 将 Intel 奔腾以上级别的 CPU，包括奔腾Ⅱ、奔腾Ⅲ和奔腾Ⅳ都表示为 i686。）第三行信息显示本机的主机名为 rhel5。如果用户未设置主机名，则使用系

图 4-1 文本界面

统的默认主机名 localhost。光标在"login:"后,表明正在等待输入用户名。

输入用户名后,按【Enter】键,将出现"Password:"字样,等待输入该用户的口令。输入口令后,按【Enter】键。如果用户名和口令均无误,则成功登录 Linux 系统,如图 4-2 所示,系统等待用户输入 Shell 命令。

图 4-2 成功登录后的文本界面

与 Windows 不同的是:Linux 文本界面下输入口令时,屏幕上没有任何显示内容,并不会出现类似"＊＊＊＊"的字符串来提醒用户已经输入几个字符。这种方法进一步提高了系统的安全性。

只要不是第一次登录系统,屏幕都会显示该用户账号上次登录系统的时间以及登录的终端号。如图 4-2 所示,zhangsan 用户上一次登录系统的时间是 9 月 27 日(周日)02:32:27,终端号是本机的第 1 号虚拟终端。

由于 Linux 操作系统内部存在电子邮件系统,用户登录系统时有时还可能出现类似"You hava a mail"等信息,提醒用户有新的电子邮件。

4.1.3 Shell 命令

在文本界面下,用户对 Linux 的操作通过 Shell 命令来实现。在第一章中我们已经提到 Shell 是 Linux 内核与用户之间的接口,其负责解释执行用户从终端输入的命令行。从用户登录到用户注销的整个期间,用户输入的每个命令都要经过 Shell 的解释才能执行。

Shell 可执行的用户命令可分为两大类:内置命令和实用程序,其中实用程序又可以分为四大类别,如表 4-1 所示。本书重点介绍内置命令和 Linux 程序。

表 4-1 Shell 可执行的用户命令

命令类型		功 能
内置命令		为提高执行效率,部分最常用命令的解释器构筑于 Shell 内部
实用程序	Linux 程序	存放在/bin、/sbin 目录下 Linux 自带的命令
	应用程序	存放在/usr/bin、/usr/sbin 等目录下的应用程序
	Shell 脚本	用 Shell 语言编写的脚本程序
	用户程序	用户编写的其他可执行程序

Shell 对于用户输入的命令，有以下三种处理方式：

（1）如果用户输入的是内置命令，那么由 Shell 的内部解释器进行解释并交由内核执行。

（2）如果用户输入的是实用程序命令，而且给出了命令的路径，那么 Shell 会按照用户提供的路径在硬盘中查找。如果找到则调入内存，交由内核执行；否则输出提示信息。

（3）如果用户输入的是实用程序命令，但是没有给出命令的路径，那么 Shell 会根据 PATH 环境变量所指定的路径依次进行查找。如果找到则调入内存，交由内核执行，否则输出提示信息。

1. Shell 命令提示符

成功登录 Linux 后将出现 Shell 命令提示符，如：

| [root@ rhel5   ~] # | 超级用户的命令提示符 |
| [zhangsan@ rhel5   ~] $ | 普通用户 zhangsan 的命令提示符 |

其具体含义分别为：

［］以内@之前为已登录的用户名（如 root、zhangsan），［］以内@之后为计算机的主机名（如 rhel5）。如果没有设置过主机名，则默认为 localhost。其次为当前目录名（如 etc,）。~表示用户的主目录，超级用户 root 的主目录为/root，而普通用户的主目录为/home 中与用户名同名的目录，如 zhangsan 的默认主目录为/home/zhangsan。

［］外为 Shell 命令的提示符号，"#"是超级用户的提示符，而普通用户的提示符为"$"。

2. Shell 命令格式

在 Shell 命令提示符后，用户可输入相关的 Shell 命令。Shell 命令可由命令名、选项和参数三个部分组成，其基本格式如下所示，其中方括号部分表示可选部分。

| 命令名   ［选项］   ［参数］   ↵ |

（1）命令名，是描述该命令功能的英文单词或缩写，如查看时间的 date 命令，切换目录的 cd 命令等。在 Shell 命令中，命令名必不可少，并且总是放在整个命令行的起始位置。

（2）选项，是执行该命令的限定参数或者功能参数。同一命令采用不同的选项，其功能各不相同。选项可以有一个，也可以有多个，甚至还可能没有。选项通常以"-"开头，当有多个选项时，可以只使用一个"-"符号，如"ls –l –a"命令与"ls –la"命令功能完全相同。另外，部分选项以"--"开头，这些选项通常是一个单词，还有少数命令的选项不需要"-"符号。

（3）参数，是执行该命令所必需的对象，如文件、目录等。根据命令的不同，参数可以有一个，也可以有多个，甚至还可能没有。

（4）"↵"表示 Enter 符。任何命令行都必须以 Enter 符结束。

如关机命令"shutdown -h now"中"shutdown"是命令名，而后继的"-h"与"now"则分别是该命令的选项和参数。

最简单的 Shell 命令只有命令名，而复杂的 Shell 命令可以包括多个选项和参数。命令名、选项与参数之间，参数与参数之间都必须用空格分隔。Shell 自动过滤多余的空格，连续的空格会被 Shell 视为一个空格。

Linux 系统严格区分英文字母的大小写，同一字母的大小写被看作不同的符号。因此，无论是 Shell 的命令名、选项名还是参数名都必须注意大小写。例如：ls 命令可显示当前目录中的文件和子目录信息，而输入"LS"则提示"-bash：LS：command not found（Bash 未找到 LS 命令）"信息。

4.1.4 文本界面下注销、重启与关机

1. 注销

已经登录的用户如果不再需要使用系统,则应该注销,即退出登录状态。在字符界面下可使用的方法有两种:输入"exit"命令或者使用【Ctrl + D】组合键。

Linux 是多用户操作系统,注销表示一个用户不再使用系统,而正在使用计算机的其他用户的操作并不会受到影响。退出登录后,虚拟终端又恢复到如图 4-1 所示的界面,等待其他用户登录。

2. 重启

当需要重新启动计算机时,输入"reboot"或"shutdown -r now"命令即可。

3. 关机

无论使用哪种操作系统,关机都不是简单的关闭电源。特别是对于 Linux 操作系统而言,由于采用磁盘高速缓冲存储技术,一些数据在系统繁忙时并没有保存到硬盘上,直接关机将造成数据丢失,严重时甚至会造成系统崩溃。

在当前的登录终端上输入"halt"或者"shutdown -h now"命令,将立即关闭计算机。

在关机过程中,Linux 会终止所有在后台运行的守护进程,卸载所有的文件系统,然后关闭电源。关机信息如图 4-3 所示。

传统的 Linux 中只有超级用户才能重启或关闭计算机,但是 Red Hat 公司对此进行了修改。在 RHEL Server 5 中普通用户可以利用 reboot 和 halt 命令重启或关闭计算机,但不能使用 shutdown 命令。

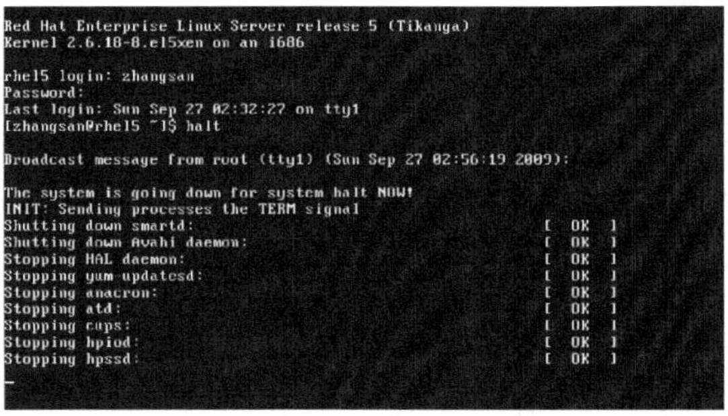

图 4-3 关机信息

4. 关机与重启的实用技巧

在实际应用中,由于 Linux 是多用户操作系统,同一时间可能有多个用户正在使用,立即关机可能导致其他用户的工作被突然打断。因此,通常系统管理员在关机或重新启动之前都会提前发出提示信息,提醒所有的用户,系统即将关机或重新启动,并预留一段时间让用户结束各自的工作,并退出登录。常用的关机和重启命令如下所示:

| #shutdown -h 10 | 10 分钟后关机 |
| #shutdown -r 10 | 10 分钟后重启 |

若输入"shutdown -h 10"命令,系统会向所有的终端发送"The system is going DOWN for system halt in 10 minutes"(系统将在 10 分钟后关闭)等信息,并且每一分钟发送一次提醒信息,如图 4-4 所示。预定时间到期后,系统进行关机操作。

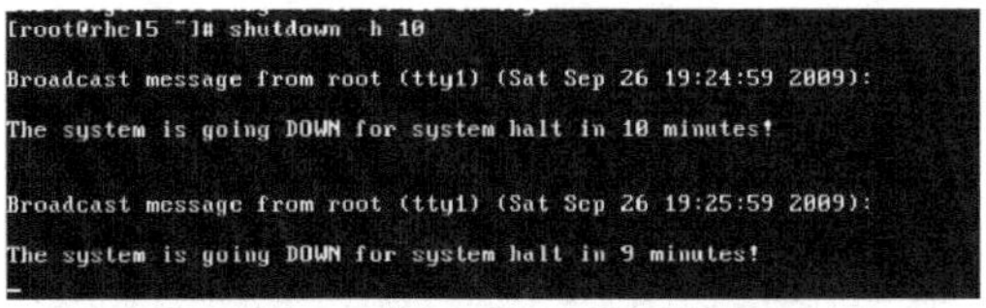

图 4-4 提示 10 分钟后关机

当然，在预定时间到期之前也可以使用【Ctrl + C】组合键取消关机操作，系统将停止向所有终端发送提醒信息。另外，甚至可以把关机命令写成"shutdown -h +4 the computer will shutdown in 4 minutes"，则在发送倒计时信息以外，还会发送超级用户设置的"the computer will shutdown in 4 minutes"信息。

4-2 简单 Shell 命令实例

Shell 命令是熟练运用 Linux 的基石，但是 Linux 中的 Shell 命令数量众多、选项繁杂，不易全部掌握。本书选择性介绍最常用的 Shell 命令，以及各 Shell 命令最常用的选项。

4.2.1 与时间相关的 Shell 命令

1. date 命令

格式：date [MMDDhhmm [YYYY]]

功能：查看或修改系统时间。

例 4.1 查看系统时间。

[zhangsan@ rhel5 ~] $ date

Sun Sep 27 03：07：31 CST 2009

date 命令的显示内容依次为星期、月份、日期、小时、分、秒和年。例 4.1 中当前的系统时间为 2009 年 9 月 27 日 3 时 07 分 31 秒，星期日。

例 4.2 将当前系统时间修改为 8 月 7 日 19 时。

[root@ rhel5 ~] # date 08071900

Fri Aug 7 19：00：00 CST 2009

[root@ rhel5 ~] # date

Fri Aug 7 19：00：04 CST 2009

用户必须拥有超级用户权限才能修改系统的时间。修改系统时间时必须按照月份、日期、小时、分钟、年的顺序表示，其中年份占 4 位，其他部分各占两位，不足两位的添 0 补足。年份可以省略，而其他部分不可省略。常用的命令如下所示：

#date 08071910   将系统时间设置为 8 月 7 日 19 时 10 分

#date 092715042009   将系统时间设置为 2009 年 9 月 27 日 15 时 04 分

2. cal 命令

格式：cal [YYYY]

功能：显示日历。

例4.3 显示本月的日历。如图4-5所示。

[zhangsan@ rhel5 ~] $ cal

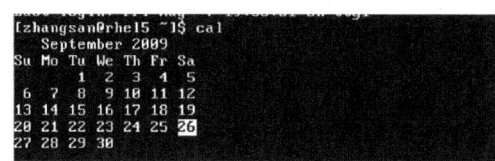

图4-5 cal命令

4.2.2 与文件和目录相关的Shell命令

1. pwd命令

格式：pwd

功能：显示当前目录的绝对路径。

Linux中路径可分为绝对路径和相对路径。绝对路径是指从根目录（/）开始到当前目录（文件）的路径，而相对路径是指从当前目录到其下子目录（文件）的路径。目录之间的层次关系总是用"/"来表示。

2. cd命令

格式：cd　　[目录]

功能：切换到指定目录。

Linux的cd命令跟MS DOS中的cd命令功能非常相似，如"cd.."命令可切换到上一级目录。

例4.4 切换到/usr目录。

[zhangsan@ rhel5　　~] $　cd　/usr
[zhangsan@ rhel5　usr] $　pwd
/usr
[zhangsan@ rhel5　usr] $　cd　local
[zhangsan@ rhel5　local] $　pwd
/usr/local

利用cd命令切换目录时，既可采用绝对路径（如cd　/usr），也可以采用相对路径（如cd　local）。当采用相对路径时，是指切换到当前目录中的某个子目录。

例4.5 切换到用户主目录。

[zhangsan@ rhel5　local] $　pwd
/usr/local
[zhangsan@ rhel5　local] $　cd
[zhangsan@ rhel5　　~] $　pwd
/home/zhangsan
[zhangsan@ rhel5　local] $　cd..
[zhangsan@ rhel5 ~] $　pwd
/home

默认情况下，超级用户的主目录是/root，而普通用户的主目录是/home 下与该用户同名的子目录，如普通用户 zhangsan 的主目录默认为/home/zhangsan。"cd ~" 命令和 "cd" 命令作用相同，都能切换到用户的主目录。

由于目录的权限限制，在使用 cd 命令时，可能会遇到不能切换到相应的目录的情况，如下所示。提示 permisssion denied（权限不允许）。

[zhangsan@ rhel5 usr] $　cd　/root
bash：cd：/root：permission denied

3. ls 命令

格式：ls　[选项]　[文件 | 目录]

功能：显示指定目录中的文件和子目录信息。当不指定目录时，显示当前目录下的文件和子目录信息。

主要选项说明：

-a（all）显示所有文件和子目录，包括隐藏文件和隐藏子目录。Linux 中的隐藏文件和隐藏子目录以 "." 开头。

-l（list）显示文件和子目录的详细信息，包括文件类型、权限、所有者和所属组群、文件大小、最后修改时间、文件名等信息。

-d（directory）如果参数是目录，则只显示目录的信息，而不显示其中包含的文件的信息。

-t（time）按照时间顺序显示文件，越新的文件排在前面。ls 命令默认按照字母顺序排列。

-R（recursive）不仅显示指定目录下的文件和子目录信息，而且还递归地显示各子目录中的文件和子目录信息。

注意：( ) 部分为该选项的英文含义。

例 4.6　查看当前目录下的文件和子目录信息。

[zhangsanerhel5 ~] $　ls
dd　Desktop

不使用任何选项和参数时，ls 命令按照字母顺序显示当前目录下的文件和子目录信息，不包括隐藏文件和隐藏子目录。按照 RHEL Server 5 的默认设置，目录显示为蓝色，此时 Desktop 显示为蓝色。需要注意的是，Desktop 是用户登录图形界面（GNOME 或 KDE）时系统自动产生的。从未登录过图形界面的用户，其用户主目录中无此目录。

例 4.7　查看当前目录下所有文件和子目录的详细信息。

[zhangsan@ erhel5　~] $　ls　-dl　/home
总用量 192
drwxr-xr-x　9　root　root　4096　Apr　5　21：33　dir1
-rw---------　1　zhangsan　zhangsan　24　Apr　15　21：58　.file1
（以下部分已略去）

例 4.8　查看/home 目录的详细信息。

[zhangsan@ rhel5　~] $　ls - dl /home
drwxr-xr-x 9 root root 4096 Apr 3 23：24 /home

4. cat 命令

格式：cat　[选项] 文件列表

功能：显示文本文件的内容。
主要选项说明：
-n（number）　　在每一行前显示行号。
例4.9　查看当前目录下的 dd 文件的内容，并在每一行前加行号。

[zhangsan@ rhel5 ~] $ cat -n dd
1 this is a file.
2 you can see the file using cat command.

Linux 操作系统中与系统设置相关的文件通常都是简单的文本文件，cat 命令可以查看文本文件的内容。如果查看其他类型（如 BMP 等）的文件则只能看见一些乱码。

使用 cat 命令查看文本文件时，如果文件较长，文本在屏幕上迅速闪过，用户只能看到文件结尾部分的内容。这就需要使用 more 或 less 命令分屏显示文件的内容。

5. more 命令和 less 命令

格式：more　文件

功能：分屏显示文本文件的内容。

例4.10　分屏显示/usr/share/doc/bash-3.1/loadables/print.c 文件的内容。

[zhangsan@ rhel5 ~] $ more /usr/share/doc/bash-3.1/loadables/print.c

显示如下信息：

```
/*
 * print - loadable ksh-93 style print builtin
 */
# ifdef HAVE_CONFIG_H
# include    <config. h>
# endif

# include    "bashtypes. h"

# include    <errno. h>
# include    <limits. h>
# include    <stdio. h>

# include    "bashansi. h"
# include    "shell. h"
# include    "built-ins. n"
# include    "stdc. h"
# include    "bashgetopt. h"
# if ! defined (errno)
extern int errno;
# endif
--More-- (11%)
```

使用 more 命令后，首先显示第一屏的内容，并在屏幕的底部出现"---More---"字样，以及已显示文本占全部文本的百分比。按【Enter】键可显示下一行内容；按【Space】键可显示下一屏的内容；按【q】键，则可以退出 more 命令。

less 命令与 more 命令非常相似，也能分屏显示文本文件的内容。使用 less 命令后，首先显示第一屏的文本，并在屏幕的底部出现文件名。用户可使用上下方向键、【Enter】键、【Space 键】、【PgDn】或【PgUp】键前后翻阅文本内容；使用【q】键可退出 less 命令。

```
[zhangsan@ rhel5 ~ ] $ less  /usr/share/doc/bash-3.1/loadables/print.c
```
显示如下信息：
```
/*
 * print - loadable ksh-93 style print builtin
 */
…


/usr/share/doc/bash-3.1/loadables/priht.c
```

6. tail 命令

格式：tail　[选项]　文件

功能：显示文本文件的结尾部分，默认显示文件的最后 10 行。

主要选项说明：

-n 数字（number）　指定显示的行数。

例 4.11　显示/usr/share/doc/bash-3.1/loadables/print.c 文件的最后 5 行内容。
```
[zhangsan@ rhel5 ~ ] $ tail -n 5 /usr/share/doc/bash-3.1/loadables/print.c
```
显示如下信息：
```
    if (1->next)
    fprintf(ofp,"");
        }
    return (1);
}
```

head 命令与 tail 命令非常相似，haad 命令可以显示文本文件的开头部分，默认显示文件的开头 10 行。head 命令的格式和选项与 tail 命令完全相同。

4.2.3　与帮助信息相关的 Shell 命令

1. man 命令

格式：man　命令名

功能：显示指定命令的手册页帮助信息。

例 4.12　查看 ls 命令的手册页帮助信息。

输入"man ls"命令后显示如下信息：
```
NAME
    ls - list directory contents
SYNOPSIS
    ls [OPTION]… [FILE]…
```

```
DESCRIPTION
    List information about the FILES (the current directory by default).
    Sort entries alphabetically if none of -cftuSUX nor -sort.
    Mandatory arguments to long options are mandatory for short options too.

    -a, --all
    do not ignore entries starting with

    -A, --almost-all
    do not list implied . and ..

    --author
    With -l, print the author of each file
:
```

屏幕显示出该命令在 Shell 手册页的第一屏帮助信息，用户可使用上下方向键、【PgDn】、【PgUp】键前后翻阅帮助信息，按【q】键则退出 man 命令。

标准的 man 帮助文档包含命令名、命令的语法格式、各选项说明、帮助文档的作者信息、报告 BUGS 的联系地址、版权、参考相关命令等。部分 Shell 命令的手册页帮助文档较为简略，不一定包括上述所有内容。

2. --help 选项

格式：命令名 --help

功能：显示指定命令的帮助信息。

使用--help 选项也可获取命令的帮助信息，但不是所有的命令都有此选项。

例 4.13 查看 ls 命令的帮助信息。

```
[zhangsan@rhel5 ~] $ ls --help | more
```

显示如下信息：

```
Usage: ls [OPTION]... [FILE]...
List information about the FILES (the current directory by default)
Sort entries alphabetically if none of -cftuSUX nor -sort
Mandatory arguments to long options are mandatory for short options too.
    -a, --all                  do not ignore entrie starting with.
    -A, --almost-all           do not list implied . and ..
    --author                   with -l, print the autnor of each file
    ...
--More--
```

由于帮助信息比较长，此时还可使用管道和 more 命令，分页显示帮助信息。

4.2.4 其他 Shell 命令

1. clear 命令

格式：clear

功能：清除当前终端的屏幕内容。

2. wc 命令

格式：wc ［选项］ 文件

功能：显示文本文件的行数、字数和字符数。

主要选项说明：

-c（character）　　　仅显示文件的字节数。

-l（line）　　　　　　仅显示文件的行数。

-w（word）　　　　　仅显示文件的单词数。

例 4.14　显示 dd 文件的统计信息。

［zhangsan@ rhel5 ~ ］ $ wc dd

2 13 59 dd

wc 命令依次显示文件的行数、单词数、字节数以及文件名。

4 – 3　深入 Shell

4.3.1　Shell 命令的通配符

Shell 命令中可以使用通配符来同时引用多个文件以方便操作。Linux 系统中的通配符除了 MS DOS 中常用的"*"和"?"外，还可以使用"[ ]"、"-"和"!"组成的字符组模式，扩充需要匹配的文件的范围。

1. 通配符"*"

通配符"*"代表任意长度的任何字符。如"a*"可表示诸如"abc"、"about"等以"a"开头的字符串。不过需要注意的是通配符"*"不能与"."开头的文件名匹配。例如"*"不能匹配到名为".file"的文件，而必须使用".*"才能匹配到类似".file"的文件。

2. 通配符"?"

通配符"?"代表任何一个字符。如"a?"就可表示诸如"ab"、"at"等以"a"开头并仅有两个字符的字符串。

3. 字符组通配符"[ ]"、"-"和"!"

"[ ]"表示指定的一个字符范围，而"[ ]"内的任意一个字符都用于匹配。"[ ]"内的字符范围可以由直接给出的字符组成，也可以由起始字符、"-"和终止字符组成。如"[abc]*"或"[a-c]*"表示所有以"a"、"b"或者"c"开头的字符串。而如果使用"!"，则表示不在这个范围之内的其他字符。

通配符在指定一系列的文件名时非常有用，如：

```
$ ls   *.png              列出所有 PNG 图片文件。
$ ls   a?                 列出首字母是 a，文件名只有两个字符的所有文件。
$ ls  [abc]*              列出首字母是 a、b 或者 c 的所有文件。
$ ls  [!abc]*             列出首字母不是 a、b、c 的所有文件。
$ ls  [a-z]*              列出首字母是小写字母的所有文件。
```

4.3.2 输入输出重定向

Linux 中通常通过键盘输入数据，而命令的执行结果和错误信息都输出到屏幕。也就是说，Linux 的标准输入是键盘，标准输出和标准错误输出是屏幕。

Shell 中不使用系统的标准输入、标准输出或标准错误输出端口，重新进行指定的情况称为输入输出重定向。Shell 中输入输出重定向主要依靠重定向符号来实现，通常重定向到一个文件。

根据输出效果的不同，与输出相关的重定向可分为输出重定向、附加输出重定向和错误输出重定向三种。与输入相关的重定向只有一种，称为输入重定向。

1. 输出重定向

输出重定向就是命令执行的结果不在标准输出（屏幕）上显示，而是输出保存到某一文件的操作。Bash 通过符号">"来实现输出重定向功能。

例 4.15 将当前目录下所有文件和子目录的详细信息保存到 list 文件。

```
[zhangsan@rhel5 ~] $ ls -al >list
[zhangsane@rhel5 ~] $
```

"ls -al"命令能产生当前目录下所有文件和子目录的详细信息，一般情况下应在屏幕上显示这些信息。而命令中使用到输出重定向符号">"和文件名后，屏幕上就不会出现任何信息，而本应出现在屏幕上的内容全部被保存到指定的文件中。指定的文件并不需要预先创建，输出重定向能新建命令中指定的文件。而如果指定的文件已存在，则其原有内容将被覆盖。

cat 命令可用于查看文本文件的内容，而如果与输出重定向相配合，则有更加强大的功能。

（1）创建文本文件

格式：cat > 文件

说明：输入此类命令后，屏幕上光标闪烁，用户依次输入文件的内容。所有的内容输入完成后，按【Enter】键将光标移动到下一行，然后按【Ctrl + D】组合键结束输入，再次出现 Shell 命令提示符。

例 4.16 用 cat 命令创建 fl 文件。

```
[zhangsan@rhel5 ~]  $ cat >fl
this is a file named fl
[zhangsan@rhel5 ~]  $
```

（2）合并文本文件

格式：cat   文件列表   > 文件

说明：将文件列表中所有文件的内容合并到指定的文件。

例4.17　将 f1 和 f2 文件合并生成 f 文件。

[zhangsan@ rhel5 ~] $ cat f1
this is a file named f1
[zhangsan@ rhel5 ~] $ cat f2
this is a file named f2
[zhangsan@ rhel5 ~] $ cat f1 f2 > f
[zhangsan@ rhel5 ~] $ cat f
this is a file named f1
this is a file named f2

2. 附加输出重定向

附加输出重定向的功能与输出重定向基本相同。两者的不同之处在于：附加输出重定向是将输出内容添加在原来文件已有内容的后面，而不会覆盖其内容。Bash 通过符号"≫"来实现附加输出重定向功能。

例4.18　向 f1 文件添加内容。

[zhangsan@ rhel5 ~] $ cat >>f1
append to f1
[zhangsan@ rhel5 ~] $ cat f1
this is a file named f1
append to f1

3. 错误输出重定向

Shell 中标准输出与错误输出是两个独立的输出操作。标准输出是输出命令执行的结果，而错误输出是输出命令执行中的错误信息。错误输出也可以进行重定向，并可分为以下两种情况。

(1) 程序的执行结果显示在屏幕上，而错误信息重定向到指定文件，使用"2＞"符号。

(2) 程序的执行结果和错误信息都重定向到同一文件，使用"＆＞"符号。

例4.19　查看/temp 目录的文件和子目录信息，如果有错误信息，则保存到 err 文件。

[zhangsan@ rhel5 ~] $ ls /temp 2＞err
[zhangsan@ rhel5 ~] $ cat err
ls：/temp：No such file or directory

4. 输入重定向

输入重定向跟输出重定向完全相反，是指不从标准输入（键盘）读入数据，而是从文件读入数据，用"＜"符号来实现。因为大多数的命令都以参数的形式在命令行上指定输入文件，所以输入重定向并不常使用。但是少数命令（如 patch 命令）不接受文件名作为参数，必须使用输入重定向。

例4.20　用输入重定向的方式查看 f1 文件的内容。

[zhangsan@ rhel5 ~] $ cat <f1
this is a file named f1
append to f1

由此可知，"cat < f1"命令的输出结果与"cat f1"命令完全相同。

4.3.3 管道

管道是 Shell 的另一大特征，它将多个命令前后连接起来形成一个管道流。管道流中的每一个命令都作为一个单独的进程运行，前一个命令的输出结果传送到后一个命令作为输入扩展，从左到右依次执行每个命令。利用"|"符号可实现管道功能。

例4.13 使用"ls--help | more"命令，其中"ls--help"命令应显示 ls 命令的详细帮助信息，这一输出结果通过管道传递给"more"命令，由 more 命令来实现分屏查看。综合利用输入输出重定向和管道能够完成一些比较复杂的操作。

例4.21 利用管道统计当前目录下的文件和子目录的数目。

```
[zhangsane@ rhel5 ~] $ ls | wc -l
10
```

此时屏幕上并不会显示"ls"命令执行的结果，这是因为"ls"命令执行的结果通过管道交给"wc-l"来执行，屏幕最后显示"wc-l"执行后的结果。即当前目录下有10个文件和子目录。

4.3.4 历史记录

1. 历史记录简介

利用 Shell 命令进行操作时，用户需要输入相关的命令行，这比较费时且不太方便。为避免用户的重复劳动，Shell 提供了历史记录、别名、自动补全、复制与粘贴等功能。

Shell 可以记录一定数量的已执行过的命令，当用户需要再次执行时，不用再次输入，可以直接调用。实际上每个用户在自己的主目录下都有一个名为 .bash_history 的隐藏文件，其保存曾执行过的 Shell 命令。每当用户退出登录或关机后，本次操作中使用过的所有 Shell 命令就会追加保存在该文件中。Bash 默认最多保存1 000个 Shell 命令的历史记录。

2. 利用历史记录的方法

（1）使用上下方向键【PgUp】或【PgDn】键，在 Shell 命令提示符后将出现已执行过的命令。直接按【Enter】键就可以再次执行这一命令，也可以对出现的命令行进行编辑，修改为用户所需要的命令后再执行。

（2）先利用 history 命令查看 Shell 命令的历史记录，然后调用已执行过的 Shell 命令。

3. history 命令

格式：history ［数字］

功能：查看 Shell 命令的历史记录。如果不使用数字参数，则将查看所有 Shell 命令的历史记录。如果使用数字参数，则将查看最近执行过的指定个数的 Shell 命令。

例4.22 查看最近执行过的5个 Shell 命令。

```
[zhangsan@ rhel5 ~] $ history 5
158 find / - name *.c
159 ls -al
160 cal
161 pwd
162 history 5
```

在每一个已执行过的 Shell 命令行前均有一个编号，反映其在历史记录列表中的序号。

4. 再次执行已执行过的 Shell 命令

格式:! 序号

功能:执行指定序号的 Shell 命令，而"!!"命令可执行刚执行过的那个 Shell 命令。

例 4.23　执行序号为 161 的 Shell 命令。

[zhangsan@rhel5 ~] $! 161
pwd
/home/zhangsan

例 4.24　执行刚执行过的 Shell 命令。

[zhangsan@rhel5 ~] $!!
pwd
/home/zhangsan

4.3.5　别名

所谓别名就是按照 Shell 命令的标准格式所写的命令行的缩写，用来减少键盘的输入。用户只要输入别名命令，就可以执行相关的 Shell 命令。alias 命令可查看和设置别名。

格式：alias　[别名='标准 Shell 命令行']

功能：查看和设置别名。

1. 查看别名

无参数的 alias 命令可查看用户可使用的所有别名命令，以及其对应的标准 Shell 命令。

例 4.25　查看当前用户可使用的别名命令。

[zhangsan@rhel5 ~] $ alias
alias l. = 'ls - d . * --color = tty'
alias ll = 'ls -l --color = tty'
alias ls = 'ls --color = tty'
alias which = 'alias | /usr/bin/which　--tty-only-read-alias --show-dot --show-tilde'

别名命令的功能取决于其对应的标准 Shell 命令。例如：在 Shell 命令提示符后输入"ll"命令，将执行"ls-l--color = tty"命令，也就是不仅显示文件和子目录的详细信息，并且以不同色彩区别不同的文件类型。

如例 4.25 所示的"l."命令和"ll"命令是系统自定义的别名命令。而"ls"命令和"which"命令不仅是一个标准的 Shell 命令，而且也是一个别名命令。

Shell 规定：当别名命令与标准 Shell 命令同名时，别名命令优先于标准 Shell 命令执行。也就是说在 Shell 命令的提示符后输入"ls"命令时，其真正执行的并不是标准的 ls 命令，而是 ls 别名命令，即执行"ls--color = tty"命令。如果要使用标准的 Shell 命令，需要在命令名前添加"\"字符，即输入"\ls"命令将执行标准的 ls 命令。

2. 设置别名

使用带参数的 alias 命令，可设置用户的别名命令。在设置别名时，"="的两边不能有空格，并在标准 Shell 命令行的两端使用单引号。对于用户经常使用的命令，如果设置为别名命令将大大提高工作效率。

例 4.26 设置别名命令 ei，其功能是在 vi 中打开 /etc/inittab 文件。

[zhangsan@rhel5 ~] $ alias ei='vi/etc/inittab'

设置此别名命令后，只要输入"ei"命令就将启动 vi 文本编辑器，并打开 /etc/inittab 文件。不过，利用 alias 命令设置的用户别名命令，其有效期间仅持续到用户退出登录为止的这段时间，也就是说，用户下一次登录到系统时，该别名命令已经无效。如果希望别名命令在每次登录时都有效，就应该将 alias 命令写入用户主目录下的 .bashrc 文件中。

4.3.6 自动补全

所谓自动补全，是指用户在输入命令时不需要输入完整的命令，只需要输入前几个字母，系统会自动找出匹配的文件或命令，这也可以大大提高工作效率。利用【Tab】键可实现自动补全功能。

1. 自动补全文件或目录名

例 4.27 当前目录下有如下文件和子目录，要查看 list 文件的内容。

[zhangsan@rhel5 ~] $ ls
Desktop favor fly list newlist1 newlist2
[zhangsan@rhel5 ~] $ cat l

不需输入完整的命令"cat list"，而只需要输入"cat l"，然后按【Tab】键。由于当前目录下以"l"开头的文件只有 list 文件，于是系统自动将命令行补全为"cat list"，此时按【Enter】键即可查看 list 文件的内容。

[zhangsan@rhel5 ~] $ cat list

例 4.28 当前目录中文件和子目录的信息如上例所示，要查看 fly 文件的内容。

当前目录中以 f 字母开头的文件有两个，要查看 fl 文件的内容。输入"cat f"命令后按【Tab】键，由于系统不能确定用户要查看的文件，因此命令行不发生改变。再按一次【Tab 键】，系统将符合条件的文件全部显示出来供用户选择，如下所示：

[zhangsan@rhel5 ~] $ cat f
favor fly
[zhangsan@rhel5 ~] $ cat f

例 4.29 当前目录中文件和子目录的信息如上例所示，要查看 newlist1 文件的内容。

输入"cat n"命令后按【Tab】键，系统将自动补全其能够识别的部分，命令行为"cat newlist"，此时光标紧贴命令行后，表明命令行的自动补全尚未全部完成。再按一次【Tab】键，系统将符合条件的两个文件都显示出来，并且在 Shell 命令提示符后显示"cat newlist"字样，如下所示：

[zhangsan@rhel5 ~] $ cat newlist
newlist1 newlist2
[zhangsan@rhel5 ~] $ cat newlist

输入"1"，按【Enter】键，即可查看 newlist1 文件的内容。

2. 自动补全命令名

Shell 还提供自动补全命令的功能，用户只需要输入命令的开头字母，然后连续按两次

【Tab】键,系统会列出符合条件的所有命令以供参考。

例4.30 自动补全以"ca"开头的命令。

输入命令的开头字母 ca,然后连续按两次【Tab 键】,屏幕显示所有以"ca"开头的 Shell 命令,并在 Shell 命令提示符后显示"ca"字样,如下所示。用户输入命令的剩余部分后就可以执行相关的命令。

```
[zhangsan@ rhel5 ~ ] $ ca
[zhangsan@ rhel5 ~ ] $ ca
```

cadaver	cancel	card
cal	cancel.cups	case
caller	capifax	cat
callgrind_annotate	capifaxrcvd	catchsegv
callgrind_control	capiinfo	
cameratopam	captoinfo	

4.3.7 复制与粘贴

RHEL Server 5 每次启动后都会自动运行 gpm 守护进程。这个进程运行后,用户在字符界面可利用鼠标实现复制与粘贴功能。具体操作方法是:用户按住鼠标左键拖动需要复制的文本,使其反白显示,即完成复制,然后右击则复制内容粘贴到光标所在的位置。

4-4 文本编辑器 vi

vi 是 UNIX/Linux 操作系统中最经典的文本编辑器,几乎所有的 UNIX/Linux 发行版本都提供这一编辑器。vi 是全屏幕文本编辑器,它只能编辑字符,不能对字体、段落等进行排版。vi 没有菜单,只有命令,而且命令繁多。虽然它的操作方式与其他常用的文本编辑器很不相同,但是由于其运行于字符界面,并可用于所有 UNIX/Linux 环境,目前仍然经常被使用。RHEL 提供的 vi 是 VIM 7.0(Vi IM proved 7.0),在此简单介绍其基本使用方法。

4.4.1 vi 的工作模式

vi 有 3 种工作模式:命令模式、文本编辑模式和最后行模式。不同的工作模式下操作方法有所不同。

1. 命令模式

命令模式是启动 vi 后进入的工作模式,并可转化为文本编辑模式和最后行模式。在命令模式下,从键盘上输入的任何字符都被当作编辑命令来解释,而不会在屏幕上显示。如果输入的字符是合法的 vi 命令,则 vi 完成相应的动作;否则,vi 会响铃警告。

2. 文本编辑模式

文本编辑模式用于字符编辑。在命令模式下输入 i(插入命令)、a(附加命令)等命令后进入文本编辑模式。此时，输入的任何字符都被 vi 当作文件内容显示在屏幕上。按【Esc】键就可以从文本编辑模式返回到命令模式。

3. 最后行模式

在命令模式下，按【:】键进入最后行模式，此时 vi 会在屏幕的底部显示":"符号作为最后行模式的提示符，等待用户输入相关命令。命令执行完毕后，vi 自动回到命令模式。

vi 的三种工作模式之间的相互转换的关系如图 4-6 所示。

为了实现跨平台操作并兼容不同类型的键盘，vi 编辑器中无论是命令还是输入内容都使用字母键。例如：按字母键【i】在文本编辑模式下表示输入"i"字母，而在命令模式下则表示将工作模式转换为文本编辑模式。

图 4-6 vi 的三种工作模式

4.4.2 启动 vi

启动 vi 文本编辑器的命令格式是：vi [文件]。如果不指定文件，则新建一文本文件，退出 vi 时必须指定文件。如果启动 vi 时指定文件，则新建指定的文件，或者是打开指定的文件。

输入"vi hi"命令，打开已有的 hi 文件，屏幕显示如图 4-7 所示。此时 vi 处于命令模式，正在等待用户输入命令。此时输入的字母都将作为命令来解释。

图 4-7 启动 vi 编辑器

光标停在屏幕上第一行的起始位置。如果行首有"~"符号，则表示此行为空行。

vi 的界面可分为两个部分：编辑区和状态/命令区。状态/命令区在屏幕的最下一行，用于输入命令，或者显示出当前正在编辑的文件的名称、状态、行数和字符数。其他区域都是编辑区，用于进行文本编辑。如图 4-7 所示，状态/命令区显示正在编辑的文件名为"hi"，共有 1 行 16 个字符。

4.4.3 编辑文件

1. 输入文本

要输入文本必须首先将工作模式转换为文本编辑模式，在命令模式下键入 i、I、a、A、

o、O 命令中的任意一个即可。此时在状态/命令区出现"----INSERT----"字样。

i	从当前的光标位置开始输入字符
I	光标移动到当前行的行首,开始输入字符
a	从当前的光标的下一个位置,开始输入字符
A	光标移动到当前行的行尾,开始输入字符
o	在光标所在行之下新增一行
O	在光标所在行之上新增一行

在文本编辑模式下可输入文本内容。使用上、下、左、右方向键可移动光标,使用【Del】键和【BackSpace】键可删除字符,按【Esc】键回到命令模式。

2. 查找字符串

在命令模式下输入以下命令可查找指定的字符串。

/字符串	按【/】键,状态/命令区出现"/"字样,继续输入要查找的内容,按【Enter】键。vi 将从光标的当前位置开始向文件尾查找,如果找到,光标将停留在该字符串的首字母上
?字符串	按【?】键,状态/命令区出现"?"字样,继续输入要查找的内容,按【Enter】键。vi 将从光标的当前位置开始向文件头查找,如果找到,光标将停留在该字符串的首字母上
n	继续查找满足条件的字符串
N	改变查找的方向,继续查找满足条件的字符串

3. 撤销与重复

在命令模式下输入以下命令可撤销或重复编辑工作。

u	按【u】键将撤销上一步操作
.	按【.】键将重复上一步操作

4. 文本块操作

在最后行模式下可对多行文本(文本块)进行复制、移动、删除和字符串替换等操作。

:set nu	每一行前出现行号
:set nonu	不显示行号
:n1,n2 co n3	将从 n1 行到 n2 行之间(包括 n1、n2 行本身)的所有文本复制到第 n3 行之下
:n1,n2 m n3	将从 n1 行到 n2 行之间(包括 n1、n2 行本身)的所有文本移动到第 n3 行之下
:n1,n2 d	删除从 n1 行到 n2 行之间(包括 n1、n2 行本身)的所有文本
:n1,n2 s/字符串1/字符串2/g	将 n1 行到 n2 行之间(包括 n1、n2 行本身)所有的字符串 1 用字符串 2 替换

4.4.4 保存文件与退出

在命令模式下连续按两次【z】键,将保存编辑的内容并退出 vi。不过,与文件处理相关的命令,大多在最后行模式下才能执行。常用的最后行命令有:

:w 文件	保存为指定的文件
:q	退出 vi。如果文件内容有改动,将出现提示信息。使用下面两个命令才能退出 vi
:q!	不保存文件,直接退出 vi
:wq	存盘并退出 vi

4-5 图形化用户界面与文本界面

用户不仅能在文本界面使用 Shell 命令,而且能在图形化用户界面使用 Shell 命令。桌面环境下依次单击"应用程序"→"附件"→"终端"菜单项,出现如图 4-8 所示的窗口,输入相关的 Shell 命令就能完成各项操作。

图 4-8 终端窗口

图形化用户界面中"终端"工具窗口的操作跟字符界面中的操作基本相同,并能正常显示中文字符。

4.5.1 图形化用户界面的启动方式

启动图形化用户界面有两种方法:自动启动和手工启动。系统启动图形化用户界面后,用户既可切换到字符界面使用 Shell 命令,也可以利用图形化用户界面中"终端"工具使用 Shell 命令。但是对于系统管理员而言,大部分时候仅需字符界面就能进行系统管理,因此系统管理员常希望 Linux 启动后仅启动字符界面,而不需启动图形化用户界面。这将大大缩短启动时间,减少系统资源的消耗。

4.5.2 运行级别

启动时是否自动启动图形化用户界面与运行级别这一概念紧密相关。所谓运行级别是指 Linux 为了适应不同的需求,在启动的时候规定的不同运行模式。Linux 有 7 个运行级别,如表 4-2 所示。

也就是说,如果将运行级别设置为 5,系统启动后将自动启动图形化用户界面。而如果希望启动后仅出现字符界面时,那么就将运行级别设置为 3。运行级别的信息保留在/etc/inittab 文件中,修改/etc/inittab 文件中启动时的运行级别就可决定图形化用户界面的启动方式。

只有超级用户才能修改/etc/inittab 文件。无论是使用桌面环境下的文本编辑器（如 gedit），还是利用 vi 文本编辑器等都可以对/etc/inittab 文件进行编辑。

表4-2 运行级别

运行级别	说　明	运行级别	说　明
0	关机	4	保留的运行级别
1	单用户模式	5	完整的多用户模式，自动启动图形化用户界面
2	多用户模式，但不提供网络文件系统（NFS）	6	重新启动
3	完整的多用户模式，仅提供字符界面		

在桌面环境中依次单击"应用程序"→"附件"→"文本编辑器"菜单项，启动 gedit 文本编辑器。单击【打开】按钮，弹出"打开文件"对话框，打开/etc 目录下的 inittab 文件，文件内容如图 4-9 所示。

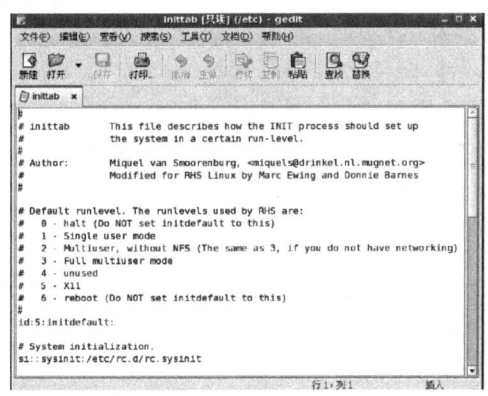

图4-9　inittab 文件

文件中以"#"开头的内容都是注释信息，其中格式为"id：数字：initdefault"的行指定启动时的运行级别。图 4-9 中，数字部分为 5，则表示启动时将自动启动图形化界面。如果将"5"修改为"3"，并保存对文件的修改，那么下次启动计算机将只出现字符界面。

4.5.3　手工启动图形化用户界面

如果启动时未自动启动图形化用户界面，用户却需要使用桌面应用程序，那么用户可从任何一个虚拟终端手工启动图形化用户界面。在 Shell 命令提示符后输入命令"startx"，系统就会执行与 X Window 相关的一系列程序，直到出现桌面环境。此时启动图形化用户界面的那个虚拟终端将被相关进程占用，而第 7 个虚拟终端显示图形化用户界面。

桌面操作完成后，用户可关闭图形化用户界面。以下两种方法均可关闭图形化用户界面。

（1）单击"主菜单"中的"注销"菜单项。在弹出的对话框中选择"注销"选项，并单击"确定"按钮，将返回到手工启动时的字符界面。

(2) 按【Ctrl + Alt + BackSpace】组合键。也可关闭图形化用户界面,返回到手工启动时的字符界面。

4–6 zhcon 中文平台

zhcon 是工作于 Linux 字符界面的外挂式中日韩语言平台,其作用就像 MS DOS 环境中的 UCDOS 一样,为字符界面提供完整的语言环境。利用 zhcon 中文平台可解决 RHEL Server 5 字符界面下中文无法正确显示的问题。

RHEL Server 5 安装光盘不包含 zhcon 软件,用户可从 http://zhcon.sourceforge.net/index_cn.html 网站下载 zhcon 软件安装程序。zhcon 要求软件包必须在字符界面下安装,而不能在图形化用户界面的"终端"窗口中进行。

安装成功后,只要在 Shell 的命令提示符后输入"zhcon"命令,就可启动 zhcon 中文平台。zhcon 中文平台下中文字符均能正确显示并可输入中文。按【Ctrl + D】组合键可退出 zhcon 中文平台。

zhcon 提供多种中文输入方法,其中包括"全拼"、"简拼"、"双拼"、"五笔"等。zhcon 还支持两种输入方式:光标跟随方式和底部状态行方式,按【Ctrl + F7】组合键可切换两种输入方式。光标跟随方式是指输入编辑区和词条选择区始终在输入光标附近出现并自动跟随光标移动。而底部状态行方式则是指输入编辑区和词条选择区始终处于屏幕的最下端。zhcon 与中文输入相关的快捷键如表 4–3 所示。

表 4–3 zhcon 的快捷键

快捷键	含义	快捷键	含义
Ctrl + Space	打开/关闭输入法	Ctrl + ,	切换全角/半角状态
Ctrl + Shift	轮流切换各种输入法	Space	选中当前汉字
Ctrl + .	切换中英文标点状态	+ 、 –	候选字框的翻页

本章小结

Linux 拥有两大用户界面:文本界面和图形化用户界面。文本界面下 Shell 负责解释用户输入的命令,从而执行各项任务。Linux 可实现虚拟终端功能,并默认拥有 7 个虚拟终端,其中第 1~6 个虚拟终端总是文本界面。使用【Alt + F1】~【Alt + F7】组合键可从文本界面的虚拟终端切换到其他虚拟终端。使用【Ctrl + Alt + F1】~【Ctrl + Alt + F6】组合键则可从图形化用户界面切换到文本界面。

Shell 默认的命令提示符可表示当前用户名、主机名和当前目录等信息。Shell 命令行可由命令名、选项和参数三个部分组成。最简单的 Shell 命令只有命令名,而复杂的 Shell 命令可以包括多个选项和参数。命令名、选项与参数之间,参数与参数之间都必须用空格分隔。

Shell 命令行可使用"*"、"?"、"[ ]"、"-"和"!"等通配符。

Linux 的标准输入是键盘，标准输出和标准错误输出是屏幕。利用输入输出重定向可改变输入输出的方向。输出重定向可将命令的执行结果保存于指定文件；附加输出重定向可将命令的执行结果追加到指定文件。错误输出重定向分为两种："2＞"符号仅将命令执行时的错误信息保存于指定文件；而"＆＞"符号将程序的执行结果和错误信息都保存到指定的文件。

管道可将多个 Shell 命令连接起来，前一个命令的输出结果传送到后一个命令作为输入，可扩展从左到右依次执行多个 Shell 命令。利用上下方向键，【PgUp】或【PgDn】键可查看和利用已执行过的 Shell 命令。用户也可以利用"history"命令查看 Shell 命令的历史记录，利用"！"命令再次执行 Shell 命令

用户可将经常使用的 Shell 命令行设置为别名命令，以提高工作效率。当别名命令与标准 Shell 命令同名时，别名命令优先于标准 Shell 命令执行。如果要执行标准的 Shell 命令，需要在命令名前添加"\"文本。【Tab】键可实现自动补全功能。

vi 是文本界面下最常用的文本编辑器，其拥有三种工作模式：命令模式、文本编辑模式和最后行模式。启动 vi 后首先进入命令模式，利用 i、I、a、A、o、O 命令中的任意一个均可切换到文本编辑模式；按【：】键可切换到最后行模式。在文本编辑模式下按【Esc】键可切换到命令行模式。最后行模式下命令执行完成后自动返回命令模式。文本编辑模式与最后行模式之间不可相互转换。

图形化用户有自动启动和手工启动两大启动方式。修改/etc/inittab 文件中启动时的运行级别可改变图形化用户界面的启动方式。startx 命令可从文本界面手工启动图形化用户界面。

第五章 文件管理

在 Linux 操作系统下，要经常对 Linux 文件和磁盘进行管理和操作。本章主要介绍如何在 Linux 环境下对文件、磁盘、目录进行管理，还介绍了进行这些管理所需要的命令，并且详细的介绍了这些命令的用法和例子。需要掌握 Linux 系统磁盘、目录和文件的组织方法，熟练掌握文件管理命令的用法。

---- 本章要点 ----

◎ 文件概述
◎ 文件与目录操作
◎ 文件归档与压缩
◎ RPM 软件包管理

5-1 文件概述

在多数操作系统中都有文件的概念。文件是 Linux 用来存储信息的基本结构，它是被命名（称为文件名）的文件存储在某种媒介（如磁盘、光盘和磁带等）上的一组信息的集合。Linux 文件均为无结构的字符流形式。文件名是文件的标识，它由字母、字数、下画线和圆点组成的字串构成。用户应该选择有意义的文件名。Linux 要求文件名的长度限制在 255 个字符以内。

为了便于管理和识别，用户可以把扩展名作为文件名的一部分，圆点用于区分文件名和扩展名。扩展名对于文件分类是十分有用的。用户可能对某些大众已接纳的标准扩展名比较熟悉，例如，C 语言编写的源代码文件总是具有 C 的扩展名。用户可以根据自己的需要，随意加入自己的副文件名，例如：preface、test.txt、xu.c 和 xu.bak 都是有效的 Linux 文件名。

需要说明的是：

（1）Linux 不强调文件扩展名的作用，如 test.txt 文件就不一定是文本文件，也有可能是可执行文件。文件甚至还可以没有扩展名。但是数据文件通常还是使用"文件主名.扩展名"格式，并遵循一定的扩展名规则。

（2）Linux 可使用长文件名，并严格区分大小写字母。

5.1.1 Linux 的基本文件类型

为了便于管理和识别不同的文件，Linux 系统将文件分成 4 种基本文件类型：普通文件、目录文件、链接文件和设备文件。

1. 普通文件

普通文件是用户最经常面对的文件，它又分为文本文件和二进制文件。

（1）文本文件。这类文件以文本的 ASCII 码形式存储在电脑中。它是以"行"为基本结构的一种信息组织和存储方式。

（2）二进制文件。这类文件以文本的二进制形式存储在电脑中，用户一般不能直接读懂它们，只有通过相应的软件才能将其显示出来。二进制文件一般是可执行程序、图形、图像、声音等。

2. 目录文件

目录文件的主要用于管理和组织系统中的大量文件，它存储一组相关文件的位置、大小等与文件有关的信息。目录文件往往简称为目录。

3. 链接文件

链接文件可分为硬链接文件和符号链接文件。硬链接文件保留所链接文件的索引节点（磁盘的具体物理位置）信息，即使被链接文件改名或者移动，硬链接文件仍然有效。Linux 要求硬链接文件和被链接的文件必须属于同一分区并采用相同的文件系统。

4. 设备文件

设备文件是 Linux 系统很重要的一个特色。Linux 系统把每一个 I/O 设备都看成一个文件，并与普通文件一样处理，这样可以使文件与设备的操作尽可能统一。从用户的角度来看,对 I/O 设备的使用和一般文件的使用一样,不必了解 I/O 设备的细节。设备文件可以细分为块设备文件和字符设备文件。前者的存取是以一个个字符块为单位的,后者则是以单个字符为单位的。

5.1.2 Linux 文件结构

Linux 系统采用与 Windows 完全不同的独立文件系统存取方式,不使用设备标识符(A、C、D...),而是以文件目录的方式来组织和管理系统中的所有文件。所谓文件目录就是将所有的文件采用树型结构组织起来,连在唯一的根目录(/)下形成树型结构。实践证明,此种结构的文件系统效率比较高。

如前所述,目录也是一种类型的文件。Linux 系统通过目录将系统中所有的文件分级、分层组织在一起,形成了 Linux 文件系统的树型层次结构。以根目录为起点,所有其他的目录都由根目录派生而来。一个典型的 Linux 系统的树型目录结构如图 5-1 所示。用户可以浏览整个系统,也可以进入任何一个已授权进入的目录,访问那里的文件。

图 5-1 中,我们只给出了目录节点名称,而没有给出各个目录之下的每一个文件。实际上,各个目录节点之下都会有一些文件和子目录。并且,系统在创建每一个目录时,都会自动为它设置两个目录文件,一个是".",代表该目录自己;另一个是"..",代表该目录的父目录。对于根目录,"."和".."都代表其自己。

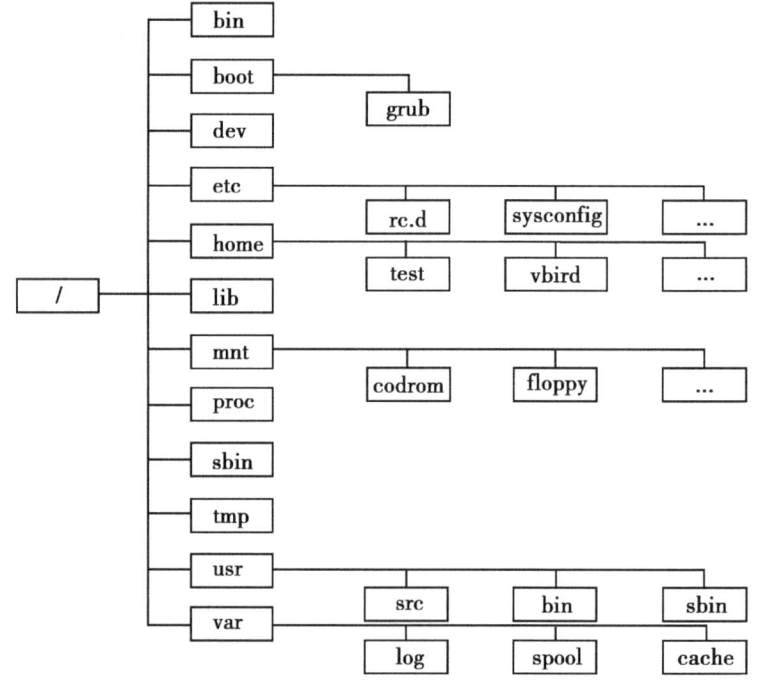

图 5-1 Linux 文件结构

Linux 目录提供了一个管理文件的方便途径。每个目录里面都包含文件。用户可以为自己的文件创建自己的目录,也可以把一个目录下的文件移动或复制到另一目录下,而且能移动整个目录,并且可以和系统中的其他用户共用目录和文件。也就是说,我们能够方便地从一个目录切换到另一个目录,而且可以设置目录和文件的管理许可权,以便允许或拒绝其他人对其进行访问。同时文件目录结构的相互关联性使分享资料变得十分容易,几个用户可以访问同一个文件。因此允许用户设置文件的共享程度。

需要说明的是,根目录是 Linux 系统中的特殊目录。Linux 是一个多用户系统,操作系统本身的驻留程序存放在以根目录开始的专用目录中,有时被指定为系统目录。在图 5-1 中那些根目录下的目录就是系统目录。

文件系统的主要系统目录及其简单描述如下:

/　　　　系统的根目录,是整个文件系统的起点。
/bin/　　用来储存用户命令。目录 /usr/bin 也被用来储存用户命令。
/boot/　 包括内核和其他系统启动期间使用的文件。
/dev/　　储存设备文件。
/etc/　　包含许多配置文件和目录。
/home/　 用户主目录的默认位置。
/lib/　　包含许多被 /bin/ 和 /sbin/ 中的程序使用的库文件。目录/usr/lib/ 中含有更多用于用户程序的库文件。
/mnt/　　该目录中通常包括系统引导后被挂载的文件系统的挂载点。譬如,默认的光盘挂载点是 /mnt/cdrom/。
/proc/　 一个虚拟的文件系统(不是实际储存在磁盘上的),它包括被某些程序使用的系统信息。
/sbin/　 许多系统命令(例如 shutdown)的储存位置。目录/usr/sbin 中也包括了许多系统命令。
/usr/　　包括与系统用户直接有关的文件和目录,例如应用程序及支持它们的库文件。
/var/　　用于储存 variable(或不断改变的)文件,例如日志文件和打印机假脱机文件。
/root/　 根用户(超级用户)的主目录。
/tmp/　　用户和程序的临时目录。/tmp 给予所有系统用户读写权。
/opt/　　可选文件和程序的储存目录。该目录主要被第三方开发者用来简易地安装和卸装他们的软件包。

5.1.3　文件权限

为了保证文件和系统的安全,Linux 采用比较复杂的文件权限管理机制。Linux 中文件权限取决于文件的所有者、文件所属组群,以及文件所有者、同组用户和其他用户各自的访问权限。

1. 访问权限

每个文件和目录都具有以下访问权限,三种权限之间相互独立。
(1) r (read),浏览文件/目录中内容的权限。
(2) w (write),修改文件内容或删除、添加或重命名目录内文件的权限。
(3) x (execute),执行文件或进入目录的权限。

2. 与文件权限相关的用户分类

文件权限与用户和组群密切相关,以下三类用户的访问权限相互独立。

(1) 文件所有者(owner),文件的所有者,一般是建立文件或目录的用户。

(2) 组用户(group),文件所属组群中的所有用户。

(3) 其他用户(other),除了文件所有者和组用户之外的其他用户。

3. 访问权限的表示法

(1) 字母表示法

Linux 中每个文件的访问权限可用 9 个字母表示,利用 "ls -l" 命令可列出每个文件的权限,其表示形式和含义如图 5 - 2 所示:

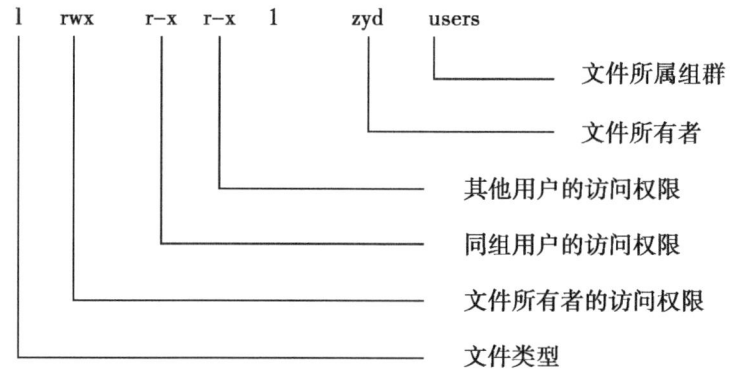

图 5 - 2 文件权限的字母表示法

每一组文件访问权限位置固定,依次为读取、写入和执行权限。如果无此项权限,那么就用 "-" 来表示。

(2) 数字表示法

Linux 用一个 3 位二进制数对应着文件的 3 种权限(1 表示有该权限,0 表示无):

表 5 - 1 文件权限的数字表示法

位数	权限含义	权限	二进制表示形式	十进制表示形式
第 1 位	读	r	100	4
第 2 位	写	w	010	2
第 3 位	执行	x	001	1

(3) 常见权限

-rw-------(600),只有所有者才有读和写的权限。

-rw-r--r--(644),只有所有者才有读和写的权限,组群和其他人只有读的权限。

-rwx------(700),只有所有者才有读,写,执行的权限。

-rwxr-xr-x(755),只有所有者才有读,写,执行的权限,组群和其他人只有读和执行的权限。

-rwx--x--x(711),只有所有者才有读,写,执行的权限,组群和其他人只有执行的权限。

-rw-rw-rw-（666），每个人都有读写的权限。

-rwxrwxrwx（777），每个人都有读写和执行的权限，最大权限。

5-2　文件与目录操作

5.2.1　文件搜索

1. grep 命令

grep 命令以指定模式搜索文件，并通知用户在什么文件中搜索到与指定的模式匹配的字串，并显示出所有包含该字串的文本行，在该文本行的最前面是该行所在的文件名。

grep 这组命令在指定的输入文件中查找与字符串匹配的行。如果没有指定文件，则从标准输入中读取。正常情况下，每个匹配的行被显示到标准输出。如果要查找的文件是多个，则在每一行输出之前加上文件名。

语法：grep［选项］［匹配字符串］［文件名1，文件名2，…］

命令中的参数说明：

匹配字符串：希望在文件中查到的串（不能使用通配符）。

文件名：文件列表中的文件名可以使用通配符

grep 命令主要选项说明：

-i　比较时不区分大小写。

-n　在输出前加上匹配串所在行的行号。

-v　只显示不包含匹配串的行。

-l　只显示包含匹配的文件的文件名。

-h　抑制包含匹配文件的文件名的显示。

-c　对匹配的行计数。

例5.1　使用 grep 命令在文件 test 中搜索"text file"。

$ grep "text file" test

例5.2　查找/etc/fstab 文件中包含"/dev/fd0"的行，并显示其行号。

$ grep-n /dev/fd0 /etc/fstab

2. find 命令

功能：在目录结构中搜索文件并执行指定的操作。此命令提供了相当多的查找条件，功能很强大。

语法：find　［目录列表］　［匹配标准］

说明：

目录列表：希望查询文件或文件集的目录列表，目录间用空格分隔。

匹配标准：希望查询的文件的匹配标准或说明。

（1）以文件名查找。

-name,'文件名'查找文件名匹配所给文件名的所有文件，文件名可用通配符*，?，［］，使用通配符时，用双引号""将文件名标注上。

-lname,'文件名'查找文件名匹配所给文件名的所有符号链接文件，文件名可用通配符

*，?，[ ]。

（2）以文件属性查找。

-gid n，查找属于 ID 号为 n 的用户组的所有文件。

-uid n，查找属于 ID 号为 n 的用户的所有文件。

-group,'字串' 查找属于用户组名为所给字串的所有文件。

-user,'字串' 查找属于用户名为所给字串的所有文件。

-empty，查找大小为 0 的目录或文件。

-path,'字串' 查找路径名匹配所给字串的所有文件，字串内可用通配符 *，?，[ ]。

-size n [bckw]，查找所有大小为 n 块的文件，n 后面的字符表示单位，默认为 b，代表 512 字节的块。

（3）以文件类型查找。

-type x 查找类型为 x 的文件，x 为下列字符之一：

b　块设备文件。

c　字符设备文件。

d　目录文件。

p　具名管道（FIFO）。

f　普通文件。

l　符号链接文件（symbolic links）。

s　socket 文件。

-xtype x 与-type 基本相同，但只查找符号链接文件。

（4）以时间为条件查找。

- amin n，查找 n 分钟以前被访问过的所有文件。

- atime n，查找 n 天以前被访问过的所有文件。

- cmin n，查找 n 分钟以前文件状态被修改过的所有文件。

- ctime n，查找 n 天以前文件状态被修改过的所有文件。

- mmin n，查找 n 分钟以前文件内容被修改过的所有文件。

- mtime n，查找 n 天以前文件内容被修改过的所有文件。

例 5.3　查找当前目录中所有以 main 开头的文件。

　　$ find　　-name　　"main*"

例 5.4　查找当前目录中所有大于 5K 的文件和目录。

　　$ find　　-size　　+5k

例 5.5　查找/home 目录中的所有符号链接文件。

　　$ find　　-type　　l

例 5.6　查找/root 目录下所有一周之内没有被访问过的文件。

　　$ find　　/root　　-atime　　+7

5.2.2　文件和目录管理

1. mkdir 命令

功能：mkdir 可以用来创建新目录。

语法：mkdir ［选项］ 目录

mkdir 命令中常用选项的含义为：

-m　　访问权限　　创建目录的同时设置目录的访问权限。

-p　　　　　　　　一次性创建多级目录。

例 5.7　在 /tmp 下创建三个新目录：tic、tac 和 toe。

　　$ cd /tmp

　　$ mkdir tic tac toe

例 5.8　在当前目录下创建目录 won/der/ful。

缺省情况下，mkdir 不会为您创建父目录，邻接的上一元素的完整路径必须存在。因此，如果想要创建目录 won/der/ful，需要发一个-p 选项，该选项告诉 mkdir 创建所有缺少的父目录，如下所示：

　　$ mkdir -p won/der/ful

2. ln 命令

功能：建立链接文件，默认建立硬链接文件。

语法：ln ［options］ 源文件 链接名

mkdir 命令中常用选项的含义为：

-s：进行软链结（Symbolic Link）。

链接有两种：

（1）硬链接（Hard Link），将文件名直接连接原文件在磁盘上的 inode 索引节点号，链接文件和原文件都共用一个磁盘上的文件。

（2）符号链接（Symbolic Link），即快捷方式，链接的是文件的路径。

例 5.9　在 /tmp 中创建一个指向 /usr/local/bin 的符号链接文件 bin1。

　　$ cd　/tmp

　　$ ln　-s　/usr/local/bin　bin1

3. cp 命令

功能：复制文件或目录。

语法：cp ［选项］ 源文件或源文件组　目标文件或目标文件夹

cp 命令中常用选项的含义为：

-p　保持原先文件的所有者，组权限和时间标志。

-r　递归拷贝目录，把所有非目录文件当普通文件拷贝，同-R。

-a　在备份中保持尽可能多的源文件的结构和属性。

-b　作将要覆盖或删除文件的备份。

-f　删除已存在的目标文件。

-I　提示是否覆盖已存在的目标文件。

例 5.10　使用 cp 命令由原始的 copyme 文件创建 copiedme 文件。

　　$ cp　copyme　copiedme

4. rm 命令

功能：删除文件或目录。

语法：rm［选项］，文件或目录列表。

说明：文件或目录列表为希望删除的用空格分隔的文件、目录列表，可以包括目录名。

rm 命令中常用选项的含义为：

-r   删除文件列表中指定的目录，若不用此标志则不删除目录，同-R。

-f   指定强行删除模式。通常，在删除文件权限可满足时 rm 提示。本标志强迫删除，不用提示。

-I   指定交互模式。在执行删除前提示确认。任何以 Y 开始的响应都表示肯定；其他则表示否定。

-V   在删除前回显文件名。

--   指明所有选项结束。用于删除一个文件名与某一选项相同的文件。例如：假定偶然建立了名为-f 的文件，又打算删除它，命令 rm －f 不起任何作用，因为-f 被解释成标志而不是文件名；而命令 rm -- -f 能成功地删除文件。

例 5.11   删除文件 file1 和 file2。

$ rm   file1   file2

例 5.12   删除 test 目录及其子目录。

$ rm   -rf   test

5. mv 命令

功能：移动或重命名文件或目录。

语法： mv   文件1   文件2

mv   目录1   目录2。

mv   文件列表   目录。

mv 命令中常用选项的含义为：

-b   若存在同名文件，覆盖前备份原来的文件。

-f   强制覆盖同名文件。

注意：

（1）mv 命令可以作为文件或目录的重命名使用。

（2）这个命令没有普通文件和目录的区别。

例 5.13   将 file 文件移动到 test 目录。

$ mv   file   test/

例 5.14   用 mv 命令将"copiedme"重命名为"movedme"。

$ mv   copiedme   movedme

6. du 命令

功能：显示目录/文件占用空间大小，默认以 KB 为单位。参数为目录时，默认递归显示指定目录及其所有子目录的大小。

语法：du   [选项]   [目录/文件]

常用选项：

-s，只显示指定目录的大小。

-h，以用户友好的格式显示文件大小。

-a，输出所有子目录和子文件的使用空间情况（默认值只显示子目录的情况）。

注意：在 Linux 中，目录也是一种文件，叫"目录文件"，每个目录本身会占用 4KB 的空间。

例 5.15 查看 tom 用户主目录的大小。

```
$  du   -sh   /home/tom
```

5-3 文件归档与压缩

用户经常需要将多个文件和目录归档为一个文件以供备份或者传输。为了减少文件所占用的存储空间，有时也对文件进行压缩。根据需要，用户可以从归档文件或压缩文件还原文件和目录。常用的归档与压缩命令有：

1. tar 命令

功能：tar 可以对文件和目录进行打包。利用 tar，用户可以对某一特定文件进行打包（一般用作备份文件），也可以在包中改变文件，或者向包中加入新的文件。

语法：tar　[-主选项+辅选项]　　[归档或压缩文件名]　　[文件或目录]

tar 命令主选项的常用选项：

-c，创建新的档案文件。如果用户想备份一个目录或是一些文件，就要选择这个选项。

-x，从档案文件中释放文件。

-r，把要存档的文件追加到档案文件的末尾。例如用户已经作好备份文件，又发现还有一个目录或是一些文件忘记备份了，这时可以使用该选项，将忘记的目录或文件追加到备份文件中。

-t，列出档案文件的内容，查看已经备份了哪些文件。

-u，更新文件。就是说，用新增的文件取代原备份文件，如果在备份文件中找不到要更新的文件，则把它追加到备份文件的最后。

tar 命令辅助选项的常用选项：

f，使用档案文件或设备，这个选项通常是必选的。

v，详细报告 tar 处理的文件信息。如无此选项，tar 不报告文件信息。

K，保存已经存在的文件。例如我们把某个文件还原，在还原的过程中，遇到相同的文件，不会进行覆盖。

m，在还原文件时，把所有文件的修改时间设定为现在。

M，创建多卷的档案文件，以便在几个磁盘中存放。

z，用 gzip 来压缩/解压缩文件

j，用 bzip2 来压缩/解压缩文件

例 5.16 将 /sec 目录打包到文件 sec.tar。

```
$  tar   cvf   sec.tar   /sec
```

例 5.17 把所有 my1*.doc 的文件打包成一个 new1.tar 文件。

```
$  tar   -cf   new1.tar   my1*.doc
```

其中，-c 是产生新文件；-f 是输出到默认的设备，可以把它当做一定要加的选项。

例 5.18 new1.tar 是一个已经存在的打包文件，再把 my2*.doc 的所有文件也打包进去。

    $ tar -rf new1.tar my2*.doc

其中，-r 是再增加文件的意思。

例 5.19 方才 my1*.doc 已经打包进去了，但是其中的 my1test.doc 后来又做了更改，我们把新改过的文件再重新打包进去。

    $ tar -uf new1.tar my1test.doc

其中，-u 是更新的意思。

例 5.20 将 sec.tar 解压缩（注意，解压缩将会将压缩文件的目录变为相对目录后释放到当前目录下）。

    $ tar -xvf sec.tar

例 5.21 提取部分文件，提取 /sec 目录下的 tmp1 文件。

    $ tar -xvf sec.tar sec/tmp1

例 5.22 将 /sec 目录打包并使用 gzip 压缩到文件 sec.tar.gz。

    $ tar -cvzf sec.tar.gz /sec

2. gzip 命令

功能：压缩/解压缩文件，压缩后产生 .gz 的压缩文件，并删除源文件。

语法：gzip [选项] 文件 | 目录

选项：

-d（decompress），解压缩文件。

-r（recursive），按目录结构递归压缩。

-v，显示文件的压缩比例。

-1，以最快速度压缩。

-9，以最高压缩比例压缩。

例 5.23 用 gzip 压缩点阵图文件 big1.bmp，并将其压缩至最小。

    $ gzip -9 big1.bmp

当然，"最小的文件"的代价，就是花最久的时间压缩，如果需要在最快时间压缩好，而不计较压缩的比例，那就加一个 -1 选项。

例 5.24 快速压缩文件。

    $ gzip -1 big1.bmp

例 5.25 解压缩 .gz 文件。

    $ gzip -d *

3. zip 命令

功能：可将多个文件归档后压缩，默认显示压缩比例，不删除源文件。

语法：zip [选项] 压缩文件 文件列表

主要选项：

-m，压缩完成后删除源文件。

-r，按目录结构递归压缩目录中的所有文件。

-d，删除压缩文件中的某些文件。

说明：zip 所使用的格式与 DOS 和 Windows 上的 .zip 完全一样的，它无须经过打包和压缩两道手续，就可以产生兼有两种效用的"压缩文件包"。而且，如果使用这种格式的话，就可以和 .bmp，.jpg，.gif 等文件一样，自由地通行于 Windows 和 Linux 之间。例如，可以在 Windows 中用 WinZip 程序解开，或者用 WinZip 压成 .zip 直接在 Linux 中使用。

例 5.26 把所有 my1*.doc 的文件打包成一个 new1.zip 文件。

$ zip   new1.zip   my1*.doc

其中，new1.zip 可以省略扩展名简写成 new1，它会自行默认 .zip 的扩展名。

例 5.27 删除压缩在 new1.zip 中的一个文件 mytest.txt。

$ zip   -d   new1.zip   mytest.txt

4. unzip 命令

功能：解压缩扩展名为 .zip 的压缩文件。

语法：unzip [选项]   压缩文件

主要选项：

-l，查看压缩文件所包含的文件。

-t，测试压缩文件是否已经损坏。

-d，指定解压缩的目标目录。

-n，不覆盖同名文件。

-o，强制覆盖同名文件。

-f，只解压更新已存在的文件，其他文件不解压，更新时会一一询问。

-u，解压更新已存在的文件，并把不存在的文件也解压，更新时会一一询问。

-fo，只解压更新已存在的文件，其他文件不解压，不询问直接覆盖更新。

-uo，解压更新已存在的文件，并把不存在的文件也解压，询问直接覆盖更新。

-x，解压缩文件，但不包括指定的 file 文件。

-j，不重建文档的目录结构，把所有文件解压到同一目录。

说明：zip 程序本身没有解压能力，一定要用 unzip 程序来解压。

例 5.28 把 new1.zip 里面所有 *.txt 的都解压缩。

$ unzip   new1.zip   *.txt

例 5.29 将 file.zip 文件的内容都解压缩到 /home/tom 目录下。

$ unzip   -d   /home/tom   new1.zip

5. bzip2 命令

功能：压缩/解压缩文件，压缩后产生扩展名为 .bz2 的压缩文件，并删除源文件，没有归档功能。

语法：bzip2 [选项]   文件 | 目录

主要选项：

-d，解压缩文件，相当于使用 bunzip2 命令。

-v，显示文件的压缩比例。

-k，保留源文件。

说明：bzip2 是新一代的压缩程序，引用 Burrows-Wheeler block sorting 的文字压缩算法，以及霍夫曼编码法（Huffman coding）。这种压缩法在压缩的过程会用到称为 block 的内存单位，您可以自定义这个 block 内存单位的大小，block 用得越大，压缩的效果越好，当然用的内存就越多。我们可以给定 1~9 的选项。bzip2 和 gzip 一样只能压缩一个文件，要压缩一个目录打包先需要用 tar 归档，再进行压缩，得到 tar.bz2 这种压缩文件。

例 5.30 把 myfile.txt 命令压缩成最小的文件。

$ bzip2 -9 -k myfile.txt

它会产生 myfile.txt.bz2 文件。加上 -k 选项表示虽然产生了 myfile.txt.bz2，但仍要保留 myfile.txt 原文件，这就是 gzip 程序所做不到的了。

5-4 RPM 软件包管理

5.4.1 RPM 软件包简介

在 Linux 系统中，软件安装程序比较复杂，不过最常见的有两种：一种是软件的源代码，这种软件安装包通常是用 gzip 压缩过的 tar 包（后缀名为 .tar.gz），必须经过解压缩和手动编译后才能进行安装和设置。这对于一般用户而言极为不便。另一种是软件的可执行程序，这种软件安装包通常是一个 RPM 包（RedHat Linux Packet Manager，即 RedHat 的软件包管理器），后缀名是 .rpm。当然，也有用 RPM 格式打包的源代码、用 gzip 压缩过的可执行套装程序。

RPM 是 RedHat 公司开发的软件包管理器，使用它可以很容易地对 RPM 形式的软件包进行安装、升级、卸载、验证、查询等操作，安装简单，而卸载时也可以将软件安装在多处目录中的文件删除干净，因此推荐初学者尽可能使用 RPM 形式的软件包。

典型的 RPM 软件包的文件名采用固定格式："软件名-主版本号-次版本号.硬件平台类型.RPM"。如 vsftpd-1.2.0-4.i386.rpm，其中 vsftpd 表示软件的名称，即 vstfpd 服务器程序，1.2.0-4 表示软件的版本号，i386 表示此软件包适用于 Intel x86 硬件平台。各个支持 RPM 格式的 Linux 常见软件的 RPM 包可以在网站 rpmfind.net 中找到。

5.4.2 RPM 软件包管理

1. 安装 RPM 软件包

功能：安装 RPM 软件包。

格式：rpm -i [选项] 软件包文件

主要选项说明：

-v，显示安装过程。

-h，用"#"符号来反映安装进度。

--replacepkgs，重复安装软件包。

-vv，显示调试信息。

--root 目录，让 RPM 将"目录"指定的路径作为根目录，这样预安装程序和后安装程序都会安装到这个目录下。

RPM 软件包安装时首先将检查软件包的依赖关系，如果所关联的软件包不存在，那么安装无法完成。然后将检查软件包的签名信息，如果签名检测失败，安装也无法完成。

例 5.31 安装 foo-1.0-1.i386.rpm 软件包。

```
$ rpm    -ivh    foo-1.0-1.i386.rpm
foo ####################################
```

RPM 安装完毕后会打印出软件包的名字（并不一定与文件名相同），而后打印一连串的 # 号以表示安装进度。

如果的软件包已被安装，将会出现以下信息：

```
$ rpm    -ivh    foo-1.0-1.i386.rpm
foo package foo-1.0-1 is already installed
error: foo-1.0-1.i386.rpm cannot be installed
```

如果仍旧要安装该软件包，可以在命令行上使用 --replacepkgs 选项，RPM 将忽略该错误信息强行安装。

```
$ rpm    -ivh    foo-1.0-1.i386.rpm    --replacepkgs
```

如果要安装的软件包中有一个文件已在安装其他软件包时安装，会出现以下错误信息：

```
# rpm    -ivh    foo-1.0-1.i386.rpm
foo /usr/bin/foo conflicts with file from bar-1.0-1
error: foo-1.0-1.i386.rpm cannot be installed
```

要想让 RPM 忽略该错误信息，可使用 --replacefiles 命令行选项。

```
$ rpm    -ivh    foo-1.0-1.i386.rpm    --replacefiles
```

RPM 软件包可能依赖于其他软件包，也就是说要求在安装了特定的软件包之后才能安装该软件包。如果在您安装某个软件包时存在这种未解决的依赖关系。会产生以下信息：

```
$ rpm    -ivh    bar-1.0-1.i386.rpm
failed dependencies: foo is needed by bar-1.0-1
```

必须安装完所依赖的软件包，才能解决这个问题。如果想强制安装（安装后的软件包未必能正常运行），请使用 --nodeps 命令行选项。

```
$ rpm    -ivh    bar-1.0-1.i386.rpm    --nodeps
```

2. 升级 RPM 软件包

功能：升级 RPM 软件包。如果当前系统中未安装指定的 RPM 软件包则直接安装。

格式：rpm -U（或--upgrade）　［选项］　软件包文件

详细选项：

-h（or-hash），输出 hash 记号以反映升级进度。

-v，显示附加信息。

-oldpackage，许一个旧版本。

--test，只进行升级测试。

例 5.32　升级软件包 foo.。

```
$ rpm    -Uvh    foo-2.0-1.i386.rpm
foo ####################################
```

RPM 将自动卸载已安装的老板本的 foo 软件包，不会看到有关信息。事实上您可以总是使用 -U 来安装软件包，也能正常运行。因为 RPM 执行智能化的软件包升级，自动处理配置文件，系统可能提示：saving /etc/foo.conf as /etc/foo.conf.rpmsave。这表示对配置文件的修改不一定能向上兼容。因此，RPM 会先备份老文件再安装新文件。

另一个可能碰到的问题是：当使用旧版本的软件包来升级新版本的软件时，RPM 会产生以下错误信息：

```
# rpm   -Uvh   foo-1.0-1.i386.rpm
foo package foo-2.0-1 (which is newer) is already installed
error: foo-1.0-1.i386.rpm cannot be installed
```

如果确有需要将该软件包降级，加入 --oldpackage 命令选项就可以了。

3. 查询 RPM 软件包

功能：查询软件包的相关信息。

格式：rpm   -q（或--query）[选项]   软件包
　　　rpm   -q（或--query）[选项]

选项：

-p, PACKAGE_FILE 查询软件包的文件。

-f FILE，查询 FILE 属于哪个软件包。

-a, 查询所有安装的软件包。

-g group，查询属于 group 组的软件包。

-I (info)，显示软件包的概要信息。

-l (list)，显示软件包中的文件列表。

-c, 显示配置文件列表。

-d, 显示文件列表。

-s, 显示软件包中文档列表并显示每个文件的状态。

例 5.33　查询已安装的 foo 软件包的详细信息。

简单的使用命令 rpm -q foo 会打印出 foo 软件包的包名，版本号和发行号：

```
$ rpm   -q   foo
foo-2.0-1
```

例 5.34　利用管道查询系统中是否已安装 samba 软件包。

```
$ rpm   -qa | grep   samba
```

4. 验证 RPM 软件包

(1) 校验已安装的软件包。

功能：验证软件包是否正常。

格式：rpm   – V   软件包
　　　rpm   – V [选项]

主要选项：

-a, 验证所有已安装的软件包。

-f, 验证指定文件所属的软件包。

-g group, 校验所有属于组 group 的软件包。

--noscripts, 不运行校验脚本。

--nodeps, 不校验依赖性。

--nofiles, 不校验文档属性。

(2）校验软件包中的文件

格式：rpm -K（或--checksig）[选项] 软件包

选项：

-v，显示附加信息。

-vv，显示调试信息。

--rcfile FILELIST，设置 rpmrc 文件为 FILELIST。

5. 删除 RPM 软件包

格式：rpm -e（或--erase） [选项] 软件包

选项：

--test，只执行删除的测试。

--noscripts，不运行预安装和后安装脚本程序。

--nodeps，不检查依赖性。

例 5.35 删除 foo 软件包。

$ rpm -e foo

注意这里使用软件名称"foo"，而不是软件包文件的名字"foo-1.0-1.i386.rpm"。如果其他软件包依赖于您要卸载的软件包，卸载时则会产生错误信息。如：

$ rpm -e foo

removing these packages would break dependencies：foo is needed by bar-1.0-1

若让 RPM 忽略这个错误继续卸载（依赖于该软件包的程序可能无法运行），请使用--nodeps 命令行选项。

6. 其他 RPM 选项

（1）如果您误删了一些文件，但不能肯定到底都删除了哪些文件，可以键入：rpm -Va，rpm 会在屏幕上显示出文件删除的情况。若发现一些文件丢失了或已被损坏，就可以重新安装或先卸载。

（2）如果您碰到了一个自己不认识的文件，要想查处它属于哪个软件包，您可以输入以下命令：

$ rpm -qf /usr/X11R6/bin/xjewel

输出的结果会是：xjewel-1.6-1 。

（3）如果想了解 koules 的 RPM 包在系统里安装了哪些文件，可以键入。以下命令：

$ rpm -qlp koules-1.2-2.i386.rpm

课后习题

（1）查找 fstab 文件，并将 fstab 文件中所有"mnt"的行存入 f4 文件。

（2）将 f4 文件复制到 显示到 dir1 目录并在 dir1 目录中创建/etc/fstabt 文件的符号链接文件 fstabt-link。

（3）创建两个新目录 dir1 和 dir2，然后将 dir2 目录移到 dir1 目录中，最后删除 dir2 目录。

（4）将/etc/X11 目录归档为 X.tar 文件，并将 X.tar 文件压缩为.gz 文件。

（5）解压缩 X.tar.gz 文件。

（6）gzip 所指定要压缩的文件名，可以用通配符吗？

第六章
6 用户管理与权限管理

用户和组群管理是 Linux 系统管理的基础，是系统管理员必须掌握的重要内容。本章首先介绍用户和组群的基本概念，以及与用户和组群相关的系统文件，然后介绍利用 Shell 命令管理用户和组群的方法，以及批量创建新用户的实用技巧。

——— 本章要点 ———

◎ 用户和组群的基本概念
◎ 用户和组群相关的配置文件
◎ 用户和组群管理的 Shell 命令

6-1 用户和组群的基本概念

Linux 系统是一个多用户多任务的分时操作系统,任何一个要使用系统资源的用户,都必须先向系统管理员申请一个账号,然后以这个账号的身份进入系统。用户的账号一方面可以帮助系统管理员对使用系统的用户进行跟踪,并控制他们对系统资源的访问;另一方面也可以帮助用户组织文件,并为用户提供安全性保护。每个用户账号都拥有一个唯一的用户名和各自的口令。用户在登录时键入正确的用户名和口令后,就能够进入系统和自己的主目录。

实现用户账号的管理,要完成的工作主要有如下几个方面。

(1) 用户账号的添加、删除与修改。

(2) 用户口令的管理。

(3) 用户组的管理。

6.1.1 用户

Linux 是真正意义上的多用户操作系统,所以我们能在 Linux 系统中建立若干用户(user)。例如我的同学想用我的计算机,但我不想让他用我的用户名登录,因为我的用户名下有不想让别人看到的资料和信息(也就是隐私内容),这时我就可以给他建一个新的用户名,让他用我所开的用户名去操作,这从计算机安全角度来说是符合操作规则的。

当然用户(user)的概念理解还不仅如此,在 Linux 系统中还有一些用户是用来完成特定任务的,例如 nobody 和 ftp 等。我们访问 LinuxSir.Org 的网页程序,就是 nobody 用户;我们匿名访问 ftp 时,会用到用户 ftp 或 nobody。如果您想了解 Linux 系统的一些账号,请查看/etc/passwd。

用户在系统中是分角色的,在 Linux 系统中,由于角色不同,权限和所完成的任务也不同。值得注意的是用户的角色是通过 UID 和用户名识别的,特别是 UID。在系统管理中,系统管理员一定要坚守 UID 唯一的特性。

Linux 中用户分为三大类型:超级用户、系统用户、普通用户。超级用户,拥有计算机系统的最高权限,所有系统的设置和修改都只有超级用户才能执行;系统用户,是与系统服务相关的用户,在安装相关软件包时自动创建,不需要改变其默认设置。这类用户也被称之为伪用户或假用户,与真实用户相区分,这类用户不具有登录系统的能力,但却是系统运行中不可缺少的用户,例如 bin、daemon、adm、ftp、mail 等。普通用户,只能操作其自身拥有权限的文件和目录,只能管理自己启动的进程。Linux 系统中的用户都具有如下属性:

(1) 用户名,用户登录时使用的名字,必须是唯一的。

(2) 口令,用于用户登录时的验证。

(3) 用户 ID (UID),每个用户都拥有的唯一的识别号码。超级用户的 UID 为 0,1~499 的 UID 专供给系统用户使用。从 500 开始的 UID 是普通用户使用的 UID。

(4) 组群 ID (GID),每一个用户都属于某一个组群。组群 ID 是 Linux 中每个组群都拥有的唯一识别号码。和 UID 类似的是,超级用户所属组群的 GID 为 0,1~499 的 GID 专供系统组群使用。从 500 开始的是私人组群。

（5）用户主目录，专属于某用户的目录，用于保存该用户的自用文件。用户登录 Linux 后会默认进入此目录。默认情况下，普通用户的主目录是/home/下与用户同名的目录。

（6）注释性描述，是用户账号的附加信息，可以为空栏。

（7）登录 Shell，用户登录 Linux 后进入的 Shell 环境。

多用户系统从事实来说对系统管理更为方便。从安全角度来说，多用户管理的系统更为安全，比如 beinan 用户下的某个文件不想让其他用户看到，只是设置一下文件的权限，只有 beinan 一个用户可读可写可编辑就行了，这样一来只有 beinan 一个用户可以对其私有文件进行操作，Linux 在多用户下表现最佳，Linux 能很好的保护每个用户的安全，但我们也得学会 Linux 才是，再安全的系统，如果没有安全意识的管理员或管理技术，这样的系统也不是安全的。

从服务器角度来说，多用户的下的系统安全性也是最为重要的。我们常用的 Windows 操作系统，它在系统权限管理的能力方面只能说很一般，根本没有办法和 Linux 或 Unix 系统相比。

6.1.2 组群

用户组（group）就是具有相同特征的用户（user）的集合体。例如，我们要让多个用户具有相同的权限，如查看、修改某一文件或执行某个命令，这时我们需要用户组。我们把用户都定义到同一用户组，通过修改文件或目录的权限，让用户组具有一定的操作权限。这样用户组下的用户对该文件或目录都具有相同的权限，这是我们通过定义组和修改文件的权限来实现的。

例如：我们为了让一些用户有权限可查看某一文档，例如一个时间表，而编写时间表的人要具有读写执行的权限，我们想让一些用户知道这个时间表的内容，而不让他们修改，所以我们可以把这些用户都划到一个组，然后来修改这个文件的权限，让用户组可读，这样用户组下面的每个用户就都是可读的。

用户和用户组的对应关系是：一对一、多对一、一对多或多对多。

一对一：某个用户可以是某个组的唯一成员。

多对一：多个用户可以是某个唯一的组的成员，不归属其他用户组，比如 beinan 和 linuxsir 两个用户只归属于 beinan 用户组。

一对多：某个用户可以是多个用户组的成员；比如 beinan 可以是 root 组成员，也可以是 linuxsir 用户组成员，还可以是 adm 用户组成员。

多对多：多个用户对应多个用户组，并且几个用户可以是归属相同的组。

6-2 用户和组群相关的配置文件

完成用户管理的工作有许多种方法，但是每一种方法实际上都是对有关的系统文件进行修改。与用户和用户组相关的信息都存放在一些系统文件中，这些文件包括/etc/passwd，/etc/shadow，/etc/group 等。下面分别介绍这些文件的内容。

6.2.1 用户账号信息文件/etc/passwd

/etc/passwd 文件是用户管理工作涉及的最重要的一个文件，它保存了除口令之外的用户账号信息。Linux 系统中的每个用户都在/etc/passwd 文件中有一个对应的记录行，它记录了这个用户的一些基本属性。这个文件对所有用户都是可读的。它的内容类似下面的例子：

```
# cat /etc/passwd
root：x：0：0：Superuser：/：
daemon：x：1：1：System daemons：/etc：
bin：x：2：2：Owner of system commands：/bin：
sys：x：3：3：Owner of system files：/usr/sys：
…
tom：x：500：500：：/home/tom：/bin/bash
```

/etc/passwd 中一行记录对应着一个用户，每行记录又被冒号":"分隔为 7 个字段，其格式和具体含义如下：

"用户名：口令：用户标识号：组标识号：注释性描述：主目录：登录 Shell"。

"用户名"是代表用户账号的字符串，是用户在终端登录时输入的名称。它在系统中应该是唯一的，即不同用户的登录名应该是不同的。通常这个字段的长度不超过 8 个字符，并且由大小写字母和/或数字组成。登录名中不能有冒号（:），因为冒号在这里是分隔符。为了兼容起见，登录名中最好不要包含点字符（.），并且不使用连字符（-）和加号（+）打头。

"口令"是用户进入系统的"凭证"，它对于系统的安全性有着非常重要的意义。虽然这个字段存放的只是用户口令的加密串，不是明文，但是由于/etc/passwd 文件对所有用户都可读，所以这仍是一个安全隐患。因此，现在许多 Linux 系统（如 SVR4）都使用了 shadow 技术，把真正的加密后的用户口令字存放到/etc/shadow 文件中，而在/etc/passwd 文件的口令字段中只存放一个特殊的字符，例如"x"或者"*"。

"用户标识号"是一个整数，也就是"用户 ID"系统内部用它来标识用户。一般情况下它与用户名是一一对应的。如果几个用户名对应的用户标识号是一样的，系统内部将把它们视为同一个用户，但是它们可以有不同的口令、不同的主目录以及不同的登录 Shell 等。通常用户标识号的取值范围是 0~65 535。

"组标识号"字段记录的是用户所属的用户组 ID。它对应着/etc/group 文件中的一条记录。

"注释性描述"字段记录着用户的一些个人情况，例如用户的真实姓名、电话、地址等，这个字段并没有什么实际的用途。在不同的 Linux 系统中，这个字段的格式并没有统一。在许多 Linux 系统中，这个字段存放的是一段任意的注释性描述文字，用做 finger 命令的输出。

"主目录"，也就是用户的起始工作目录，它是用户在登录到系统之后所处的目录。在大多数系统中，各用户的主目录都被组织在同一个特定的目录下，而用户主目录的名称就是该用户的登录名。各用户对自己的主目录有读、写、执行（搜索）权限，其他用户对此目录的访问权限则根据具体情况设置。

6.2.2 用户口令信息文件/etc/shadow

由于/etc/passwd 文件是所有用户都可读的，如果用户的密码太简单或规律比较明显的话，一台普通的计算机就能够很容易地将它破解，因此对安全性要求较高的 Linux 系统都把加密后的口令字分离出来，单独存放在一个文件中，这个文件是/etc/shadow 文件。只有超级用户才拥有该文件读权限，这就保证了用户密码的安全性。

/etc/shadow 中的记录行与/etc/passwd 中的一一对应，它由 pwconv 命令根据/etc/passwd 中的数据自动产生。它的文件格式与/etc/passwd 类似，由若干个字段组成，字段之间用 ":" 隔开。这些字段是：

"登录名：加密口令：最后一次修改时间：：最小时间间隔：：最大时间间隔：警告时间：不活动时间：失效时间：标志"。

"登录名"是与/etc/passwd 文件中的登录名相一致的用户账号。

"口令"字段存放的是加密后的用户口令字，长度为 13 个字符。如果为空，则对应用户没有口令，登录时不需要口令；如果含有不属于集合 {./0-9A-Za-z} 中的字符，则对应的用户不能登录。

"最后一次修改时间"表示的是从某个时刻起，到用户最后一次修改口令时的天数。时间起点对不同的系统可能不一样。例如在 SCO Linux 中，这个时间起点是 1970 年 1 月 1 日。

"最小时间间隔"指的是两次修改口令之间所需的最小天数。

"最大时间间隔"指的是口令保持有效的最大天数。

"警告时间"字段表示的是从系统开始警告用户到用户密码正式失效之间的天数。

"不活动时间"表示的是用户没有登录活动但账号仍能保持有效的最大天数。

"失效时间"字段给出的是一个绝对的天数，是账号被封时距 1970 年 1 月 1 日的天数。如果使用了这个字段，那么就给出相应账号的生存期。期满后，该账号就不再是一个合法的账号，也就不能再用来登录了。

下面是/etc/shadow 的一个例子：

```
# cat /etc/shadow
root：Dnakfw28zf38w：8764：0：168：7：：：
daemon：*：：0：0：：：：
bin：*：：0：0：：：：
sys：*：：0：0：：：：
…
tom：EkdiSECLWPdSa：12609：0：99999：7：：：
```

6.2.3 组群账号信息文件/etc/group

将用户分组是 Linux 系统中对用户进行管理及控制访问权限的一种手段。每个用户都属于某个用户组；一个组中可以有多个用户，一个用户也可以属于不同的组。当一个用户同时是多个组中的成员时，在/etc/passwd 文件中记录的是用户所属的主组，也就是登录时所属的默认组，而其他组称为附加组。用户要访问属于附加组的文件时，必须首先使用 newgrp 命令使自己成为所要访问的组中的成员。用户组的所有信息都存放在/etc/group 文件中。此文件的格式也类似于/etc/passwd 文件，由冒号（:）隔开若干个字段，这些字段有：

"组名：口令：组标识号：组内用户列表"

"组名"是用户组的名称，由字母或数字构成。与/etc/passwd 中的登录名一样，组名不应重复。

"口令"字段存放的是用户组加密后的口令字。一般 Linux 系统的用户组都没有口令，即这个字段一般为空，或者是 *。

"组标识号"与用户标识号类似，也是一个整数，被系统内部用来标识组。

"组内用户列表"是属于这个组的所有用户的列表，不同用户之间用逗号（,）分隔。这个用户组可能是用户的主组，也可能是附加组。

/etc/group 文件的一个例子如下：

```
# cat /etc/group
root::0:root
bin::2:root,bin
sys::3:root,uucp
adm::4:root,adm
daemon::5:root,daemon
lp::7:root,lp
users::20:root,sam
```

6.2.4 组群口令信息文件/etc/gshadow

/etc/gshadow 文件跟/etc/shadow 文件类似，根据/etc/group 文件而产生，主要用于保存加密的组群口令，只有超级用户才能查看/etc/gshadow 文件的内容。

gshadow 文件中每行定义一个用户组信息，行中各字段间用"："分隔，每行记录的格式为：

"组名：口令：组管理员：组成员列表"。

"组名"是用户组名称，该字段与 group 文件中的组名称对应。

"口令"是用户组口令，该字段用于保存已加密的口令。

"组管理员"是组的管理员账号，管理员有权对该组添加删除账号。

"组成员列表"是属于该组的用户成员列表，列表中多个用户间用","分隔。

6-3 用户和组群管理的 Shell 命令

利用 Shell 命令也可以进行用户和组群管理，虽然没有使用 Red Hat 用户管理器直观，但是更加可靠高效。

6.3.1 管理用户的命令

用户账号的管理工作主要涉及用户账号的添加、修改和删除。添加用户账号就是在系统中创建一个新账号，然后为新账号分配用户号、用户组、主目录和登录 Shell 等资源。刚添加的账号是被锁定的，无法使用。

1. useradd 命令

功能：添加新的用户账号。

格式：useradd ［选项］ 用户名

其中各选项含义如下：

-c comment，指定一段注释性描述。

-d dir，指定用户主目录。

-g groupname，指定用户所属的主用户组。

-G group1，group2，指定用户所属的附加组。

-s /bin/tcsh，指定用户的登录 Shell。

-u userid，指定用户的用户号。

-r，创建一个 UID 小于 500 的不带主目录的系统账号。

用户名，指定新账号的登录名。

例 6.1 按照默认值新建用户 sam。

```
$ useradd   sam
```

该命令做了下面几件事：

（1）在 /etc/passwd 和/etc/shadow 文件中各添加了一行记录。

（2）新建和用户名同名的用户组，并且在/etc/group 和/etc/gshadow 文件中各添加了一条记录。

（3）在 /home 目录下创建新用户的主目录/home/sam，并将 /etc/skel 目录中的文件拷贝到该目录中去；但是使用了该命令后，新建的用户暂时还无法登录，因为还没有为该用户设置口令，需要再用 passwd 命令为其设置口令后，才能登录。用户的 UID 和 GID 是 useradd 自动选取的，它是将 /etc/passwd 文件中已有普通用户 ID 号的最大值加 1，将 etc/group 文件中的已有普通群组 ID 号的最大值加 1。

（4）增加新用户时，系统将为用户创建一个与用户名相同的组，称为私有组。这一方法是为了能让新用户与其他用户隔离，确保安全性的措施。

例 6.2 新建一个名为 jerry 的用户，其主目录为/usr/jerry。

```
# useradd  - d  /usr/jerry  -m  jerry
```

此命令创建了一个用户 jerry，其中-d 和-m 选项用来为登录名 jerry 产生一个主目录/usr/jerry（/usr 为默认的用户主目录所在的父目录）。

例 6.3 新建一名为 gem 的用户，其登录 Shell 为/bin/sh，其主组为 group，附加组为 adm 和 root。

```
# useradd  -s  /bin/sh  -g  group  - G  adm, root  gem
```

2. passwd 命令

用户管理的一项重要内容是用户口令的管理。用户账号刚创建时没有口令，但是被系统锁定，无法使用，必须为其指定口令后才可以使用，即使是指定空口令。指定和修改用户口令的 Shell 命令是 passwd。超级用户可以为自己和其他用户指定口令，普通用户只能用它修改自己的口令。

格式：passwd ［选项］ 用户名

主要选项说明：
-d   delete，删除用户口令。
-l   lock，锁定用户账号。
-u   unlock，解除用户账号的锁定。
-S   status，显示用户账号的状态。

如果默认用户名，则修改当前用户的口令。

(1) 设置或修改口令。超级用户使用 useradd 命令新建用户账号后，还必须使用 passwd 命令为用户设置初始口令，否则此用户账号将被禁止登录。普通用户以此初始口令登录后可修改口令。

例如，假设当前用户是 sam，则下面的命令修改该用户自己的口令：

```
$ passwd
Old password：＊＊＊＊＊＊
New password：＊＊＊＊＊＊＊
Re-enter new password：＊＊＊＊＊＊＊
```

如果是超级用户，可以用下列形式指定任何用户的口令：

```
# passwd sam
New password：＊＊＊＊＊＊＊
Re-enter new password：＊＊＊＊＊＊＊
```

普通用户修改自己的口令时，passwd 命令会先询问原口令，验证后再要求用户输入两遍新口令，如果两次输入的口令一致，则将这个口令指定给用户；而超级用户为用户指定口令时，就不需要知道原口令。

为了系统安全起见，用户应该选择比较复杂的口令，例如最好使用 8 位长的口令，口令中包含有大写、小写字母和数字，并且应该与姓名、生日等不相同。

(2) 删除口令。超级用户可删除用户的口令，那么该用户账号无须口令即可登录系统。为用户指定空口令时，执行下列形式的命令：

```
# passwd    -d    sam
```

此命令将用户 sam 的口令删除，这样用户 sam 下一次登录时，系统就不再询问口令。此时如果查看/etc/shadow 文件会发现该用户账号所在行的口令字段为空白。超级用户使用 passwd 命令可为该用户重新设置口令。

要删除用户的口令，超级用户除了使用 passwd 以外，还可以直接编辑/etc/passwd 文件，清除指定用户账号口令字段内容即可。

(3) 锁定与解锁用户账号。用户因放假、出差等原因短期不使用系统时，出于安全考虑，系统管理员可以暂时锁定用户账号。用户账号一旦被锁定必须解除其锁定后才能使用。用 passwd 命令的-l（lock）选项锁定某一用户，使其不能登录，例如：

```
# passwd    -l    sam
```

当 sam 用户登录系统时，即使输入正确的口令，仍然无法登录。可以用下列命令解除对 sam 用户账号的锁定：

```
# passwd    -u    sam
```

超级用户也可以直接编辑/etc/passwd 文件，在指定的用户账号所在行前加上"#"或

"*"符号使其成为注释行,那么该用户账号即被锁定。如果去除"#"或"*"符号,则解除锁定,用户账号可恢复使用。

3. usermod 命令

修改用户账号就是根据实际情况更改用户的有关属性,如用户号、主目录、用户组、登录 Shell 等。

功能:修改用户的属性,只有超级用户才能使用此命令。

格式:usermod [选项] 用户名

主要选项:

-l,用户的新名称。

-d,用户的主目录。

-e,有效期限。

-g,组群 ID 或组群名。

-G,指定用户所属的附加组。

-s,指定用户的登录 Shell。

-u,指定用户的用户号 UID。

这些选项的意义与 useradd 命令中的选项一样,可以为用户指定新的属性值。

例如:

usermod -s /bin/ksh -d /home/z -g developer sam

此命令将用户 sam 的登录 Shell 修改为 ksh,主目录改为/home/z,用户组改为 developer。

4. userdel 命令

如果一个用户的账号不再使用,可以从系统中删除。删除用户账号就是要将/etc/passwd 等系统文件中的该用户记录删除,必要时还删除用户的主目录。删除一个已有的用户账号使用 userdel 命令,其格式如下:

userdel [选项] 用户名

常用的选项是-r,它的作用是把用户的主目录一起删除。

例如:

userdel sam

此命令删除用户 sam 在系统文件中(主要是/etc/passwd,/etc/shadow,/etc/group 等)的记录,同时删除用户的主目录。

5. su 命令

格式:su [-] [用户名]

功能:切换用户身份。超级用户可以切换为任何普通用户,而且不需要输入口令。普通用户转换为其他用户时需要输入被转换用户的口令。切换为其他用户之后就拥有该用户的权限。

说明:

(1)如果使用"-"选项,不仅切换用户身份,同时切换用户的环境变量。

(2)执行完成后,使用"exit"命令返回之前的用户身份。

6. ID 命令

格式:ID [用户名]

功能：查看用户的 UID、GID 和用户所属组群的信息。如果不指定用户，则显示当前用户的信息。

例 6.4　查看普通用户 david 的用户信息。

```
# ID    david
uid = 504（david）    gid = 500（sam）    groups = 500（sam），505（jerry）
```

名为 david 的普通用户的 UID 为 5047，其主要群组为 sam（组群 ID 为 500），附加群组为 jerry（组群 ID 为 505）。

6.3.2　组群管理的命令

每个用户都有一个用户组，系统可以对一个用户组中的所有用户进行集中管理。不同 Linux 系统对用户组的规定有所不同，如 Linux 下的用户属于与它同名的用户组，这个用户组在创建用户时同时创建。用户组的管理涉及用户组的添加、删除和修改。组的增加、删除和修改实际上就是对 /etc/group 文件的更新。

1. groupadd 命令

功能：增加一个新的用户组。

格式：groupadd　[选项]　用户组

常用的选项有：

-g，GID　指定新用户组的组标识号（GID），它必须是独特的，且大于 499。

-o，一般与 -g 选项同时使用，表示新用户组的 GID 可以与系统已有用户组的 GID 相同。

-r，创建小于 500 的系统组群。

例 6.5　向系统中增加了一个新组 group1，新组的组标识号是在当前已有的最大普通群组标识号的基础上加 1。

```
# groupadd    group1
```

例 6.6　向系统中增加了一个新组 group2，同时指定新组的组标识号是 101。

```
#groupadd -g 101 group2
```

2. groupdel 命令

功能：删除一个已有的用户组。

格式：groupdel　用户组

说明：如果用户组是某一个用户的主要组，则该组不能被删除，需要首先删除该用户。

例 6.7　命令从系统中删除组 group1。

```
#groupdel    group1
```

3. groupmod 命令

功能：修改用户组的属性使用。

格式：groupmod　[选项]　用户组

常用的选项：

-g，GID 为用户组指定新的组标识号。

-o，与 -g 选项同时使用，用户组的新 GID 可以与系统已有用户组的 GID 相同。

-n，新用户组——将用户组的名字改为新名字。

例 6.8　将组 group2 的组标识号修改为 102。

groupmod -g 102 group2

例6.9 将组group2的标识号改为10000，组名修改为group3。

groupmod -g 10000 -n group3 group2

6.3.3 添加大量用户

如果要添加几十个、上百个甚至上千个用户时，我们不太可能还使用useradd一个一个地添加，必然要找一种简便的创建大量用户的方法。Linux系统提供了创建大量用户的工具，可以让您立即创建大量用户，方法如下。

（1）先编辑一个文本用户文件，每一列按照/etc/passwd密码文件的格式书写，要注意每个用户的用户名、UID、宿主目录都不可以相同，其中密码栏可以留做空白或输入"x"号。一个范例文件user.txt内容如下。

```
user001：x：601：601：：/home/user001：/bin/bash
user002：x：602：602：：/home/user002：/bin/bash
user003：x：603：603：：/home/user003：/bin/bash
user004：x：604：604：：/home/user004：/bin/bash
...
```

（2）以root身份执行命令/usr/sbin/newusers，从刚创建的用户文件user.txt中导入数据，创建用户。

newusers < user.txt

然后可以执行命令vipw或vi /etc/passwd检查/etc/passwd文件是否已经出现这些用户的数据，并且用户的宿主目录是否已经创建。

（3）执行命令/usr/sbin/pwunconv，将/etc/shadow产生的shadow密码解码，然后回写到/etc/passwd中，并将/etc/shadow的shadow密码栏删掉。这是为了方便下一步的密码转换工作，即先取消shadow password功能。

pwunconv

（4）编辑每个用户的密码对照文件，范例文件passwd.txt内容如下：

```
user001：密码
user002：密码
user003：密码
user004：密码
...
```

（5）以root身份执行命令/usr/sbin/chpasswd，创建用户密码，chpasswd会将经过/usr/bin/passwd命令编码过的密码写入/etc/passwd的密码栏。

chpasswd < passwd.txt

（6）确定密码经编码写入/etc/passwd的密码栏后，执行命令/usr/sbin/pwconv将密码编码为shadow password，并将结果写入/etc/shadow。

pwconv

这样就完成了大量用户的创建了，之后您可以到/home下检查这些用户宿主目录的权限设置是否都正确，并登录验证用户密码是否正确。

课后习题

（1）Linux 中用户可分为哪几种类型，有何特点？

（2）请用 adduser 增设 3 个用户之后，再去观察 /etc 中的 passwd 文件。

（3）系统能允许增设 tommy 和 Tommy 这样两个用户吗？

（4）如果设置的密码是 1234567，会怎么样？

（5）添加两个用户，然后对它们分别设置一样的密码，然后到 /etc 里去看 /shadow 文件的内容，两个人加密后的码是一样的吗？

（6）某文件不是你拥有的，能改变它的所有者吗？超级用户能操作吗？

（7）某文件已经转给他人使用了，你能把它转变回来，或者变成你也能存取的吗？如果你是超级用户的话呢？

（8）如何批量创建多个用户账号？

第七章 文件系统管理

文件系统指文件在计算机中存在的物理空间。Linux 系统中每个分区都是一个文件系统，都有自己的目录层次结构。Linux 将这些分属不同分区的、单独的文件系统按一定的方式形成一个系统的目录层次结构。一个操作系统的运行离不开对文件的操作，因此必然要拥有并维护自己的文件系统。本章首先介绍 Linux 的文件系统类型，文件系统的挂载与卸载的问题，以及的磁盘管理和文件系统配额，其中着重介绍移动存储介质（软盘、光盘和 U 盘）的使用方法。

本章要点

◎ 文件系统的基本概念
◎ 文件系统的挂载与卸载
◎ 用户和组群管理的 Shell 命令
◎ 磁盘管理
◎ 文件系统配额

7–1 文件系统概述

文件系统是 Linux 操作系统的重要组成部分，Linux 文件具有强大的功能。文件系统中的文件是数据的集合，文件系统不仅包含着文件中的数据而且还有文件系统的结构，所有 Linux 用户和程序看到的文件、目录、软连接及文件保护信息等都存储在其中。

7.1.1 Linux 文件系统简介

Linux 文件系统使用索引节点来记录文件信息，作用像 Windows 的文件分配表。索引节点是一个结构，它包含了一个文件的长度、创建及修改时间、许可权、所属关系、磁盘中的位置等信息。一个文件系统维护了一个索引节点的阵列，每个文件或目录都与索引节点阵列中的唯一一个元素对应。系统给每个索引节点分配了一个号码，也就是该节点在阵列中的索引号，称为索引节点号。

Linux 文件系统将文件索引节点号和文件名同时保存在目录中。所以，目录只是将文件的名称和它的索引节点号结合在一起的一张表，目录中每一对文件名称和索引节点号称为一个连接。

对于一个文件来说，有唯一的索引节点号与之对应，而对于一个索引节点号，却可以有多个文件名与之对应。因此，在磁盘上的同一个文件可以通过不同的路径去访问它。

可以用 ln 命令对一个已经存在的文件再创建一个新的连接，而不复制文件的内容。连接有软连接和硬连接之分，软连接又叫符号连接。它们各自的特点如下。

硬连接：
（1）原文件名和链接文件名都指向相同的物理地址。
（2）目录不能有硬连接；硬连接不能跨越文件系统（不能跨越不同的分区）。
（3）文件在磁盘中只有一个复制，以节省硬盘空间。
（4）由于删除文件要在同一个索引节点属于唯一的连接时才能成功，因此可以防止不必要的误删除。

符号连接：
（1）用 ln -s 命令创建文件的符号连接。
（2）符号连接是 Linux 特殊文件的一种，作为一个文件，它的资料是它所连接的文件的路径名。类似于 Windows 下的快捷方式。
（3）可以删除原有的文件而保存链接文件，没有防止误删除功能。

7.1.2 Linux 文件系统类型

文件系统类型有很多，但我们在 Linux 中常用的文件系统主要有 ext3、ext2、swap 及 reiserfs 等。Windows 和 Dos 常用的文件系统是 FAT 系列（包括 FAT16 及 FAT32 等）和 NTFS 文件系统。光盘文件系统是 ISO-9660 文件系统。网络存储 NFS 服务器在客户端访问时，文件系统是 nfs。

ext2 文件系统应该说是 Linux 正宗的文件系统。早期的 Linux 都是用 ext2，但随着技术的发展，大多 Linux 的发行版本目前并不用这个文件系统了。比如 Redhat 和 Fedora 大多都建议用 ext3，ext3 文件系统是由 ext2 发展而来的。对于 Linux 新手，我们还是建议您不要用 ext2 文件系统。ext2 支持 undelete（反删除），如果您误删除文件，有时是可以恢复的，但操作上比较麻烦。ext2 支持大文件。

ext3 是由 ext2 文件系统发展而来，是一个用于 Linux 的日志文件系统。ext3 支持大文件，但不支持反删除（undelete）操作。Redhat 和 Fedora 都推荐 ext3。

reiserfs 文件系统是一款优秀的文件系统，支持大文件，支持反删除（undelete）。在 ext2、reiserfs 反删除文件功能的过程中，reiserfs 文件系统表现的最为优秀，几乎能恢复 90% 以上的数据，有时能恢复到 100%，操作反删除比较容易。

7-2 文件系统的挂载与卸载

7.2.1 装载文件系统

Linux 系统中每个分区都是一个文件系统，都有自己的目录层次结构。Linux 会将这些分属不同分区的、单独的文件系统按一定的方式形成一个系统的总的目录层次结构。这里所说的"按一定方式"就是指的装载。所谓装载（也称作挂载），指的就是将存储介质的内容映射到指定的目录中，此目录即为该设备的挂载点。对存储介质的访问就变成对挂载点目录的访问。一个挂载点只能挂载一个设备。

将一个文件系统的顶层目录挂到另一个文件系统的子目录上，使它们成为一个整体，称为装载。把该子目录称为挂接点。注意：挂接点必须是一个目录。一个分区装载在一个已存在的目录上，这个目录可以不为空栏，但装载后这个目录下以前的内容将不可用。

对于其他操作系统创建的文件系统的装载也是这样。但是需要理解的是，光盘、软盘、其他操作系统使用的文件系统的格式与 Linux 使用的文件系统格式是不一样的。光盘是 ISO9660；软盘是 FAT16 或 ext2；Windows NT 是 FAT16，NTFS，Windows 98 是 FAT16，FAT32；Windows 2000 和 Windows XP 是 FAT16，FAT32，NTFS。装载前要了解 Linux 是否支持所要装载的文件系统格式。

通常硬盘上的各个磁盘分区会在 Linux 的启动过程中自动挂载到指定的目录，并在关机时自动卸载。而移动介质可以在需要时手动挂载，且使用完后必须经过正确的卸载后才能取出。移动存储介质是否在启动时自动挂载，取决于 /etc/fstab 文件的内容。

fstab 文件中一行表示一个文件系统，每个文件系统的信息用六个字段表示。从左到右字段信息分别为：

（1）设备逻辑名。"LABEL = 磁盘分区名"表示硬盘上的磁盘分区，通常分区名与挂载点目录保持一致。根分区一定挂载到根目录，否则无法启动计算机。none 表示与存储设备无关的文件系统，由系统负责管理控制。/dev/cdrom 表示光盘，而 /dev/fd0 表示软盘。

（2）挂载点。指定文件系统在系统中的挂载位置，其中 Swap 分区不需要指定挂载点。

（3）文件系统类型。指定每个文件系统所采用的文件系统类型，如果设置为 auto 则表示按照文件系统本身的类型进行挂载。

（4）命令选项。每一个文件系统都可以设置多个命令选项，命令选项之间必须使用逗号分隔。其中常见的命令选项如下所示。

　　defaults，按缺省值挂载，即自动挂载，且可读可写。
　　noauto，手动挂载。
　　auto，自动挂载。
　　ro，只读。
　　rw，可读可写。
　　usrquota，实施用户配额管理。
　　grpquota，实施组群配额管理。
　　（5）检查标记。只有两个取值：0 和 1。取值为 0 表示该文件系统不进行系统检查；取值为 1 表示该文件系统需要进行文件系统检查。通常只有 ext2 或 ext3 类型的文件系统才需要进行文件系统检查。
　　（6）检查顺序标记。可有三个取值：0、1 和 2。取值为 0 表示不进行文件系统检查，检查标记为 0 的文件系统其检查顺序标记也一定为 0；取值为 1 表示最先执行文件系统检查，通常根分区最先进行文件系统检查。

7.2.2　装载文件系统的 shell 命令

　　装载时使用 mount 命令。
　　功能：将磁盘设备挂载到指定的目录，该目录即为此设备的挂载点。挂载点目录可以不为空，但必须已经存在。磁盘设备挂载后，该挂载点目录的原文件暂时不能显示并且不能访问，取代它的是挂载设备上的文件，原目录上文件待到挂载设备卸载后，才能重新访问。
　　格式：mount　［参数］　［设备名称］　［挂接点］
　　其中常用的参数有：
　　-t　　<文件系统类型>　　指定设备的文件系统类型。常见的有：
　　　　minix，Linux 最早使用的文件系统；
　　　　ext2，Linux 目前常用的文件系统；
　　　　msdos，MS-DOS 的 FAT，就是 FAT16；
　　　　vfat，Windows 98 常用的 FAT32；
　　　　nfs，网络文件系统；
　　　　iso9660，CD-ROM 光盘标准文件系统；
　　　　ntfs，Windows NT/2000 的文件系统；
　　　　hpfs，OS/2 文件系统。
　　-o，<选项>指定装载文件系统时的选项，有些也可用在/etc/fstab 中。常用的有：
　　　　codepage = XXX　　内码表；
　　　　iocharset = XXX　　字符集；
　　　　ro　　　　　　　　以只读方式装载；
　　　　rw　　　　　　　　以读写方式装载；
　　　　nouser　　　　　　使一般用户无法装载；
　　　　user　　　　　　　可以让一般用户装载设备。
　　注意，mount 命令没有创建挂接点的功能，因此您应该确保执行 mount 命令时，挂接点已经存在。

例 7.1　查看已挂载的所有文件系统。

mount

例 7.2　挂载 U 盘。这里假设 U 盘上的分区设备为/dev/sda1。

mkdir　/mnt/usb

mount　-t vfat　/dev/sda1　/mnt/usb

例 7.3　Windows 98 装在 hda1 分区，同时装载电脑上的光盘。

mkdir　/mnt/winc

mkdir　/mnt/cdrom

mount　-t　vfat　/dev/hda1　/mnt/winc

mount　-t　iso9660　/dev/cdrom　/mnt/cdrom

装载后就可以进入/mnt/winc 等目录读写这些文件系统了。要保证最后一行的命令不出错，就要确保光驱里有存储介质盘。如果你的 Windows 98 目录里有中文文件名，使用上面的命令装载后，显示的是一堆乱码，这就要用到 -o 参数里的 codepage iocharset 选项。codepage 指定文件系统的内码表，简体中文代码是 936；iocharset 指定字符集，简体中文一般用 cp936 或 gb2312。

当装载的文件系统，若 Linux 不支持时，mount 一定会报错，如 Windows 2000 的 NTFS 文件系统。可以重新编译 Linux 内核以获得对该文件系统的支持。

7.2.3　卸载文件系统的 shell 命令

卸载时使用 umount 命令。

功能：卸载指定的文件系统，既可以使用设备名也可以使用挂载目录名。

格式：umount　设备名|目录

注意：卸载之前要保证准备卸载的设备中的文件没有被使用，并且当前工作目录不在其挂载的目录中。如果挂载设备中的文件正被使用，或者当前目录正是挂载点目录，系统会显示类似"mount：/mnt/floppy：device is busy"（设备正忙）提示信息。用户必须关闭相关文件，或切换到其他目录才能进行卸载操作。

例 7.4　卸载 cdrom 光盘。

#umount　/dev/cdrom

例 7.5　卸载 /dev/hda5 分区。

#umount　/dev/hda5

例 7.6　卸载 U 盘。

umount　/mnt/usb

7-3 磁盘管理

7.3.1 磁盘与文件结构

文件结构是文件存放在磁盘等存储设备上的组织方法，主要体现在对文件和目录的组织上。目录提供了管理文件的一个方便而有效的途径。我们能够从一个目录切换到另一个目录，而且可以设置目录和文件的许可权，设置文件的共用程度。

使用 Linux，用户可以设置目录和文件的许可权，以便允许或拒绝其他人对其进行访问。Linux 目录采用多级树形结构，用户可以浏览整个系统，可以进入任何一个已予授权进入的目录，访问那里的文件。

文件结构的相互关联性使共用资料变得容易，几个用户可以访问同一个文件。Linux 是一个多用户系统，操作系统本身的驻留程序存放在以根目录开始的专用目录中，有时被指定为系统目录。

内核、Shell 和文件结构一起形成了基本的操作系统结构，它们使得用户可以运行程序、管理文件以及使用系统。此外，Linux 操作系统还有许多被称为实用工具的程序，可以辅助用户完成一些特定的任务。

7.3.2 硬盘分区

1. MBR（主引导记录）、启动扇区和分区表

一个硬盘如何分区的信息存在它的第一个扇区（即第一面第一轨第一扇区）。这个第一扇区是硬盘的主引导记录（MBR）；这是电脑启动时 BIOS 读入和启动的扇区。主引导记录包括一段小程序，读入分区表，检查哪个分区是活动分区（即启动分区），并读入活动分区的第一个扇区，即该分区的启动扇区（MBR 也是启动扇区，只不过因为其特殊地位，所以使用特殊的名字）。这个启动扇区包括另一个小程序，读入这个分区（假设是可启动的）上操作系统的第一个部分，然后启动它。

这个分区方案不是内置于硬件和 BIOS 的，只是许多操作系统遵循的约定。但并非所有的操作系统都遵循这个约定。有些操作系统支持分区，但它们占领硬盘上的一个分区，然后使用它们自己的内部分区方法管理这个分区。较新的操作系统可以和其他操作系统和平共处（包括 Linux），而无须特殊的措施，但不支持分区的操作系统无法在同一硬盘上与其他操作系统共存。

2. 扩展和逻辑分区

PC 硬盘的最初分区方案只允许 4 个分区。实际使用中这太少了，比如有人想装多于 4 个操作系统（Linux、MS-DOS、OS/2、Minix、FreeBSD、NetBSD、Windows/NT 等），或有时一个操作系统有多个分区更好，例如由于速度的原因，Linux 的交换分区最好单独使用自己的分区，而不是在主 Linux 分区中。

为克服这个设计问题，发明了扩展分区。这个方法允许将基本分区分为若干子分区，被进行子分区分割的基本分区称为扩展分区，而子分区称为逻辑分区。它们的表现类似基本分区,但产生方法不同。它们之间没有速度差别。

3. 分区种类

分区表（MBR 和扩展分区里都有）中,对每个分区都有一个字节指出分区种类。这试图确定使用该分区的操作系统,或用于何操作系统。其目的是避免两个操作系统使用同一分区。可实际上,操作系统并不真的注意分区种类字节,例如,Linux 根本不管它是什么。较坏的情况是,有些操作系统错误地使用它,例如有些版本的 DR-DOS 忽略了它的最高位（MSB）。

没有一个标准化组织定义分区种类字节每个值的意义,但存在一些共同接受的值。相同的列表可以通过 Linux 的 fdisk 命令得到。

7.3.3 磁盘管理的 shell 命令

1. fdisk 命令

功能：磁盘分区。

格式：fdisk ［-b ＜分区大小＞］ ［-uv］［外围设备代号］

或 fdisk ［-l］［-b ＜分区大小＞］ ［-uv］［外围设备代号...］

或 fdisk ［-s ＜分区编号＞］

说明：fdisk 是用来磁盘分区的程序,它采用传统的问答式界面。

参数：

-b ＜分区大小＞,指定每个分区的大小。

-l,列出指定的外围设备的分区表状况。

-s ＜分区编号＞,将指定的分区大小输出到标准输出上,单位为区块。

-u,搭配"-l"参数列表,会用分区数目取代柱面数目,来表示每个分区的起始地址。

-v,显示版本信息。

例 7.7　查看机器所挂硬盘个数及分区情况。

```
# fdisk    -l
```

通过 fdisk -l 命令,我们能找出机器中所有硬盘个数及设备名称,例如 U 盘的分区设备名称,然后 fdisk 操作硬盘,其命令格式如下：

```
# fdisk    设备
```

比如我们通过 fdisk -l 得知 /dev/hda 或者 /dev/sda 设备；我们如果想再添加或者删除一些分区,可以使用 fdisk /dev/hda 或 fdisk /dev/sda 命令。

fdisk 可以处理 Linux 和 Linux 以外的各种分区。执行 fdisk 之后,并不会列出现有的磁盘分区表。您必须先照它的提示输入 m 字母,它才会把整个操作菜单显示出来,可以在其中键入字母来选择功能。

2. mkfs 命令

功能：在磁盘上建立文件系统,也就是进行磁盘格式化。

格式：mkfs ［选项］ 设备

主要选项：

-t,文件系统类型（type）,建立指定的文件类型,默认值为 ext2。

-c (check),建立文件系统前首先检查磁盘。

例 7.8 将软盘格式化为 ext2 格式。

  # mkfs /dev/fd0

屏幕将显示软盘格式化的过程，并将创建一名为 lost + found 的目录。每个文件系统都包含一个 lost + found 目录，用于保存执行文件系统检查操作中发现的问题文件。

3. fsck 命令

功能：检查并修复文件系统。

格式：fsck 设备

例 7.9 检查软盘上的文件系统。

  # fsck /dev/fd0

4. df 命令

功能：显示文件系统的相关信息。

格式：df [选项]

主要选项：

-a（all），显示全部文件系统的使用情况。

-t（type），仅显示指定文件系统类型的使用情况。

-x（except），显示除指定文件系统类型外的其他文件系统使用情况。

-h（human），以易读的方式显示文件系统的使用情况。

说明：df 命令可以统计安装在系统驱动器中的空余磁盘空间。

例 7.10 显示全部文件系统的相关信息。

  # df -a

7 – 4 文件系统配额

7.4.1 配额的基本概念

  配额是操作系统的一个可选的功能，它允许管理员以文件系统为单元，限制分派给用户或组成员所使用的磁盘空间大小或是使用的总文件数量。这经常被用于那些分时操作的系统上，对于这些系统而言，通常希望限制分派到每一个用户或组的资源总量，从而可以防止某个用户占用所有可用的磁盘空间。

  Linux 针对不同的限制对象，可进行用户级和组群级的配额管理。配额管理文件保存于实施配额管理的那个文件系统的挂载目录中，其中 aquota.user 文件保存用户级配额的内容，而 aquota.group 文件保留组群级配额的内容。对文件系统可以只采用用户级配额管理或组群级配额管理，也可以同时采用用户级和组群级配额管理。

  只有采用 Linux 文件系统（ext2 和 ext3）的文件系统（磁盘分区）才能进行配额管理。例如/home 目录包含所有普通用户的默认主目录文件，所以可以对/home 目录所对应的文件系统进行配额管理，也就是说安装 Linux 时需要建立独立的/home 分区。通常不对/、/boot、/mnt/cdrom 等文件系统不进行配额管理。

7.4.2 配额设置 shell 命令

1. quotacheck 命令

格式：quotacheck 选项

功能：检查文件系统的配额限制，并可创建配额管理文件。

主要选项：

-a，检查/etc/fstab 文件中需要进行配额管理的分区。

-g，检查文件系统中文件和目录的数目，并可创建 aquota.group 文件。

-u，检查文件系统中文件和目录的数目，并可创建 aquota.user 文件。

-v，显示命令的执行过程。

2. edquota 命令

格式：edquota 选项

功能：编辑配额管理文件。

主要选项：

-u 用户名　　　　　　设置指定用户的配额。

-g 组群名　　　　　　设置指定组群的配额。

-t　　　　　　　　　　设置宽限期。

-p 用户名1 用户列表　将用户1的配额设置复制给用户列表中的用户。

3. quota 命令

格式：quota 用户名

功能：查看指定用户的配额设置。

4. quotaon 命令

格式：quotaon 选项

功能：启动配额管理，其主要选项与 quotacheck 命令相同。

与之相反的 quotaoff 命令可关闭配额管理。

7.4.3 文件系统配额设置

1. 为普通用户和用户组加入磁盘配额限制

Linux 的 Quota 程序允许为系统上每一用户或用户组指定所能使用的磁盘配额。目前 Quota 仅能工作在 ext2 和 ext3 类型的文件系统上。使用 Quota 需要确定以下两点：

（1）当前的系统内核支持 quota。

（2）系统已正确安装 quota 套装程序。

一般 Linux 的发行版本的内核都默认包含了 quota 支持，也附带了 quota 套装程序，只需安装 quota 并加以设置便可让 quota 工作。

超级用户首先必须编辑/etc/fstab 文件，指定实施配额管理的文件系统以及其实施何种配额管理，其次应执行 quotacheck 命令检查进行配额管理的文件系统并创建配额管理文件，然后利用 edquota 命令编辑配额管理文件，最后启动配额管理即可。

quota 的具体设置步骤：

（1）编辑/etc/fstab 文件。你的 /etc/fstab 文件可能会是如下的形式：

| /dev/hda1 | / | ext2 | defaults | 1 | 1 |
| /dev/hda2 | /home | ext2 | defaults | 1 | 1 |

选择用户所在分区的行的第 4 个域，为用户加入对 quota 的支持，如下：

| /dev/hda1 | / | ext2 | defaults | 1 | 1 |
| /dev/hda2 | /home | ext2 | defaults, usrquota | 1 | 1 |

如为用户组加入 quota 支持，可将 usrquota 替换为 grpquota。

如两者兼而有之，可将这两项一并写入，如下：

| /dev/hda1 | / | ext2 | defaults | 1 | 1 |
| /dev/hda2 | /home | ext2 | defaults, usrquota, grpquota | 1 | 1 |

（2）编辑系统初始脚本/etc/rc.d/rc.local，让它检查 quota 并启动。

```
# Check quota and then turn quota on.
if [ -x /usr/sbin/quotacheck ]
then
echo" Checking quotas. This may take some time. "
/usr/sbin/quotacheck -avug
echo" Done. "
fi
if [ -x /usr/sbin/quotaon ]
then
echo" Turning on quota. "
/usr/sbin/quotaon -avug
fi
```

文件系统已经装载之后，当运行这个脚本时，就能够进行配额检查，然后打开磁盘配额特性。

（3）创建 quota 记录文件 aquota.user 和 aquota.group，并确保这两个文件只有 root 用户有读和写权限。进入用户所在分区根目录，如在上例中输入 cd /home 即可，按下面命令创建文件：

```
#touch     quota.user
#touch     quota.group
#chmod     600      quota.user     quota.group
```

完成上面几步以后，重新启动电脑，这样将会运行 quotacheck 程序，以使设置生效。

（4）使用 edquota 命令为用户或用户组设置磁盘配额限制。假设在你的系统上有一名为 bob 的用户，现在想给他 10MB 的硬盘配额限制，他所拥有的最大文件数不得超过 100 个。执行 edquota -u bob，系统将进入编辑环境（具体编辑环境视 editor 变量设置而定），将如下 3 行：

```
quotas for user bob:
/dev/hda2: blocks in use: 14, limits (soft = 0, hard = 0)
inodes in use: 12, limits (soft = 0, hard = 0)
```

改为

> quotas for user bob：
> /dev/hda2：blocks in use：14，limits（soft＝0，hard＝10240）
> inodes in use：12，limits（soft＝0，hard＝100）

其中，

blocks in use：用户已使用块的大小，单位是 KB。

inodes in use：用户现有文件的大小。

这两项都是系统自动给出的，不必改动。

一旦对配置进行了保存，用户就再也不可能超过这个限制。如果用户试图超过这两个限制中的任何一个（磁盘空间和 inode 计数），将会显示出错信息。

如果有许多用户需要指定配额，可以使用 edquota 命令将原型用户的配额配置复制给其他用户。例如想把刚才为用户 bob 创建的配额配置成为另外三个用户 susan、linda、joe 的配额配置，可以运行：

> # edquota -p bob -u susan linda joe

现在，所有的三个用户将拥有和 bob 相同的配额配置。

给用户组设置磁盘配额限制与普通用户类似，假设有一用户组 game，执行 edquota -g game即可。

2. 软限制（soft limits）

通常设置软限制为一个接近硬限制的值，超越此限制时，系统将警告用户将到达最大磁盘配额限制。软限制为 0 时没有软限制。结合宽限期使用时，只要用户超越了软限制，一过宽限期，任何对磁盘空间的额外需求将被立即拒绝。

3. 硬限制（hard limits）

硬限制磁盘配额的绝对限制，设置了 Quota 的用户不能超越此限制。通常硬配额大于软配额。

4. 宽限期（Grace Period）

宽限期是用户超越了软限制而没有到达硬限制时的一段放宽期，在这段时间内，用户可以在硬限制范围内自由地使用磁盘空间，超过这段时间，所有对磁盘空间的额外需求将被拒绝，即使用户还在硬限制之内。宽限期的单位可以是秒、分、时、天。执行 edquota -t 命令可设置宽限期。执行该命令后，将系统提示中的两个 0 days 改成你认为合适的值即可。

例 7.11 对/home 文件系统实施组群级配额管理，staff 组群的软配额是 500MB，硬配额是 600MB。

（1）编辑/etc/fstab 文件，对"LABEL＝/home"所在行进行修改，增加命令选项 grpquota。

（2）重新启动系统，让 Linux 按照改动后的/etc/fstab 文件重新挂载各文件系统。

（3）执行"quotacheck -avg"命令，创建 aquota.group 文件。

（4）执行"edquota -g staff"命令，为 staff 组群按如下内容设置配额：

/dev/hda2：blocks in use：148，limits（soft＝512000，hard＝614400）。

（5）最后执行"quotaon -avg"命令，启动组群级配额管理。staff 组群中所有用户在/home 文件系统中可使用的空间总和最多为 600MB。

📁 课后习题

（1）Linux 支持哪些常用的文件系统？

（2）Linux 中如何使用光盘和 U 盘？

（3）如何实现文件系统配额管理？

（4）将光盘上的 test.txt 文件复制到 U 盘，并查看所有磁盘的使用情况，最后卸载 U 盘和光盘。

（5）在 U 盘上创建 ext2 文件系统，并检查文件系统的正确性。

（6）对 /home 文件系统实施用户级的配额管理，普通用户 hellen、jerry、casy、lily 和 groge 的软配额为 200MB，硬配额为 230MB，宽限期为 3 天。

第八章

8 进程与作业管理

Linux 是一个多用户多任务的操作系统。多用户是指多个用户可以在同一时间使用电脑系统；多任务是指 Linux 可以同时执行多个任务，它可以在还未执行完一个任务时又执行另一项任务。

操作系统管理多个用户的请求和多个任务。大多数系统都只有一个 CPU 和一个主存，但一个系统可能有多个二级存储磁盘和多个输入/输出设备。操作系统管理这些资源并在多个用户间共用资源，当你提出一个请求时，给你造成一种假象，好像系统只被你独自占用。而实际上操作系统监控着一个等待执行的任务队列，这些任务包括用户作业、操作系统任务、邮件和显示作业等。操作系统根据每个任务的优先顺序为每个任务分配合适的时间片段，每个时间片段大约都有零点几秒，虽然看起来很短，但实际上已经足够电脑完成成千上万的命令。每个任务都会被系统运行一段时间，然后挂起，系统转而处理其他任务，过一段时间以后再回来处理这个任务，直到某个任务完成，从任务队列中去除。

本章要点

◎ 进程与作业管理
◎ 启动进程
◎ 作业切换
◎ 管理进程与作业的 Shell 命令
◎ 进程调度

8-1　进程与作业简介

8.1.1　进程

Linux 系统上所有运行的任务都可以称之为一个进程，每个用户任务、每个系统管理守护进程，也都可以称之为进程。Linux 用分时管理方法使所有的任务共同分享系统资源。我们所关心的是如何去控制这些进程，让它们能够很好地为用户服务。

进程的一个比较正式的定义是：在自身的虚拟地址空间运行的一个单独的程序。进程与程序是有区别的，进程不是程序，虽然它由程序产生。程序只是一个静态的命令集合，不占系统的运行资源；而进程是一个随时都可能发生变化的、动态的、使用系统运行资源的程序，而且一个程序可以启动多个进程。

Linux 系统中所有进程都是相互联系的。除了初始化进程外，所有进程都有一个父进程。新进程不是被创建，而是被复制，或者从以前的进程复制而来。Linux 系统中所有的进程都是由一个进程号为 1 的 init 进程衍生而来的。而我们在 Shell 下执行程序启动的进程则是 Shell 进程的子进程，当然我们启动的进程可以再启动自己的子进程。这样形成了一棵进程树，每个进程都是树中的一个节点，其中树的根是 init。

8.1.2　作业

进程和作业的概念也有区别。一个正在执行的进程称为一个作业，而作业可以包含一个或多个进程，尤其是当使用了管道和重定向命令的时候。

作业控制指的是控制正在运行的进程的行为。比如，用户可以挂起一个进程，等一会儿再继续执行该进程。Shell 将记录所有启动的进程情况，在每个进程执行过程中，用户可以任意地挂起进程或重新启动进程。作业控制是许多 Shell（包括 bash 和 tcsh）的一个特性，使用户能在多个独立作业间进行切换。

例如，当用户编辑一个文字文件，并需要中止做其他事情时，利用作业控制，用户可以让编辑器暂时挂起，返回 Shell 提示符开始做其他的事情。其他事情做完以后，用户可以重新启动挂起的编辑器，返回到刚才中止的地方，就像用户从来没有离开编辑器一样。这只是一个例子，作业控制还有许多其他实际的用途。

8-2　启动进程

在 Shell 环境下键入需要运行的程序或在图形界面下执行一个程序，其实也就是启动了一个进程。在 Linux 系统中每个进程都具有一个进程号，用于系统识别和调度。启动一个进程有两个主要途径：手工启动和调度启动。后者是事先进行设置，根据用户要求自行启动。

8.2.1 手工启动

由用户输入命令，直接启动一个进程便是手工启动。但手工启动进程又可以分为前台启动和后台启动。

前台启动是手工启动一个进程的最常用的方式。一般用户键入一个命令"ls-l"，这就已经启动了一个进程，而且是一个前台的进程。这时候系统其实已经处于一个多进程状态。或许有些用户会疑惑：我只启动了一个进程而已。但实际上有许多运行在后台的、系统启动时就已经自动启动的进程正在悄悄运行着。还有的用户在键入"ls-l"命令以后赶紧使用"ps-x"查看，却没有看到 ls 进程，也觉得很奇怪。其实这是因为 ls 这个进程结束太快，使用 ps 查看时该进程已经执行结束了。

直接从后台手工启动一个进程用得比较少一些，除非是该进程甚为耗时，且用户也不急着需要结果的时候。假设用户要启动一个需要长时间运行的格式化文字文件的进程。为了不使整个 Shell 在格式化过程中都处于"瘫痪"状态，从后台启动这个进程是明智的选择。

8.2.2 调度启动

有时候需要对系统进行一些比较费时而且占用资源的维护工作，这些工作适合在深夜进行，这时候用户就可以事先进行调度安排，指定任务运行的时间或者场合，到时候系统会自动完成这些工作。要使用自动启动进程的功能，就需要掌握 at、batch 和 cron 等调度命令。

8-3 作业切换

作业控制允许将进程挂起并可以在需要时恢复进程的运行，被挂起的作业恢复后将从中止处开始继续运行。只要在键盘上按【Ctrl + Z】，即可挂起当前的前台作业。利用 bg 命令和 fg 命令可实现前台作业和后台作业之间的相互转换。将正在运行的前台作业切换到后台，功能上与在 Shell 命令结尾加上"&"符号相似。fg 命令将挂起的作业放回到前台执行；用 bg 命令将挂起的作业放到后台执行。

8.3.1 fg 命令

功能：将后台作业切换到前台运行。若没有指定作业号，则将后台作业序列中的第一个作业切换到前台运行。

格式：fg ［作业号］

例 8.1 将作业号为 1 的作业切换到前台继续运行。

```
# fg    1
```

8.3.2 bg 命令

功能：将前台作业切换到后台运行。若没有指定作业号，则将当前挂起的作业切换到后台运行。

格式：bg ［作业号］

例8.2 使用 vi 编辑 f1 文件,然后使用 Ctrl + Z 组合键挂起 vi,再切换到后台。

```
$ vi  f1
[1]  + Stopped
$ bg  1
[1]  + vi  f1  &
```

8-4 管理进程与作业的 Shell 命令

由于 Linux 是个多用户系统,有时候也要了解其他用户现在在干什么;同时 Linux 是一个多进程系统,经常需要对这些进程进行一些调配和管理;而要进行管理,首先就要知道现在的进程情况:究竟有哪些进程?进程情况如何?所以需要查看进程。

1. who 命令

该命令主要用于查看当前线上的用户情况。这个命令非常有用。如果用户想和其他用户创建即时通信,比如使用 talk 命令,那么首先要确定的就是该用户确实上线,不然 talk 进程就无法创建起来。又如,系统管理员希望监视每个登录的用户此时此刻的行为,也要使用 who 命令。who 命令应用起来非常简单,可以比较准确地掌握用户的情况,所以使用非常广泛。

格式:who　[选项]

功能:查看当前已登录的所有用户。

主要选项说明:

-m,显示当前用户的用户名。

-H,显示用户的详细信息。

例8.3 显示当前所有用户的详细信息。

```
# who  -H
NAME   LINE   TIME        COMMENT
root   tty1               Oct 15 11:03
bob    tty2               Oct 15 11:06
```

其中,LINE 显示用户登录的终端号,TIME 显示用户登录的时间。

2. ps 命令

ps 命令就是最基本的同时也是非常强大的进程查看命令,使用该命令可以确定有哪些进程正在运行以及运行的状态、进程是否结束、进程有没有僵死、哪些进程占用了过多的资源等。总之大部分信息都可以通过执行该命令得到。

ps 命令最常用的还是用于监控后台进程的工作情况,因为后台进程是不和屏幕键盘这些标准输入/输出设备进行通信的,所以如果需要检测其情况,便可以使用 ps 命令了。

格式:ps　[选项]

功能:显示进程的状态。无选项时显示当前用户在当前终端启动的进程。

主要命令选项:

-e,显示所有进程。

-f,全格式。

-h，不显示标题。

-l，长格式。

-w，用宽格式显示，不截取命令行，使它成为一行。

-a，显示终端上的所有进程，包括其他用户的进程。

-r，只显示正在运行的进程。

-x，显示没有控制终端的进程。

-u，打印用户格式，显示用户名和起始时间。

-txx，只显示受 tty.xx 控制的进程。

-j，按作业格式输出。

-v，按虚拟存储器格式显示输出。

-m，显示存储器信息。

-S，增加子 CPU 时间和页面出错。

最常用的 3 个参数是 u，a，x。下面是命令"#ps -axu"的输出格式：

USER PID %CPU %MEM VSZ RSS TTY STAT START TIME COMMAND

各输出字段含义为：

USER，进程所有者的用户名。

PID，进程号。

%CPU，进程自最近一次刷新以来所占用的 CPU 时间和总时间的百分比。

%MEM，进程使用内存的百分比。

VSZ，进程使用的虚拟内存大小，以 K 为单位。

RSS，驻留空间的大小。显示当前常驻内存的程序的 K 字节数。

TTY，进程相关的终端。

STAT，进程状态，用下面的代码中的一个给出：

  R：可执行的。S：睡眠状态。D：不间断睡眠。

  T：停止或跟踪。Z：僵尸。W：进程没有驻留页。

  I：空闲。

TIME，进程使用的总 CPU 时间。

COMMAND，被执行的命令行。

NI，进程的优先级值，较小的数字意味着占用较少的 CPU 时间。

PRI，进程优先级。

PPID，父进程 ID。

WCHAN，进程等待的内核事件名。

例 8.4 查看当前所有进行的详细信息。

```
# ps -aux
USER PID %CPU %MEM VSZ RSS TTY STAT START TIME COMMAND
bob  2346 0.0  0.7  5869 472  tty1 S  Sep10 0：03 bash
bob  2378 0.0  0.9  5068 1063 tty1 T  Sep10 0：11 vi f1
bob  2569 0.0  0.4  2615 659  tty1 R  Sep10 0：25 ps -u
```

3. top 命令

top 命令和 ps 命令的基本作用是相同的，用于显示系统当前的进程和其他状况。但是 top 是一个动态显示过程，即可以通过用户按键来不断刷新当前状态。如果在前台执行该命令，它将独占前台，直到用户终止该程序为止。准确地说，top 命令提供了即时的对系统处理器的状态监视。它将显示系统中 CPU 最"敏感"的任务列表。该命令可以按 CPU 使用、内存使用和执行时间对任务进行排序；而且该命令的很多特性都可以通过互动式命令或者在个人定制文件中进行设置。

格式：top [-] [d delay] [q] [c] [s] [S] [i]

功能：动态显示 CPU 利用率、内存利用率和进程状态等相关信息，是目前使用最广泛的实时系统性能监视程序。默认每 5 秒钟更新显示信息，而"-d 秒数"选项可指定刷新频率。

主要命令选项：

- -d，指定每两次屏幕信息刷新之间的时间间隔。当然用户可以使用 s 交互命令来改变它。
- -q，该选项将使 top 没有任何延迟地进行刷新。如果调用程序有超级用户许可权，那么 top 将以尽可能高的优先顺序运行。
- -S，指定累计模式。
- -s，使 top 命令在安全模式中运行。这将去除交互命令所带来的潜在危险。
- -i，使 top 不显示任何闲置或者僵死进程。
- -c，显示整个命令行而不只是显示命令名。

显示的各项目为：

uptime 项显示的是系统启动时间、已经运行的时间和 3 个平均负载值（最近 1 秒、5 秒、15 秒的负载值）。

processes 表示自最近一次刷新以来的运行进程总数。当然这些进程被分为正在运行的、休眠的、停止的等很多种类。进程和状态显示可以通过交互命令 t 来实现。

CPU states 用于显示用户模式、系统模式、优先顺序进程（只有优先顺序为负的列入考虑）和闲置等各种情况所占用 CPU 时间的百分比。优先顺序进程所消耗的时间也被列入到用户和系统的时间中，所以总的百分比将大于 100%。

Mem 为内存使用情况统计，其中包括总的可用内存、空闲内存、已用内存、共用内存和缓存所占内存的情况。

Swap 为交换空间统计，其中包括总的交换空间、可用交换空间、已用交换空间。

PID 每个进程的 ID。

PPID 每个进程的父进程 ID。

UID 每个进程所有者的 UID。

USER 每个进程所有者的用户名。

PRI 每个进程的优先顺序别。

NI 该进程的优先顺序值。

SIZE 该进程的代码大小加上资源大小再加上堆叠空间大小的总数，单位是 KB。

TSIZE 该进程的代码大小。

DSIZE 资料和堆叠的大小。
TRS 文本驻留大小。
D 被标记为"不干净"的页项目。
LIB 使用的库页的大小。对于 ELF 进程没有作用。
RSS 该进程占用的实体内存的总数量，单位是 KB。
SHARE 该进程使用共用内存的数量。
STAT 该进程的状态。其中，S 代表休眠状态；D 代表不可中断的休眠状态；R 代表运行状态；Z 代表僵死状态；T 代表停止或跟踪状态。
TIME 该进程自启动以来所占用的总 CPU 时间。如果进入的是累计模式，那么该时间还包括这个进程的子进程所占用的时间，且标题会变成 CTIME。
%CPU 该进程自最近一次刷新以来所占用的 CPU 时间和总时间的百分比。
%MEM 该进程占用的实体内存占总内存的百分比。
COMMAND 该进程的命令名称，如果一行显示不下，则会进行截取。内存中的进程会有一个完整的命令行。

下面介绍在 top 命令执行过程中经常使用的一些交互命令。从使用角度来看，熟练的掌握这些命令比掌握选项还重要一些。这些命令都是单字母的，如果在命令行选项中使用了 s 选项，则可能其中一些命令会被遮掉。

M   根据驻留内存大小进行排序。
P   根据 CPU 使用百分比大小进行排序。
<空格>   立即刷新显示。
Ctrl + L   擦除并且重写屏幕。
k   终止一个进程。系统将提示用户输入需要终止的进程 PID，以及需要发送给该进程的信号。一般的终止进程可以使用信号 15；如果不能正常结束那就使用信号 9 强制结束该进程。默认值是信号 15。在安全模式中此命令被遮罩。
q   退出程序。
s   改变两次刷新之间的延迟时间。系统将提示用户输入新的时间，单位为 s。如果有小数，就换算成 ms。输入 0 则系统将不断刷新，默认值是 5s。需要注意的是，如果设置太小的时间，很可能会引起不断刷新，从而根本来不及看清显示的情况，而且系统负载也会大大增加。

从上面的介绍中可以看到，top 命令是一个功能十分强大的监控系统工具，尤其对于系统管理员而言更是如此。一般的用户可能会觉得 ps 命令其实就够用了，但是 top 命令的强劲功能确实提供了不少方便。下面来看看实际使用的情况。

例 8.5 键入 top 命令查看系统状况。结果见图 8-1。

第 1 行的项目依次为当前时间、系统启动时间、当前系统登录用户数目、平均负载。第 2 行为进程情况，依次为进程总数、休眠进程数、运行进程数、僵死进程数、终止进程数。第 3 行为 CPU 状态，依次为用户占用、系统占用、优先进程占用、闲置进程占用。第 4 行为内存状态，依次为平均可用内存、已用内存、空闲内存、共用内存、缓存使用内存。第 5 行为交换状态，依次为平均可用交换容量、已用容量、闲置容量、快取内存容量。接下来就

```
07:53:19  up 34 min,  3 users,  load average: 0.13, 0.15, 0.18
63 processes: 62 sleeping, 1 running, 0 zombie, 0 stopped
CPU states:    4.9% user     7.0% system     0.0% nice     0.0% iowait    88.0% idle
Mem:    190628k av,   187556k used,     3072k free,        0k shrd,   17504k buff
                      140004k actv,        0k in_d,     3196k in_c
Swap:   385552k av,     1024k used,   384528k free                    89124k cached

  PID USER     PRI  NI  SIZE   RSS SHARE STAT  %CPU %MEM   TIME CPU COMMAND
 2021 root      15   0 29932   12M  1320 S      4.3  6.8   1:12   0 X
 2209 root      16   0  1056  1056   852 R      1.5  0.5   0:06   0 top
 2116 root      15   0 13228   12M  8468 S      1.3  6.9   0:22   0 gnome-panel
 2151 root      15   0 10552   10M  6744 S      1.3  5.5   0:10   0 gnome-terminal
 2120 root      15   0  5316  5312  4184 S      0.5  2.7   0:05   0 magicdev
 2126 root      15   0 12664   12M  7640 S      0.5  6.6   0:08   0 rhn-applet-gui
 1720 root      15   0   344   336   264 S      0.3  0.1   0:02   0 vmware-guestd
   19 root      15   0     0     0     0 SW     0.1  0.0   0:01   0 kjournald
 1899 root      15   0   980   980   476 S      0.1  0.5   0:01   0 cupsd
    1 root      15   0    88    72    40 S      0.0  0.0   0:06   0 init
    2 root      15   0     0     0     0 SW     0.0  0.0   0:00   0 keventd
    3 root      15   0     0     0     0 SW     0.0  0.0   0:00   0 kapmd
    4 root      34  19     0     0     0 SWN    0.0  0.0   0:00   0 ksoftirqd_CPU0
    9 root      25   0     0     0     0 SW     0.0  0.0   0:00   0 bdflush
    5 root      15   0     0     0     0 SW     0.0  0.0   0:00   0 kswapd
```

图 8-1 使用 top 命令查看系统状况

是和 ps 相仿的各进程情况列表了。

4. kill 命令

当需要中断一个前台进程的时候，通常是使用组合键【Ctrl + C】；但是对于一个后台进程恐怕就不是一个组合键所能解决的了，这时就必须求助于 kill 命令。该命令可以终止后台进程。终止后台进程的原因很多，或许是该进程占用的 CPU 时间过的，或许是该进程已经挂死。总之这种情况是经常发生的。

kill 命令是通过向进程发送指定的信号来结束进程的。如果没有指定发送信号，那么默认值为 TERM 信号，它将终止所有不能捕获该信号的进程。至于那些可以捕获该信号的进程可能就需要使用 kill (9) 信号了，该信号是不能被捕捉的。

格式：kill ［选项］ 进程号...

或 kill % ［作业号］

功能：终止正在运行的进程或作业。超级用户可终止所有的进程，普通用户只能终止自己启动的进程。

主要选项：

-s，指定需要送出的信号，既可以是信号名也可以是对应数位。

-p，指定 kill 命令只是显示进程的 pid，并不真正送出结束信号。

-l，显示信号名称列表，这也可以在/usr/include/Linux/signal.h 文件中找到。

-9，当无选项的 kill 命令不能终止进程时，可强行终止指定进程。

例 8.6 正在执行一条 find 命令时由于时间过长，决定终止该进程。

首先应该使用 ps 命令来查看该进程对应的 PID。键入 ps，显示如下：

```
PID TTY TIME COMMAND
285 1 00：00：00 -bash
```

```
287  3 00：00：00 -bash
289  5 00：00：00 /sbin/mingetty tty5
290  6 00：00：00 /sbin/mingetty tty6
312  3 00：00：00 telnet bbs3
341  4 00：00：00 /sbin/mingetty tty4
345  1 00：00：00 find / -name foxy.jpg
348  1 00：00：00 ps
```

可以看到，该进程对应的 PID 是 345，现在使用 kill 命令来终止该进程。键入：

```
# kill  345
```

再用 ps 命令查看，就可以看到，find 进程已经被终止了。

有时候可能会遇到这样的情况，某个进程已经挂起或闲置，使用 kill 命令却终止不掉。这时候就必须发送信号 9，强行关闭此进程。当然这种"野蛮"的方法很可能会导致打开的文件出现错误或者资料丢失。所以不到万不得已的时候不要使用强制结束的办法。如果连信号 9 都不回应，那恐怕就只有重新启动电脑了。

5. jobs 命令

格式：jobs ［选项］

功能：显示当前所有的作业。

主要选项：

-p，仅显示进程号。

-l，同时显示进程号和作业号。

例 8.7 显示所有的作业，一并显示其进程号。

```
# jobs  -l
```

6. nice 命令

格式：nice ［-优先级值］ 命令

功能：指定将启动的进程优先级。不指定优先级值时，将优先级设置为 10。

例 8.8 启动 ftp 程序，其优先级设置为 5。

```
# nice  -5  ftp
```

7. free 命令

格式：free ［选项］

功能：显示内存和交换分区的相关信息。

主要选项：

-m，以 MB 为单位显示，默认以 KB 为单位。

-t，增加显示内存和交换分区的总和信息。

-s，指定动态显示时的刷新频率。

8-5 进程调度

Linux 允许用户根据需要在指定的时间自动运行指定的进程，也允许用户将非常消耗资源和时间的进程安排到系统比较空闲的时间来执行。进程调度有利用提高资源的利用率，均衡系统负载，并提高系统管理的自动化程度。用户可采用以下方法实现进程调度：

（1）对于偶尔运行的进程采用 at 调度。

（2）对于特定时间重复运行的进程采用 cron 调度。

1. at 命令

用户使用 at 命令在指定时刻执行指定的命令序列。也就是说，该命令至少需要指定一个命令、一个执行时间才可以正常运行。at 命令可以只指定时间，也可以时间和日期一起指定。需要注意的是，指定时间有个系统判别问题。比如说，用户现在指定了一个执行时间——凌晨 3：20，而发出 at 命令的时间是头天晚上的 20：00，那么究竟是在哪一天执行该命令呢？如果用户 3：20 以前仍然在工作，那么该命令将在这个时候完成；如果用户 3：20 以前就退出了工作状态，那么该命令将在第二天凌晨才得到执行。

格式：at ［选项］ ［时间］

功能：设置指定时间执行的指定命令。

主要选项：

-f，从指定文件而非标准输入设备获取将要执行的命令。

-l，显示等待执行的调度作业。

-d，删除指定的调度作业。

at 允许使用一套相当复杂的指定时间的方法，它可以接受在当天的 hh：mm（小时：分钟）式的时间指定。如果该时间已经过去，那么就放在第二天执行。当然也可以使用 midnight（深夜）、noon（中午）、teatime（饮茶时间，一般是下午 16 点）等比较模糊的词语来指定时间。用户还可以采用 12 小时计时制，即在时间后面加上 AM（上午）或者 PM（下午）来说明是上午还是下午。也可以指定命令执行的具体日期，指定格式为 month day（月 日）、mm/dd/yy（月/日/年）或者 dd.mm.yy（日.月.年）。指定的日期必须跟在指定时间的后面。

上面介绍的都是绝对计时法，其实还可以使用相对计时法，这对于安排不久就要执行的命令是很有好处的。指定格式为：now + count time-units，now 就是当前时间，time-units 是时间单位，这里可以是 minutes（分钟）、hours（小时）、days（天）、weeks（星期）。count 是时间的数量，究竟是几天，还是几小时。

还有一种计时方法就是直接使用 today（今天）、tomorrow（明天）来指定完成命令的时间。下面通过一些例子来说明具体用法。

例 8.9 指定在今天 17：30 执行某命令。假设现在时间是 2001 年 2 月 24 日中午 12：30。

```
#at   17：30pm
#at   17：30
#at   17：30 today
#at   now + 5 hours
#at   now + 300 minutes
#at   17：30 24.2.01
#at   17：30 2/24/01
#at   17：30 Feb 24
```

以上这些命令表达的意义是完全一样的,所以在安排时间的时候完全可以根据个人喜好和具体情况自由选择。一般采用绝对时间的 24 小时计时法可以避免由于用户自己的疏忽造成计时错误的情况发生,例如上例可以写成:

```
#at   17:30 2/24/01
```

这样非常清楚,而且别人也看得懂。

对于 at 命令来说,需要定时执行的命令是从标准输入或者使用-f 选项指定的文件中读取并执行的。如果 at 命令是从一个使用 su 命令切换到用户 Shell 中执行的,那么当前用户被认为是执行用户,所有的错误和输出结果都会送给这个用户。在任何情况下,超级用户都可以使用这个命令。

2. cron 命令

前面介绍的命令会在一定时间内完成一定任务,但是要注意它只能执行一次。也就是说,当指定了运行命令后,系统在指定时间完成任务,一切就结束了。但是在很多时候需要不断重复一些命令,比如某公司每周一自动向员工报告头一周公司的活动情况,这时候就需要使用 cron 命令来完成任务了。实际上,cron 命令是不应该手工启动的。cron 命令在系统启动时就由一个 Shell 脚本自动启动,进入后台(所以不需要使用 & 符号)。一般的用户没有运行该命令的许可权,虽然超级用户可以人工启动 cron,不过还是建议将其放到 Shell 脚本中由系统自行启动。

首先 cron 命令会搜索/var/spool/cron 目录,寻找以/etc/passwd 文件中的用户名命名的 crontab 文件,被找到的这种文件将载入内存。例如一个名为 foxy 的用户,它所对应的 crontab 文件就应该是/var/spool/cron/foxy。也就是说,以该用户命名的 crontab 文件存放在/var/spool/cron 目录下面。cron 命令还将搜索/etc/crontab 文件,这个文件是用不同的格式写成的。cron 启动以后,它将首先检查是否有用户设置了 crontab 文件,如果没有就转入"休眠"状态,释放系统资源。所以该后台进程占用资源极少。它每分钟"醒"过来一次,查看当前是否有需要运行的命令。命令执行结束后,任何输出都将作为邮件发送给 crontab 的所有者,或者是/etc/crontab 文件中 MAILTO 环境变量中指定的用户。

上面简单介绍了一些 cron 的工作原理,但是 cron 命令的执行不需要用户干涉;需要用户修改的是 crontab 中要执行的命令序列,所以下面介绍 crontab 命令。

3. crontab 命令

crontab 命令用于安装、删除或者列出用于驱动 cron 后台进程的表格。也就是说,用户把需要执行的命令序列放到 crontab 文件中执行。每个用户都可以有自己的 crontab 文件。下面就来看看如何创建一个 crontab 文件。在/var/spool/cron 下的 crontab 文件不可以直接创建或者直接修改。crontab 文件是通过 crontab 命令得到的。现在假设有个用户名为 foxy,需要创建自己的一个 crontab 文件。首先可以使用任何文本编辑器创建一个新文件,然后向其中写入需要运行的命令和要定期执行的时间,最后保存文件退出。假设该文件为/tmp/test.cron,就使用 crontab 命令来安装这个文件,使之成为该用户的 crontab 文件。

```
$ crontab   test.cron
```

这样一个 crontab 文件就创建好了。可以转到/var/spool/cron 目录下面查看,发现多了一个 foxy 文件。这个文件就是所需的 crontab 文件。

在 crontab 文件中如何输入需要执行的命令和时间呢?该文件中每行都包括 6 个域,其中前 5 个域是指定命令被执行的时间，最后一个域是要被执行的命令。每个域之间使用空格或者跳位字符分隔。格式如下：

minute　　hour　　day-of-month　　month-of-year　　day-of-week　　commands

第 1 项是分钟，第 2 项是小时，第 3 项是一个月的第几天，第 4 项是一年的第几个月，第 5 项是一周的星期几，第 6 项是要执行的命令。这些项都不能为空，必须填入。如果用户不需要指定其中的几项，那么可以使用 * 代替。因为 * 是通配符，可以代替任何字符，所以就可以认为是任何时间，也就是该项被忽略了。

例 8.10　bob 用户设置 cron 调度，要求每周五的 17 点 00 分将/home/bon/data 目录中的所有文件归档并压缩为/backup 目录中的 bob-data.tar.gz 文件。

　　$ crontab　-e

输入命令后，将会启动 vi 文本编辑器，用户输入以下配置内容后保存退出。

　　00　17　*　*　5　tar　-czf　/backup/bob-data.tar.gz　/home/bob/data

系统将根据设置的时间执行指定命令，并将运行时的输出结果用内部 mail 形式返回给用户。

课后习题

（1）Linux 可采用哪两种方式启动进程？

（2）如何 cron 调度？

（3）at 调度和 cron 调度有何异同？

（4）利用【Ctrl + Alt + F1】，【Ctrl + Alt + F2】，…【Ctrl + Alt + F6】的多个虚拟终端机，执行多个进程，用 ps 命令观察并练习用 kill 把它们中断。

（5）查看当前作业、进程和用户信息，并对作业进行前后台切换。

（6）设置一个 at 调度，要求在 2 分钟后向所有用户发送系统即将重启的消息，并在 5 分钟后重新启动计算机。

（7）设置 cron 调度，要求每天上午 8 点 30 分查看系统的进程状态。

（8）利用 Shell 命令监视系统性能。

第九章

9 网络配置

本章首先介绍 Linux 网络配置时的基本参数，与网络配置相关的文件；然后介绍如何利用图形化配置工具和 Shell 命令手工配置网络。本章还简单介绍 Linux 中常用的服务器软件、服务（守护进程）以及防火墙的相关知识。

---- 本章要点 ----

◎ Linux 网络配置基础
◎ 配置 Linux 网络
◎ Linux 的网络安全

9-1 Linux 网络配置基础

TCP/IP 是 Internet 网络的协议标准，也是全球使用最为广泛、最重要的一种网络通信协议。目前无论是 UNIX 系统还是 Windows 系统都全面支持 TCP/IP，因此 Linux 将 TCP/IP 作为网络的基础，并通过 TCP/IP 与网络中的其他计算机进行信息交换。

接入 TCP/IP 网络的计算机一般都需要进行网络配置，可能需要配置的参数包括主机名、IP 地址、子网掩码、网关地址和 DNS 服务器地址等。

9.1.1 网络配置参数

1. 主机名

主机名用于标识网络中的计算机，通常主机名在网络中是唯一的。如果某一主机在 DNS 服务器上进行过域名注册，那么其主机名和域名通常也是相同的。

2. IP 地址与子网掩码

TCP/IP 网络中一台主机要与网络中的其他计算机进行通信，就必须至少拥有一个唯一的 IP 地址，否则在信息传送过程中无法识别信息的接收方和发送方。

IP 地址是 32 位连续的二进制数，包括网络地址和主机地址，采用 "w.x.y.z" 的表示方法，每个部分的取值范围都是 0～255。为了适合各种不同大小规模的网络需求，IP 地址被分为 A、B、C、D、E 五大类，其中 A、B、C 类是可供 Internet 网络上的主机使用的 IP 地址，而 D、E 类是供特殊用途的 IP 地址。

表 9-1 IP 地址分类

类别	网络地址部分	w 的取值范围	默认的子网掩码
A	w	0～127	255.0.0.0
B	w.x	128～191	255.255.0.0
C	w.x.y	192～223	255.255.255.0

有些 IP 地址不能用于指定某一主机的 IP 地址，如主机地址部分全为 "0"（二进制 "0"，表示某一网络）；IP 地址全为 "1" 或主机地址部分全为 "1"（二进制 "1"，表示广播）；以 "127" 开头的 IP 地址（回环地址，用于测试计算机的各个网络进程之间进行通信时使用）。同一网络中每台主机的 IP 地址必须不同，否则会造成 IP 地址的冲突。

在配置 IP 地址的同时还必须配置子网掩码（32 位二进制数，由连续的 "1" 和连续的 "0" 组成）。为了保证网络的安全和减轻网络管理的负担，有时会把一个网络分成多个部分，而分出的部分就称为 "子网"。与之相对应的子网掩码用来区分不同的子网，其表现形式与 IP 地址一样。在一般的网络应用中，通常不进行子网划分时采用默认的子网掩码。

3. 网关地址

设置主机的 IP 地址和子网掩码后，该主机就可以使用 IP 地址与同一网段的其他主机进行通信，但是不能与不同网段中的主机进行通信。即使两个网段连接在同一台交换机（或集线器）上，TCP/IP 也会根据子网掩码判定主机处在不同的网络。要实现这两个网络之间的通信，必须通过网关来实现。

假设有网络 A 和网络 B，网络 A 的 IP 地址范围为 192.168.1.1-192.168.1.254，子网掩码为 255.255.255.0；网络 B 的 IP 地址范围为 192.168.2.1～192.168.2.254，子网掩码为 255.255.255.0。

当网络 A 中的主机向网络 B 中的主机发送数据包时，网络 A 中的主机会把数据包转发给网络 A 的网关，再由该网关转发给网络 B 的网关，网络 B 的网关再转发给网络 B 的某个主机。如图 9-1 所示。网络 B 向网络 A 转发数据包的过程也是如此。

为了实现与不同网段的主机进行通信，必须设置网关地址。该网关地址一定是同网段主机的 IP 地址。

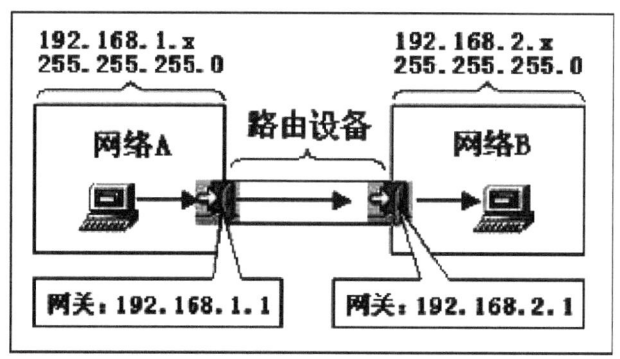

图 9-1　网关的功能

4. DNS 服务器地址

直接使用 IP 地址就可以访问到网络中的主机，但是用数字表示的 IP 地址难以记忆，通常人们使用域名来访问网络中的主机。为了能够使用域名，需要为计算机指定至少一个 DNS 服务器。由这个 DNS 服务器来完成域名解析的工作。域名解析包括两方面：正向解析（从域名到 IP 地址的映射）和反向解析（从 IP 地址到域名的映射）。

Internet 中存在大量的 DNS 服务器，每台 DNS 服务器都保存着其管辖的区域中主机域名与 IP 地址的映射对照表。当用户利用网页浏览器等应用程序访问用域名表示的主机时，会向指定的 DNS 服务器查询其映射的 IP 地址。如果这个 DNS 服务器找不到，则向其他 DNS 服务器求助。直到找到 IP 地址，并将 IP 地址信息返回给发出请求的应用程序，应用程序才能获取该 IP 地址的主机的相关服务和信息。

9.1.2　Linux 网络的相关概念

1. Linux 的网络接口

Linux 内核中定义不同的网络接口，其中包括：

（1）lo 接口。lo 接口表示本地回送接口，用于网络测试以及本地主机各网络进程之间的通信。无论什么应用程序，只要使用回环地址（127.*.*.*）发送数据都不进行任何真实的网络传输。Linux 系统默认包含回送接口。

（2）eth 接口。eth 接口表示以太网卡设备接口，并附加数字来反映物理网卡的序号。

如第一块以太网卡称为 eth0，第二块网卡称为 eth1，并依此类推。

（3）ppp 接口。ppp 接口表示 PPP 设备接口，并附加数字来反映 PPP 设备的序号。第一个 PPP 接口称为 ppp0，第二个 PPP 接口称为 ppp1，并依此类推。采用 ISDN 或 ADSL 等方式接入 Internet 时使用 ppp 接口。

2. Linux 网络端口

采用 TCP/IP 的服务器可为客户机提供各种网络服务，如 www 服务、FTP 服务等。为区别不同类型的网络连接，TCP/IP 利用端口号来进行区别。端口号的取值范围是 0～65535。根据服务类型的不同，Linux 将端口号分为三大类，分别对应不同类型的服务，如表 9-2 所示。

表 9-2 端口号的类型

端口范围	含 义
0～255	用于最常用的服务的端口，包括 FTP、www 等
256～1 024	用于其他的专用的服务
1 024 以上	用于端口的动态分配

TCP/IP 中最常用的网络服务的默认端口号如表 9-3 所示。

表 9-3 标准的端口号

服务名称	含 义	默认端口号
ftp-data	FTP 的数据传送服务	20
ftp-control	FTP 的命令传送服务	21
ssh	ssh 服务	22
telnet	telnet 服务	23
smtp	邮件发送服务	25
pop3	邮件接收服务	110
nameserver	域名服务	42
http	WWW 服务	80

9.1.3 Linux 网络的相关配置文件

/etc 目录中包含一系列与网络配置相关的文件和目录。

1. /etc/services 文件

services 文件列出系统中所有可用的网络服务，所使用的端口号以及通信协议等数据。如果两个网络服务需要使用同一个端口号，那么它们必须使用不同的通信协议。同样，如果两个网络服务使用同一通信协议，则它们使用的端口号一定不同。一般不修改此文件的内容。services 文件中的部分内容如下所示：

ftp	21/tcp			
ftp	21/udp	fsp	fspd	
smtp	25/tcp	mai		
smtp	25/udp	mail		
http	80/tcp	www	www-http	#World Wide Web HTTP
http	80/udp	www	www-http	#HyperText Transfer Protocol

2. /etc/sysconfig/network-scripts 目录

network-scripts 目录包含网络接口的配置文件以及部分网络命令，其中一定包括：

（1）ifcfg-eth0，第一块网卡接口的配置文件。

（2）ifcfg-lo，本地回送接口的相关信息。

某个 ifcfg-eth0 文件内容如下所示：

```
#Advanced Micro Devices [AMD] 79c970 [pcnet32 LANCE]
DEVICE = eth0
BOOTPROTO = dhcp
HWADDR = 00：OC：29：7B：EC：DC
ONBOOT = YES
```

首先第一行显示网卡的型号为 AMD 79C970，其余项的含义为：

（1）DEVICE，设备名。

（2）BOOTPROTO，采用的启动协议。

（3）HWADDR，物理地址。

（4）ONBOOT，是否在启动时激活。

3. /etc/hosts 文件

hosts 文件可保留主机域名与 IP 地址的对应关系。在计算机网络的发展初期，系统可利用 hosts 文件查询域名所对应的 IP 地址。随着 Internet 的迅速发展，现在一般通过 DNS 服务器来查找域名所对应的 IP 地址。但是 hosts 文件仍被保留，用于保存经常访问的主机的域名和 IP 地址，可提高访问速度。

某个 hosts 文件内容如下所示：

127.0.0.1	localhost.localdomain	localhost
::1	localhost6.localdomain6	localhost6
192.168.0.20	rhel5	rhel5.linux.com

4. /etc/resolv.conf 文件

resolv.conf 文件列出客户机所使用的 DNS 服务器的相关信息，其中可供设置的项目有：

（1）nameserver，设置 DNS 服务器的 IP 地址，最多可以设置 3 个，并且每个 DNS 服务器的记录自成一行。当主机需要进行域名解析时，首先查询第一个 DNS 服务器，如果无法成功解析，则向第二个 DNS 服务器查询。

（2）domain，指定主机所在的网络域名，可以不设置。

（3）search，指定 DNS 服务器的域名搜索列表，最多可以设置 6 个。其作用在于进行域名解析工作时，系统会将此处设置的网络域名自动加在要查询的主机名之后进行查询。通常不设置此项。

某个 resolv.conf 文件内容如下所示：
namesever   192.168.0.10
search   linux.com

9－2 配置 Linux 网络

主机可通过两种途径获得网络配置参数：一种是由网络中的 DHCP 服务器动态分配后获得，另一种是用户手工配置。利用 ISDN、ADSL 拨号上网接入 Internet 时，通常是由 ISP 的 DHCP 服务器动态分配相关的网络参数，用户不需要进行配置。而利用网卡接入无 DHCP 服务器的局域网或 Internet 时，就需要用户对网卡进行一系列的配置。

9.2.1 桌面环境下配置网络

1. 基本配置

桌面环境下超级用户依次单击"系统"→"管理"→"网络"菜单项，弹出"网络配置"窗口，如图 9－2 所示。安装 Rhel5 Server 5 时系统会自动安装计算机的网卡，默认情况下网卡设备名为"eth0"，采用 DHCP 方式自动获取 IP 地址，并在开机之后系统自动激活。

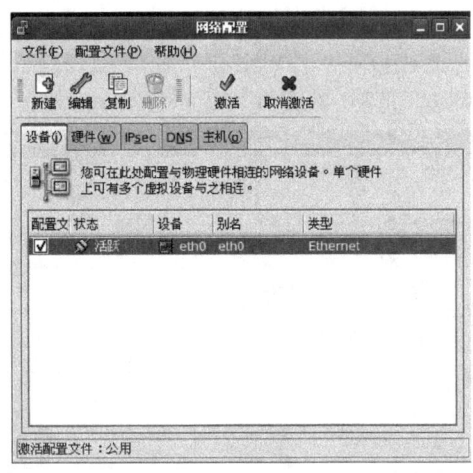

图 9－2 "网络配置"窗口

（1）设置 IP 地址、子网掩码与网关地址。从"网络配置"窗口的"设备"选项卡中选择网卡"eth0"，单击工具栏中的"编辑"按钮，出现"以太网设备"对话框，如图 9-3 所示。

在"以太网设备"对话框的"常规"选项卡中选择"静态设置的 IP 地址"单选按钮，再根据网络的具体情况输入计算机的 IP 地址、子网掩码以及默认网关的 IP 地址，完成手工配置网卡工作。另外，在此选项卡中还可以修改网卡的别名，设置是否在启动时就激活网卡，以及是否允许所有用户启动和禁用网卡。在"路由"选项卡中可设置网卡所采用的静态网络路由。在"硬件设备"选项卡中可查看网卡的硬件型号和 MAC 地址值，如图 9－4 所示。单击"确定"按钮将回到"网络配置"窗口。

图 9-3 设置网卡的 IP 地址

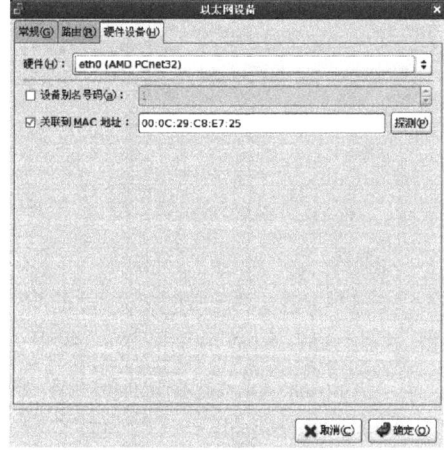
图 9-4 查看网卡硬件信息

（2）设置主机名和 DNS 服务器地址。从"网络配置"窗口中选择"DNS"选项卡，如图 9-5 所示。如果计算机将与其他计算机通过主机名来进行相互访问，就需要为该计算机设置主机名。如果在安装过程中未设置过主机名，则此时"主机名"文本框显示为 localhost.localdomain。

为使用域名而不是 IP 地址访问网络中的资源，需要设置主 DNS 服务器的地址，并可设置第二和第三 DNS 服务器地址。另外，还可以在"DNS 搜寻路径"文本框中指定 DNS 的搜索域。对 DNS 服务器和 DNS 搜寻路径的设置将保持在/etc/resolv.conf 文件中。

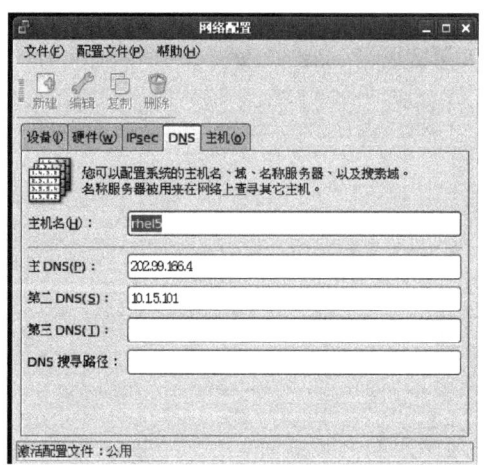
图 9-5 设置主机名和 DNS 服务器地址

（3）设置主机列表。从"网络配置"窗口中选择"主机"选项卡，如图 9-6 所示，显示出/etc/hosts 文件中除了主机名以外的信息。可增加主机列表，单击工具栏中的"新建"按钮，弹出"添加/编辑主机项目"对话框，如图 9-7 所示。输入主机名和 IP 地址信息后，单击"确定"按钮，"主机"选项卡将出现相关内容。上述设置将反映为/etc/hosts 文件内容的变化。

（4）激活与停用网卡。默认情况下，计算机启动时将激活所有的网卡。对于刚设置好

第九章　网络配置

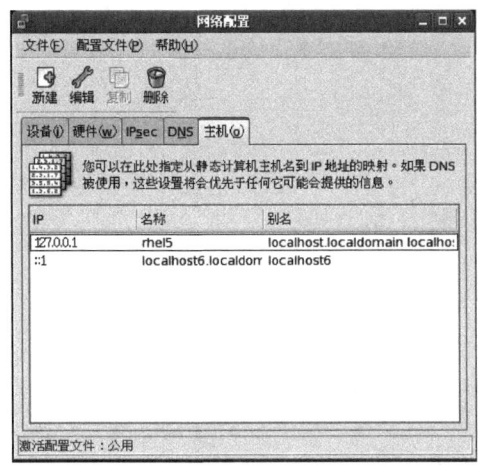

图 9-6　"主机"选项卡

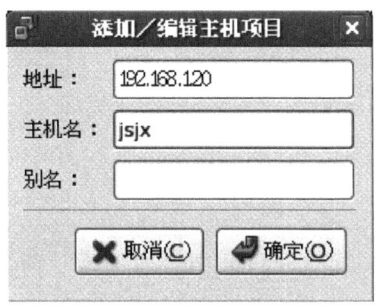

图 9-7　添加主机

的网卡，必须先保存对网卡设置的修改，然后才能激活。必须保证"设备"选项卡中要重启的网卡"配置文件"选项区域的复选框被选中，然后单击工具栏上的"激活"按钮，将出现如图 9-8 所示的对话框。网卡正常激活后，此对话框会自动消失，否则显示出错信息。

图 9-8　激活网卡

（5）删除网卡。要删除已有的网卡，应该首先确定其是否处于活跃状态。如果还处于激活状态，应先单击工具栏上的"取消激活"按钮，停用网卡，然后再单击工具栏上的"删除"按钮。

2. 高级配置

（1）添加虚拟网卡。Linux 中每个物理网卡都可以配置为多个虚拟网卡，从而满足不同网络环境的需要。虚拟网卡之间用别名来区别。对于需要在不同的网络环境中使用的计算机而言（如笔记本式计算机等），这一功能非常有用。假设某计算机在家中使用静态 IP 地址与其他计算机通信，而在单位使用 DHCP 服务器动态分配的网络参数。那么就可以为这台计算机配置两个虚拟网卡，分别用于这两种网络环境。

从"网络配置"窗口选中网卡"eth0"，然后单击工具栏中的"复制"按钮，将生成一个名为"eth0Copy0"的虚拟网卡，如图 9-9 所示。

然后分别设置两个虚拟网卡，其中一网卡自动获取 IP 地址，另一网卡由用户设置静态 IP 地址，并可设置虚拟网卡的别名以便区别使用。

在不同的网络环境下，激活不同的虚拟网卡即可。使用虚拟网卡时，当激活其中一虚拟网卡时，另一虚拟网卡的状态也显示为活跃状态。而实际上在某一个时刻只有一个虚拟网卡

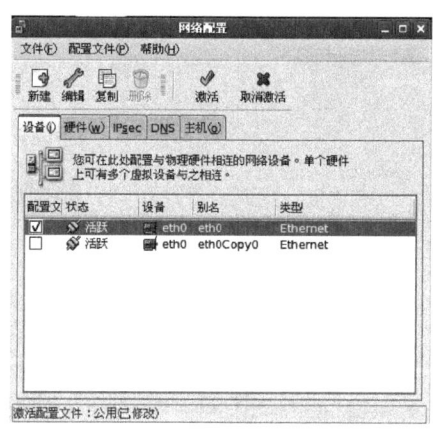

图9-9 添加虚拟网卡

被使用。

（2）添加设备别名。Linux中一个使用静态IP地址的网卡可以添加为多个设备别名，分别配置其IP地址。设备别名通常采用设备名、冒号和数字的形式来表示，如eth0：1。设备别名与虚拟网卡不同，与同一个物理网卡相关联的多个设备别名能同时被激活，并拥有不同的IP地址。

添加设备别名需要进行如下操作。

① 选中需要添加设备别名的网卡：该网卡必须拥有静态IP地址。单击工具栏上的"新建"按钮，弹出"添加新设备类型"窗口，如图9-10所示。从"设备类型"列表中选择"以太网连接"选项，并单击"前进"按钮。

② 显示出计算机上所有的物理网卡：如图9-11所示。选中网卡后，如"AMD PCnet32（eth0）"，单击"前进"按钮继续。

③ 对设备别名配置网络设置：默认选择"静态设置的IP地址"单选按钮，输入该设备别名的IP地址和子网掩码，如图9-12所示，单击"前进"按钮。

④ 显示创建以太网设备信息：如图9-13所示。单击"应用"按钮，回到"网络配

图9-10 选择设备类型

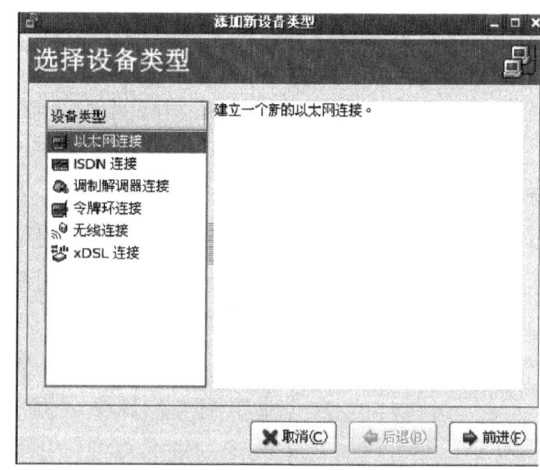

图9-11 选择以太网设备

置"窗口,如图9-14所示。设备别名建立之后,其使用方法与物理网卡完全相同,用户可激活或停用设备别名,并可修改其属性。

图9-12 配置网络设置

图9-13 创建以太网设备

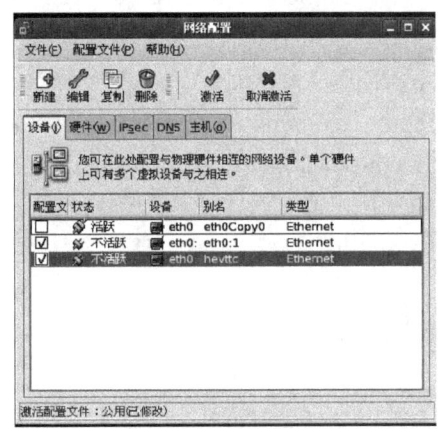

图9-14 添加虚拟网卡和设备别名后

9.2.2 设置代理服务器

有时访问某些国外网站时,需要设置代理服务器来提高网络连接速度,可设置网络代理来配置系统与网络之间的连接方式。桌面环境下单击"系统"→"首选项"→"网络代理"菜单项,打开"网络代理首选项"对话框。在此对话框中进行相应设置即可。

9.2.3 配置网络的 Shell 命令

1. hostname 命令

格式:hostname [主机名]

功能:查看或修改计算机的主机名。

例9.1 查看当前计算机的主机名。

```
[root@ rhel5 ~] # hostname
rhel5
```

例9.2 将主机名设置为 rhel5.linux.com。

```
[root@ rhel5 ~] # hostname rhel5.linux.com
[root@ rhel5 ~] # hostname
rhel5.linux.com
```

需要注意的是，hostname 命令只能在本次运行中修改主机名，如果需要永久性修改主机名则需要修改/etc/sysconfig/network 文件，设置其中的 HOSTNAME 值。

2. ifconfig 命令

格式：ifconfig［网络接口名］［IP 地址］［netmask 子网掩码］［up｜down］

功能：查看网络接口的配置情况，并可设置网卡的相关参数，激活或停用网络接口。

例9.3 查看当前网络接口的配置情况，部分显示结果如下：

```
[root@ rhel 5 ~] # ifconfig
eth0   Link encap：Ethernet HWaddr 00：0c：29：94：20：22
       inetaddr：202.127.50.111 Bcast：202.127.50.255 Mask：255.255.255.0
       inet6 addr：fe80::20c：29ff：fe94：2022/64 Scope：Link
       UP BROADCAST RUNNING MULTICAST MTU：1500 Metric：1
       RX packets：148 errors：0 dropped：0 overruns：0 frame：0
       TX packets：34  errors：0 dropped：0 overruns：0 carrier：0
       collisions：0  txqueuelen：0
       RX bytes：14399（14.0KiB）TX bytes：8172（7.9KiB）

lo     Link encap：Local Loopback
       inet addr：127.0.0.1 Mask：255.0.0.0
       inet6 addr：::1/128   Scope：Host
       UP LOOPBACK RUNNING MTU：16436 Metrie：1
       RX Paekets：12 errors：0 dropped：0 overruns：0 frame：0
       TX Peakets：12 errors：0 dropped：0 overruns：0 carries：0
       collisions：0 txqueuelen：0
       RX bytes：964（964.0 b）   TX bytes：964（964.0 b）
```

使用 ifconfig 命令时，如果不指定网络设备名，则查看当前所有处于活跃状态的网络接口的配置情况，其中一定包括本地回送接口 lo。

ifconfig 命令可查看到网络接口的相关信息。其中 Link encap 表示网络接口的类型，Hwaddr 又称为 MAC 地址，表示网卡的物理硬件地址。inet addr 表示网卡上设置的 IP 地址，Bcast 表示网络的广播地址，Mask 表示网卡上设置的子网掩码。Rx 行表示已接受的数据包的信息，Tx 行表示已发送的数据包的信息。

例9.4 将网卡的 IP 地址设置为 192.168.0.10。

［root@ rhel5 ~］# ifconfig eth0 192.168.0.10
［root@ rhel5 ~］# ifconfig eth0
etho Link encap：Ethernet HWaddr 00：0c：29：94：20：22
inetaddr：192.168.0.10 Beast：192.168.0.255 Mask：255.255.255.0
inet6 addr：fe80：：20C：29ff：fe94：2022/64 Scope：Link
UP BROADCAST RUNNING MULTICAST MTU：1500 Metrie：1
RX packets：2618 errors：0 dropped：0 overruns：0 frame：0
Tx pCaketS：46 errors：0 dropped：0 overrunS：0 carrier：0
collisions：0 txqueuelen：0
RX bytes：254164（248.2KiB）TX bytes：11561（11.2KiB）

例9.5 停用网卡 eth0。

［rooterhel5 ~］# ifconfig eth0 down

如果再次使用 ifconfig 命令查看网络接口，不能显示 eth0 接口的相关信息。

3. ifup 和 ifdown 命令

格式：ifup   网络接口
　　　ifdown 网络接口

功能：启用或停用网络接口。

例9.6 启用网卡 eth0。

［rooterhel5 ~］# ifup eth0

"ifconfig 网络接口名 down" 命令可停用网络接口，与 "ifdown 网络接口名" 命令效果相同；而 "ifconfig 网络接口名 up" 可启用网络接口，等同于 "ifup 网络接口名" 命令。

9.2.4 测试网络的 Shell 命令

1. ping 命令

格式：ping ［-c 次数］ IP 地址 | 主机名

功能：测试网络的连通性。

例9.7 测试与 IP 地址为 192.168.0.30 的主机的连通状况。

［root@ rhel5 ~］# ping 192.168.0.30
PING 192.168.0.30（192.168.0.30）56（84）bytes of data.
64 bytes from 192.168.0.30：icmp_seq = 1 ttl = 64 time = 0.367ms
64 bytes from 192.168.0.30：icmp_seq = 2 ttl = 64 time = 0.112ms

---192.168.0.30 Ping statistics---
2 Paekets transmitted, 2 reeeived, 0% Paeket loss, time 999ms
rtt min/avg/max/mdev = 0.112/0.239/0.367/0.128ms

ping 是一个最常用的检测是否能够与远端机器建立网络通讯连接。它是通过 Internet 控制报文协议 ICMP 来实现的。而现在有些主机对 ICMP 进行过滤，在这种特殊的情况下，有可能使得一些主机 Ping 不通，但能够建立网络连接。这是一种特例，在此事先说明。

用户执行 ping 命令后将向指定的主机发送数据包，然后得到反馈响应的信息。如果不指定发送数据包的次数,那么ping命令就会一直执行下去,直到用户按【Ctrl+C】组合键中断命令的执行。

最后将显示本次ping命令执行结果的统计信息。

例9.8 测试与www.online.sh.cn计算机的连通状况。

```
[root@rhel5 ~]# ping -c 2 www.online.sh.cn
PING www.online.sh.cn (218.1.64.33) 56 (84) bytes of data.
64 bytes from 218.1.64.33: icmp_seq=1 ttl=251 time=17.2ms
64 bytes from 218.1.64.33: icmp_seq=2 ttl=251 time=13.2ms

--www.online.sh.cn ping statistics--
2 paekets transmitted, 2 reeeived, 0% Paeket loss, time 10llms
rtt min/avg/max/mdev = 13.248/l5.245/17.243/2.001ms
```

当参数是主机名时,Ping命令可从DNS服务器获取其IP地址。这一命令格式也常用于测试DNS服务器是否正常运行。在实际应用中"ping 127.0.0.1"命令可测试网卡是否正常,"ping本机的IP地址"命令格式可测试本机的IP地址配置是否正确。

2. route 命令

格式:route   [[add|del] default gw 网关的IP地址]

功能:查看内核路由表的配置情况,添加或取消网关IP地址。

例9.9 查看当前内核路由表的配置情况。

```
[root@rhel5 ~]# route
Kernel IP routing table
```

Destination	Gateway	Genmask	Flags	MetriC	Ref	Use	Iface
192.168.0.0	*	255.255.255.0	U	0	0	0	eth0
127.0.0.0	*	255.0.0.0	U	0	0	0	lo

例9.10 添加网关,其IP地址为192.168.0.100。

```
[root@rhel5 ~]# route add default gw 192.168.0.100
[root@rhel5 ~]# route
```

Destination	Gateway	Genmask	Flags	MetriC	Ref	Use	Iface
192.168.0.0	*	255.255.255.0	U	0	0	0	eth0
127.0.0.0	*	255.0.0.0	U	0	0	0	lo
default	192.168.0.100	0.0.0.0	UG	0	0	0	eth0

3. netstat 命令

格式:netstat   [参数]   [-A]   [--ip]

功能:检查整个Linux网络状态。

netstat主要用于Linux察看自身的网络状况,如开启的端口、在为哪些用户服务,以及服务的状态等。此外,它还显示系统路由表、网络接口状态等。可以说,它是一个综合性的网络状态的察看工具。在默认情况下,netstat只显示已建立连接的端口。如果要显示处于监听状态的所有端口,使用-a参数即可。

例9.11 显示处于监听状态的所有端口。

```
[root@ rhel5 ~ ] # netstat -a
Active Internet connections ( only servers )
Proto   Recv-Q   Send-Q   Local Address       Foreign Address   State
tcp     0        0        * : 32768           * : *             LISTEN
tcp     0        0        * : 32769           * : *             LISTEN
tcp     0        0        * : nfs             * : *             LISTEN
tcp     0        0        * : 32770           * : *             LISTEN
tcp     0        0        * : 868             * : *             LISTEN
tcp     0        0        * : 617             * : *             LISTEN
tcp     0        0        * : mysql           * : *             LISTEN
tcp     0        0        * : netbios-ssn     * : *             LISTEN
tcp     0        0        * : sunrpc          * : *             LISTEN
tcp     0        0        * : 10000           * : *             LISTEN
```

4. finger 命令

格式：finger ［选项］ ［使用者］ ［用户@主机］

功能：finger 用来查询一台主机上的登录账号的信息，通常会显示用户名、主目录、停滞时间、登录时间、登录 Shell 等信息，使用权限为所有用户。

例 9.12 查询本机信息。

```
[root@ rhel5 ~ ] # finger
Login   Name   Tty      Idle   Login Time     Office   Office Phone
root    root   tty1     2      Dec 15 11
root    root   pts/0    1      Dec 15 11
root    root   * pts/1         Dec 15 11
```

9－3 Linux 的网络安全

9.3.1 防火墙

为保证网络服务器能为客户机提供服务，还需要设置网络的安全级别。桌面环境下依次单击"系统"→"管理"→"安全级别与防火墙"菜单项，弹出"安全级别设置"窗口，如图 9－15 所示。

RHEL Server 5 中可启用或禁用防火墙。

设置为禁用防火墙时，其他计算机可以访问本机而不进行安全检查。只有在一个可信任的局域网中才能将网络服务器设置为禁用防火墙。

设置为启用防火墙时，系统将拒绝来自其他计算机的进入连接。对于不提供网络服务的计算机而言，这是最安全的选择。如果需要提供网络服务，那么在设置为启用防火墙的前提下，从"信任的服务"列表中选择指定的服务，允许指定的服务穿过防火墙。

从"防火墙选项"选项卡中，单击"其他端口"按钮将展开显示出端口列表，如图

9-16所示。系统将会允许来自端口列表中所有端口的所有访问，而不受防火墙规则的限制。单击"添加"按钮，弹出"添加端口"对话框，如图9-17所示，可输入允许访问的端口号，以及所使用的协议。

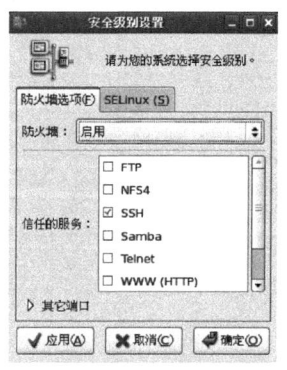

图9-15 配置防火墙

图9-16 端口列表

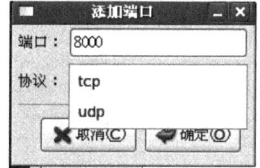

图9-17 添加端口

完成安全级别的设置后单击"确定"按钮，将弹出警告对话框，单击"是"按钮，系统将保存改变，并启用或禁用防火墙。如果设置为启用防火墙，那么选定的选项就会写入/etc/sysconfig/iptables 文件，并启动 iptables 服务。如果设置为禁用防火墙，那么/etc/sysconfig/iptables 文件就会被删除，iptables 服务也会立即停止。

9.3.2 SELinux

在"安全级别设置"窗口中选择"SELinux"选项卡，显示 SELinux 的工作状态，如图 9-18 所示。RHEL Server 5 默认强制启用 SELinux，也可以选择禁用或者允许使用 SELinux。SELinux 是一种非常强大的安全机制，但是有时也存在过度保护的情况。

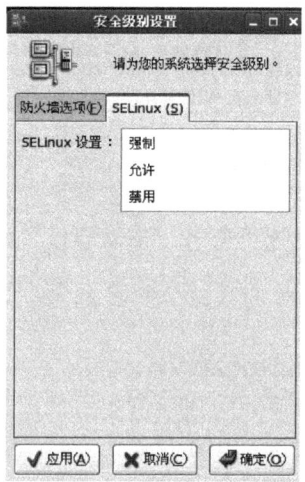

图9-18 SELinux 设置

本章小结

  TCP/IP 是 Linux 网络的基础，处于 TCP/IP 网络中的主机必须获取网络配置参数才能与其他主机进行通信。主机可通过两种途径获得网络配置参数：一种是由网络中的 DHCP 服务器动态分配后获得，另一种是用户手工配置。用户既可以利用 Red Hat 提供的图形化配置工具进行网络配置，也可以利用 Shell 命令进行网络配置。

  Linux 中常用的网络接口有：eth0 接口、lo 接口。eth0 接口与以太网卡设备有关，而 lo 接口是系统自带的本地回送接口，用于主机中各网络进程之间的通信。

  要将 Linux 主机架设为网络服务器，首先必须安装和配置相应的服务器软件，然后还必须启动相应的服务（守护进程）。守护进程总是在后台运行，负责监听和响应客户端的服务请求。用户既可以利用 Red Hat 提供的图形化配置工具，也可以利用 Shell 命令来管理守护进程的工作状态。

第二部分　网络服务篇

第十章

10 DHCP 服务器

DHCP（Dynamic Host Configure Protocol，动态主机配置协议）服务是当前网络上应用广泛的一种服务，在 Linux 下的 DHCP 服务配置简单、典型，适合作为学习 Linux 下网络服务器配置的案例。

———— 本章要点 ————

◎ DHCP 服务简介
◎ 安装与启动 DHCP 服务器
◎ DHCP 服务器配置基础
◎ DHCP 客户机配置与测试

10-1 DHCP 服务简介

10.1.1 DHCP 服务概述

在一个使用 TCP/IP 协议的网络中，每一台计算机都必须至少有一个 IP 地址，才能与其他计算机连接通信。DHCP 服务器用于给网路上的客户机分配 IP 地址和配置相关网络参数（子网掩码和网关地址等信息）。在网络上使用 DHCP 服务主要作用有：

（1）网络中客户机的 IP 地址等参数由 DHCP 进行统一的规划、分配，实现对网络中 IP 地址资源的集中管理。

（2）客户机主机只需要在安装系统时选择 TCP/IP 组件即可，不需要进行网络参数的输入，方便客户机进行网络参数配置。

（3）客户机开机时自动获得 IP 地址，关机后释放该 IP 地址，给其他需要的主机使用，达到节约 IP 地址资源的目的。

10.1.2 DHCP 服务的工作机制

（1）DHCP 客户机初始化 TCP/IP，在本地物理子网上广播一个请求消息。

（2）如果 DHCP 服务器和客户机不在同一个物理子网上，DHCP 中继代理将转发这个消息给 DHCP 服务器。

（3）由于网络上可能不止一个 DHCP 服务器，凡具有有效 IP 地址信息的 DHCP 服务器向客户机发出一个提议。

（4）DHCP 客户机从接收到的第一个提议中选定 IP 地址信息，并广播一条租用地址的消息请求。

（5）由发出该提议的 DHCP 服务器响应该消息，指定 IP 地址信息给该客户机并发送一个确认，而所有其他 DHCP 服务器撤回各自的提议。

（6）客户机完成 TCP/IP 协议的初始化和绑定。配置完成后，客户机就可以使用获得的 IP 地址及网络参数进行网络通信。

10.1.3 常用概念

（1）DHCP 服务器。提供网络设置参数给 DHCP 客户的 Internet 主机。

（2）DHCP 客户端。通过 DHCP 来获得网络配置参数的主机。

（3）DHCP/BOOTP 中继代理。在 DHCP 客户和服务器之间转发 DHCP 消息的主机或路由器。

（4）作用域。DHCP 服务的子网范围。DHCP 服务主要就是通过作用域来管理网络分布、IP 地址分配及其他相关配置参数。

（5）超级作用域。一组作用域集合，用于支持同一物理网络上的多个逻辑 IP 子网，服务器使用超级作用域对其中的各作用域进行统一管理。

（6）地址池。定义了 DHCP 服务器可以分配 IP 地址范围。

（7）租约。就是 DHCP 服务器指定的时间长度，在此长度内客户机可以使用分配给它的地址，如果租约到期，客户机必须更新 IP 租约。

（8）保留地址。为某些 DHCP 客户机分配固定的 IP 地址。保留地址提供了一个将 IP 地址和主机网卡 MAC 地址相关联的手段，用于保证此网卡长期使用某个 IP 地址。

10 – 2　安装 DHCP 服务器

10.2.1　服务器程序安装

在 RHEL Server 5 的安装光盘中提供的与 DHCP 服务相关的软件包为：

（1）dhcp-3.0.5-3.el5.i386.rpm。DHCP 服务主程序软件包，包括 DHCP 服务和中继代理程序。

（2）dhcp-devel-3.0.5-3.el5.i386.rpm。DHCP 服务器开发工具软件包，为 DHCP 开发提供库文件支持。

（3）dhcpv6-0.10-33.el5.i386.rpm。DHCP 服务的 IPv6 扩展组件，使 DHCP 服务器能够支持 IPv6。

（4）dhclient-3.0.5-3.el5.i386.rpm。DHCP 客户端软件包。

（5）dhcpv6_client-0.10-33.el5.i386.rpm。DHCP 客户端为 IPv6 提供支持软件包。

如果是安装 DHCP 服务器，只需要安装 dhcp-3.0.5-3.el5.i386.rpm 即可。判断系统是否已安装 DHCP 服务器可以使用命令：

　　#rpm　-qa｜grep　dhcp

如果能显示 dhcp 的服务主程序版本"dhcp-3.0.5-3.el5"则表示 DHCP 服务已安装，否则需要从安装光盘或从网络上下载软件包进行安装。如果从光盘安装，需要将安装光盘挂载到 /mnt/cdrom：

　　#mount　/dev/cdrom　/mnt/cdrom

执行如下命令进行安装：

　　#rpm　-ihv　/mnt/cdrom/Server/dhcp-3.0.5-3.el5.i386.rpm

管理员也可以在 GNOME 环境下运行"添加/删除软件"程序，在"软件包管理器"界面，选择"列表"，找到"dhcp-3.0.5-3.el5.i386"项并选中前面的复选框，点击右下角的"应用"按钮即可。

安装完成后，系统中与 DHCP 服务器相关的文件主要有三个：

文件选项	文件名	说明
程序主文件	/user/sbin/dhcpd	DHCP 服务器主程序
配置文件	/etc/dhcpd.conf	DHCP 服务器的主配置文件
日志文件	/var/lib/dhcp/dhcpd.leases	DHCP 客户租约的数据库文件

10.2.2　程序的启动和关闭

DHCP 服务的启动与关闭可以使用启动脚本 /etc/init.d/dhcpd 操作，也可以使用 service

命令进行操作。

(1) 启动 DHCP 服务。

`# /etc/init.d/dhcpd start`

或者：

`# service dhcpd start`

如果 DHCP 服务配置正确，则显示：

启动 dhcpd   [确定]

表示服务已正常启动。

(2) 关闭 DHCP 服务。

`# /etc/init.d/dhcpd stop`

或者：

`# service dhcpd stop`

如果显示：

关闭 dhcpd   [确定]

则表示服务已正常关闭。

(3) 重启动 DHCP 服务。

`# /etc/init.d/dhcpd restart`

或者：

`# service dhcpd restart`

如果显示：

关闭 dhcpd   [确定]
启动 dhcpd   [确定]

则表示服务重启动正常。

注意：对 Linux 下的服务进行配置时，如果更改了配置文件，一定要重启服务，让服务重新加载配置文件，这样新的配置才可以生效

(4) 直接使用程序主文件 /user/sbin/dhcpd 操作 DHCP 服务。

`# /usr/sbin/dhcpd -p portnum`

指定 dhcpd 应该监听的 udp 端口号码 *portnum*（默认为 67 端口）。

`# /usr/sbin/dhcpd -cf filename`

以指定的配置文件 *filename* 启动 DHCP 服务。默认位置是 /etc/dhcpd.conf。

`# /usr/sbin/dhcpd ethn`

指定在网络接口 *ethn* 上提供 DHCP 服务。

也可以使用如下命令检查 DHCP 服务是否在运行：

`# ps aux | grep dhcp`

如果能看到结果中包含"/usr/sbin/dhcpd"，则表示服务器运行正常。

(5) 可使用 chkconfig 命令使 Linux 启动时自动加载 DHCP 服务。

Linux 运行级别 3 自动加载 DHCP 服务：

`# chkconfig --level 3 dhcpd on`

Linux 运行级别 3 不自动加载 DHCP 服务：

```
# chkconfig --level 3 dhcpd off
```

10-3 DHCP服务器配置基础

10.3.1 配置文件

/etc/dhcpd.conf 是 DHCP 服务的配置文件，在 Redhat Enterpeise Linux 5 中系统自带的 DHCP 服务器安装完毕后，dhcpd.conf 是一个空文件，需要手工添加配置语句。系统提供了配置文件样例可供参考，样例文件为//usr/share/doc/dhcp-3.0.5/dhcpd.conf.sample。配置文件通常由三种类型的语句组成：参数、声明和选项。

1. 声明类语句

声明语句的作用是描述网络服务器所在网络的拓扑结构，用来表明网络上的客户，可以提供给客户的 IP 地址列表，提供参数组给一组声明等。主要声明为：

（1）subnet

格式：

```
subnet subnet-number netmask netmask {
  [参数]
  [声明] }
```

作用：定义作用域，指定一个子网的信息。*subnet-number* 可以是子网号或能被解析到这个子网的子网号的域名。注意，在一个配置文件中，必须使 DHCP 服务器提供服务的网络接口，IP 地址属于一个作用域的子网。

（2）shared-network

格式：

```
shared-network name {
  [参数]
  [声明]   }
```

作用：定义超级作用域，所有共享同一物理网络的子网应该在 shared-network 声明之内声明。name 是管理员指定的超级作用域的名称。

（3）range

格式：

```
range [dynamic-bootp] low-address [high-address];
```

作用：用来指明作用域内可以动态分配的 IP 地址的列表。dynamic-bootp 是可选项，用来同时提供对 BOOTP 协议的支持；*low-address* 和 *high-address* 分别指定可分配 IP 地址段的低位地址和高位地址，如果只指定一个要分配的 IP 地址，高地址部分可以省略。

（4）host

格式：

```
host hostname {
  [参数]
  [声明]   }
```

作用：为特定的客户机 *hostname* 提供网络信息。例如为某主机设置保留地址。

（5）group

格式：

```
group {
parameters/option...
declarations1 { ... }
declarations2 { ... }
... }
```

作用：为可以用来把全局参数应用到一组声明中。"*parameters/option*" 是同时作用于声明 *declarations*1 和 *declarations*2 的配置。

注意：如果参数、选项类配置语句在一个声明内部，则这些参数仅对该声明有效；如果在声明外部，则参数对整个 DHCP 服务生效（相当于全局参数或全局选项）；如果声明的外部和内部都有同一参数或选项的不同配置，则对该声明来说，以声明内部的配置为准。

2. 参数类语句

参数类语句的作用是设置 DHCP 服务的参数，如租约的时间、特定主机的地址信息等。主要的配置参数如下。

（1）ddns-update-style

格式：ddns-update-style　none | interim | ad-hoc

作用：定义所支持的 DNS 动态更新类型。其中，none 表示不支持动态更新；interim 表示 DNS 互动更新模式；ad-hoc 表示特殊 DNS 更新模式。

注意：该选项必须在配置文件中设置，并且要放在第一行。

（2）default-lease-time

格式：default-lease-time　*number*；

作用：设置缺省租约时间，单位是秒。

实例：default-lease-time 21600；

（3）max-lease-time

格式：max -lease-time　*number*；

作用：设置最大租约时间，单位是秒。

实例：max-lease-time 43200；

（4）hardware

格式：hardware　*type*　*MAC-address*；

作用：只能在 host 声明中出现，用于指明主机的物理硬件接口类型（如：ethernet）和硬件地址。硬件地址由 6 个 8 位组构成，每个 8 位组以 "：" 隔开。

实例：hardware　ethernet　12：34：56：78：AB：CD；

（5）fixed-address

格式：fixed-address　*ip-address* [, *address* ...]；

作用：只能在 host 声明里出现，用于指定一个或多个 IP 地址给一个 DHCP 客户机。

（6）server-name

格式：server-name　"*hostname*"；

作用：向 DHCP 客户器提供 DHCP 服务器名称。

3. 选项类语句

DHCP 配置文件中的选项是用来配置 DHCP 可选参数，选项类语句全部用 option 关键字作为开始，常见的选型类语句如下。

（1）subnet-mask

格式：option subnet-mask *netmask*；

作用：为客户端设定子网掩码。

（2）domain-name

格式：option domain-name "*domain-name*"；

作用：为客户端指明所在子网的域名。

（3）domain-name-servers

格式：option domain-name-servers *ip-address* [，*ip-address*...]；

作用：为客户端指明可用的 DNS 服务器 IP 地址。如同时指定多个 IP 地址，则用逗号隔开。

（4）host-name

格式：option host-name *hostname*；

作用：只能在 host 声明中出现，指定特定客户机的主机名。

（5）routers

格式：option routers *ip-address*；

作用：为客户端设定默认网关的 IP 地址。

（6）broadcast-address

格式：option broadcast-address *ip-address*；

作用：为客户机设定当前子网的广播地址。

（7）ntp-server

格式：option ntp-servers *ip-address*；

作用：为客户端设定网络时间服务器的 IP 地址。

（8）nis-domain

格式：option nis-domain "*domain-name*"；

作用：为 DHCP 客户机设置 NIS 域。

10.3.2 租约文件

DHCP 服务器还需要一个名为 dhcpd.leases 的租约文件，默认位于/var/lib/dhcp/目录中。保存所有已经分发出去的 IP 地址，每次一个租约被获取、更新或释放，它的新值就被记录到文件的的末尾。如果不是通过 RPM 安装 DHCP，那么应该试着确定 dhcpd 将其 lease 文件写到何处，并确保该文件存在。也可以手工建立一个空文件：

#touch /var/lib/dhcp/dhcpd.leases

dhcpd.leases 的文件格式为：

Leases IP-address {statement}

每个记录包含一个提供给客户机的 IP 地址，在括号里的语句包含一些租约信息。

一个典型的文件内容如下。

```
lease 192.168.1.254 {                            #DHCP 服务器分配的 IP 地址
    starts  6  2009/09/26 22:25:31;             # lease 开始租约时间
    ends    0  2009/09/27 04:25:31;             # lease 结束租约时间
    binding state active;
    next binding state free;
    hardware ethernet 00:13:d3:b5:6a:60;        #客户机网卡 MAC 地址
    uid "\001\000\023\323\265j";                #用来验证客户机的 UID 标示
    client-hostname "yzh";                      #客户机名称
}
```

10-4 DHCP 服务器配置实例

DHCP 服务需求：
子网 IP 地址段：192.168.1.0
子网掩码：255.255.255.0
默认网关：192.168.1.1
子网所属域的域名：test.com
可用 DNS 服务器：192.168.1.2
客户端可以使用的地址段：192.168.1.100~200
默认租约时间 21600 秒；最大租约时间 43200 秒
为主机"00:13:d3:b5:6a:60"分配固定 IP：192.168.1.254
dhcpd.conf 配置文件如下。

```
ddns-update-style interim;
subnet 192.168.1.0 netmask 255.255.255.0 {
        option routers                    192.168.1.1;
        option subnet-mask                255.255.255.0;
        option domain-name                "test.com";
        option domain-name-servers        192.168.1.2;
        range dynamic-bootp 192.168.1.100 192.168.1.200;
        default-lease-time 21600;
        max-lease-time 43200;
        host host1 {
                hardware ethernet 00:13:d3:b5:6a:60;
                fixed-address 192.168.1.254;
        }
}
```

配置完毕后重新启动 DHCP 服务即可。

10 – 5　DHCP 客户机配置

10.5.1　Linux 客户机配置

Linux 客户机需要修改网络接口的配置脚本，例如将网络接口 eth0 设置为使用 DHCP 服务获得 IP 地址，则需要编辑该接口的配置文件"/etc/sysconfig/network-scripts/ifcfg-eth0"，只需要设置 BOOTPROTO 项为：

　　BOOTPROTO = dhcp

然后重新启动网卡：

　　#/etc/init.d/network　restart

最后可以使用 ifconfig 命令测试客户机是否正常获得 IP。

10.5.2　Windows 客户机配置

以 Windows XP 客户机为例，只需要进入希望通过 DHCP 服务获取 IP 地址的网络接口的配置界面，选择"Internet 协议（TCP/IP）"的"属性"（图 10 – 1）：

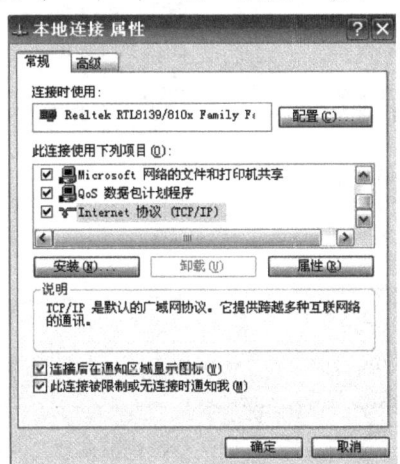

图 10 – 1　选择"Internet 协议（TCP/IP）"的属性

在"属性"界面中选中需要通过 DHCP 服务获得参数的项目，例如（图 10 – 2）：

设置完毕后回到该网络接口的"状态"选项卡，可以查看是否已获得 IP 地址（图 10 – 3）。

如果还希望查看进一步的信息，可以点击"详细信息"按钮，看到如下界面，了解更多的信息（图 10 – 4）：

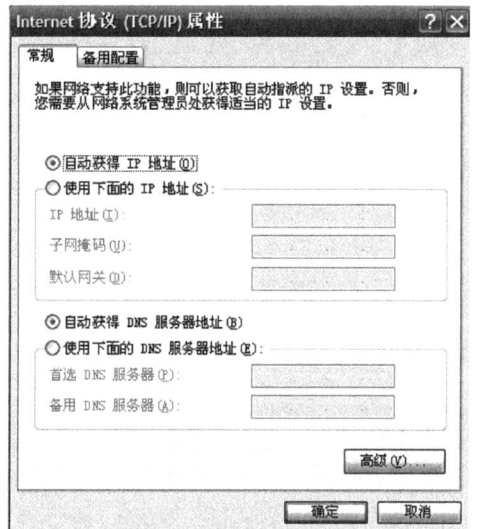 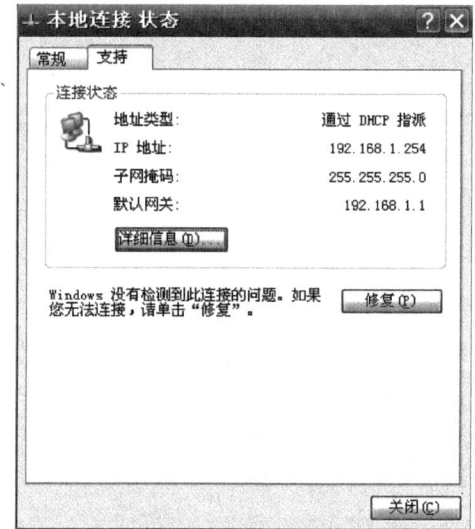

图 10-2　TCP/IP 属性设置　　　　　图 10-3　获得 IP 地址信息

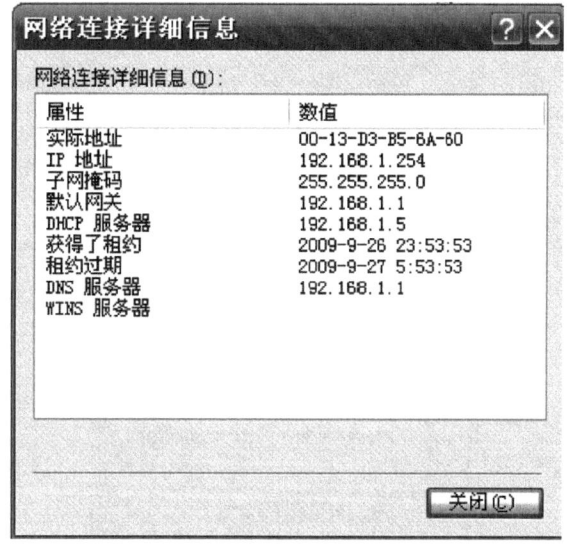

图 10-4　网络参数详细信息

第十一章 Samba 服务器

为了实现 Windows 和 Linux 以及其他操作系统之间的资源共享，软件商推出 nfs 和 samba 两种解决方式。其中，Samba 服务用于解决 Linux 和 Windows 系统间资源共享的问题，它以其简洁、实用、灵活配置的特点受到越来越多人们的广泛关注。

本章要点

◎ Samba 服务简介
◎ 安装 Samba 服务器
◎ Samba 服务器配置基础
◎ Samba 服务器配置实例
◎ Samba 客户端配置

11-1 Samba 服务简介

11.1.1 Samba 服务概述

Windows 利用"Microsoft 网络的文件和打印机共享"服务来实现操作系统间文件和打印机共享,而 Samba 服务本身具备 SMB 协议,它实现局域网内 Linux 和 Windows 系列计算机的资源共享。

SMB(Server Message Block,服务信息块)协议,是局域网上的共享文件/打印机的一种协议,它可以为网络内部的 Windows 和 Linux 机器提供文件和打印机的共享服务。SMB 的工作原理是让 NetBIOS 和 SMB 运行在 TCP/IP 之上,且使用 NetBIOS 的 nameserver 让 Linux 机器可以在 Windows 网络邻居里被浏览。

Samba 是用来实现 SMB 的一种软件,由澳大利亚 Andew Tridgell 先生开发,是一种在 Linux 环境里运行的自由软件。它可以完成如下功能。

(1)文件服务和打印服务,实现 Windows 和 Linux 的资源共享。
(2)登录服务器,可以作为局域网的服务器。
(3)作为主域控制器。
(4)WINS 服务器。
(5)支持 SSL。
(6)支持 SWAT。

11.1.2 Samba 工作原理

Samba 服务功能强大,这与其通信基于 SMB 协议有关。SMB 不仅提供目录和打印机共享,还支持认证、权限设置。在早期,SMB 运行于 NBT 协议(NetBIOS over TCP/IP)上,使用 UDP 协议的 137、138 及 TCP 协议的 139 端口,后期 SMB 经过开发,可以直接运行于 TCP/IP 协议上,没有额外的 NBT 层,使用 TCP 协议的 445 端口。

当客户端访问服务器时,信息通过 SMB 协议进行传输,其工作过程可以分成 4 个步骤。
步骤 1:协议协商。
客户端在访问 Samba 服务器时,发送 negprot 指令数据包,告知目标计算机其支持的 SMB 类型。Samba 服务器根据客户端的情况,选择最优的 SMB 类型,并做出回应。
步骤 2:建立连接。
当 SMB 类型确认后,客户端会发送 session setup 指令数据包,提交账号和密码,请求与 Samba 服务器建立连接,如果客户端通过身份验证,Samba 服务器会对 session setup 报文作出回应,并为用户分配唯一的 UID,在客户端与其通信时使用。
步骤 3:访问共享资源。
客户端访问 Samba 共享资源时,发送 tree connect 指令数据包,通知服务器需要访问的共享资源名,如果设置允许,Samba 服务器会为每个客户端与共享资源连接分配 TID,客户端即可访问需要的共享资源。

步骤 4：断开连接。

共享使用完毕，客户端向服务器发送 tree disconnect 报文关闭共享，与服务器断开连接。

11 – 2 安装 Samba 服务器

11.2.1 服务器程序安装

在 RHEL Server 5 的安装光盘中提供的与 Samba 服务相关的软件包为：

（1） samba-3.0.25b-0.el5.4.i386.rpm。

Samba 服务端软件。

（2） samba-client-3.0.25b-0.el5.4.i386.rpm。

Samba 的客户端工具，是连接服务器和连接网上邻居的客户端工具，并包含测试工具。

（3） samba-common-3.0.25b-0.el5.4.i386.rpm。

包括 Samba 服务器和客户端均需要的文件。

（4） samba-swat-3.0.25b-0.el5.4.i386.rpm。

Samba 图形化管理工具软件包，可以通过 Web 方式，使用浏览器来对 Samba 服务器进行图形化管理。

判断系统是否已安装 Samba 服务器可以使用命令：

 # rpm -qa | grep samba

查看输出结果是否包含所需的软件包。

11.2.2 程序的启动和关闭

Samba 服务的启动与关闭可以使用启动脚本 /etc/init.d/smb 操作，也可以使用 service 命令进行操作，并通过输出提示查看操作是否成功。

1. 启动 Samba 服务

 # /etc/init.d/smb   start

或者：

 # service   smb   start

2. 关闭 Samba 服务

 # /etc/init.d/smb   stop

或者：

 # service   smb   stop

3. 重启动 Samba 服务

 # /etc/init.d/smb   restart

或者：

 # service   smb   restart

4. 可使用 chkconfig 命令使 Linux 启动时自动加载 Samba 服务

Linux 系统在运行级别 3 自动加载 Samba 服务：

```
# chkconfig  --level 3  smb  on
```
Linux 系统在运行级别 3 不自动加载 Samba 服务：
```
# chkconfig  --level 3  smb  off
```
系统系统启动后，可以使用如下命令检查 Samba 服务是否在运行：
```
# ps  aux | grep  smb
```
如果能看到类似下图所示，结果中有包含"smbd"，则表示服务器运行正常：

```
[root@serv01 ~]# ps aux |grep smb
root      3652  0.0  0.2  15488  2300 ?     Ss  04:50  0:00 smbd -D
root      3657  0.0  0.1  15488  1152 ?     S   04:50  0:00 smbd -D
root      3659  0.0  0.0   5016   696 pts/1 R+  04:50  0:00 grep smb
```

11-3 Samba 服务器配置基础

11.3.1 主配置文件 smb.conf

Samba 的配置文件默认存放在 /etc/samba 目录中，主配置文件名为 smb.conf，记录着大量的共享信息和规则。Samba 服务在启动时会读取 smb.conf 文件中的内容，以决定如何启动、提供服务以及相应的权限设置、共享目录、打印机和机器所属的工作组等各项细致的选项。该文件是 samba 服务非常重要的核心配置文件，几乎绝大部分的配置文件都在该文件中进行。配置语句通用语法格式为：

设置选项 = 设定值

在 smb.conf 这个配置文档中本身就含有非常丰富的说明，这些说明性文字的各行以"#"开头，称为注释，本身并不直接参与服务器的设置。

根据配置选项功能的不同，smb.conf 大致分为两个部分的配置：全局配置和共享设置。

11.3.2 全局配置（Global Settings）

全局配置部分定义的参数用于定义整个 Samba 服务器的总体特性。全局设置部分以 [global] 开始，其中的设置项目对所有共享资源生效。全局设置中常用的设置选项有：

1. 设置工作组或域名称

工作组是网络中地位平等的一组计算机，可以通过设置 workgroup 字段来对 Samba 服务器所在工作组或域名进行设置。默认设置的工作组名为"MYGROUP"：

workgroup = MYGROUP

2. 服务器描述

服务器描述实际上类似于备注信息，在一个工作组中，可能存在多台服务器，为了方便用户浏览，可以在 server string 配置相应描述信息，这样用户就可以通过描述信息知道自己要登录哪台服务器。默认设置的 samba 描述信息为"Samba Server"：

server string = Samba Server

3. 设置 Samba 服务器安全模式

Samba 服务器有 share、user、server、domain 和 ads 五种安全模式，用来适应不同的企业服务器需求。默认设置的安全模式为"user"：

security = user

（1）share 安全级别模式。客户端登录 Samba 服务器，不需要输入用户名和密码就可以浏览 Samba 服务器的资源，适用于公共的共享资源，安全性差，需要配合其他权限设置，保证 Samba 服务器的安全性。

（2）user 安全级别模式。客户端登录 Samba 服务器，需要提交合法账号和密码，经过服务器验证才可以访问共享资源，服务器默认为此级别模式。

（3）server 安全级别模式。客户端需要将用户名和密码，提交到指定的一台 Samba 服务器上进行验证，如果验证出现错误，客户端会用 user 级别访问。

（4）domain 安全级别模式。如果 Samba 服务器加入 Windows 域环境中，验证工作将由 Windows 域控制器负责，domain 级别的 Samba 服务器只是成为域的成员客户端，并不具备服务器的特性，Samba 早期的版本就是使用此级别登录 Windows 域。

（5）ads 安全级别模式。当 Samba 服务器使用 ads 安全级别加入到 Windows 域环境中，其就具备了 domain 安全级别模式中所有的功能并可以具备域控制器的功能。

4. 其他可用全局配置选项实例（表 11-1）

表 11-1 全局配置选项及其功能

全局配置选项实例	功能说明
hosts allow = 192.168.1.	设置可以访问 Samba 服务器的主机、子网或域
printcap name = /etc/printcap	设置加载的打印服务配置文件
load printers = yes	设置是否允许加载打印配置文件中的所有打印机
printing = cups	定义打印系统
guest account = pcguest	设置默认的匿名账号
log file = /var/log/samba/%m.log	指定日志文件的存放位置
max log size = 50	指定日志文件的最大存储容量
password server = < NT-Server-Name >	设置提供身份验证的服务器
encryptpasswords = yes	设置身份验证中传输的密码是否加密
smb passwd file = /etc/samba/smbpasswd	设置提供用户身份验证的密码文件
username map = /etc/samba/smbusers	指定用户映射文件
interfaces = 192.168.1.2/24	指定 Samba 服务器使用的网络接口
local master = no	设置是否允许 nmbd 守护进程成为局域网中的主浏览器
os level = 33	设置 Samba 服务器参加主浏览器选举的优先级
domain master = yes	将 Samba 服务器定义为域的主浏览器
domain logons = yes	如果想使 Samba 服务器成为 Windows 95 等工作站的登录服务器，使用此选项

(续表)

全局配置选项实例	功能说明
wins support = yes	设置是否使 Samba 服务器成为网络中的 WINS 服务器
wins proxy = yes	设置 Samba 服务器是否成为 WINS 代理
dns proxy = no	设置 Samba 服务器是否通过 DNS 的 nslookup 解析主机的 NetBIOS

11.3.3 共享设置（Share Definitions）

共享设置的设置对象为共享目录或打印机，如果我们想发布共享资源，需要对共享设置部分进行配置。共享设置的选项非常丰富，设置灵活，其结构如下所示：

    [homes]
    comment = Home Directories
    browseable = no
    writable = yes

共享设置中的常见设置选项有：

（1）设置共享名。共享资源发布后，必须为每个共享目录或打印机设置不同的共享名，给网络用户访问时使用，并且共享名可以与原目录名不同。共享名设置方法：

    [共享名]

注意：[homes] 为特殊共享目录，用于表示每个用户的主目录；[printers] 表示共享打印机。

（2）共享资源描述。网络中存在各种共享资源，为了方便用户识别，可以为其添加备注信息，以方便用户查看时知道共享资源的内容是什么。格式：

    comment = 备注信息

（3）共享路径。共享资源的原始完整路径，可以使用 path 字段进行发布，必须正确指定。设置格式：

    path = 绝对地址路径

（4）设置匿名访问。设置共享资源是否允许匿名用户访问。格式：

    public = *yes* | *no*

当值为"yes"时允许匿名访问，值为"no"禁止匿名访问。

（5）设置访问用户。如果共享资源存在重要数据的话，需要对访问用户审核，可以使用 valid users 字段进行设置。格式：

    valid users = 用户名
    valid users = @组名

（6）设置共享资源的浏览权限。可以指定共享目录是否可被用户可见。格式：

    browseable = *yes* | *no*

当值为"yes"时设置为可浏览，值为"no"不允许所有可见，默认为"yes"。

（7）设置目录只读。共享目录如果限制用户的读写操作，我们可以通过 readonly 实现。格式：

readonly = yes | no

当值为"yes"时设置为只读,值为"no"允许读写。

(8) 设置目录可写。如果共享目录允许用户写操作,可以使用 writable 或 write list 两个字段进行设置。

writable 格式:

writable = yes | no

当值为"yes"时用户可写,值为"no"时用户不可写。

(9) 设置可写用户列表。指定可对共享目录可写的用户列表,格式:

write list = 用户名

write list = @ 组名

11.3.4 Samba 服务日志文件

日志文件对于 samba 非常重要,它存储着客户端访问 Samba 服务器的信息,以及 Samba 服务的错误提示信息等,可以通过分析日志,帮助解决客户端访问和服务器维护等问题。

在/etc/samba/smb.conf 文件中,log file 为设置 samba 日志的字段。默认设置为:

log file = /var/log/samba/%m.log

Samba 服务的日志文件存放在/var/log/samba/中,以上路径中的%m 是一个变量表示客户机的主机名,表示 Samba 会为每个连接到服务器的计算机分别建立以客户机主机名命名的日志文件。

当 Samba 服务器刚刚建立好后,只有两个文件,分别是 nmbd.log 和 smbd.log,它们分别记录 nmbd 和 smbd 进程的运行日志。nmbd.log 记录 nmbd 进程的解析信息;smbd.log 记录用户访问 Samba 服务器的问题,以及服务器本身的错误信息,可以通过该文件获得大部分的 Samba 维护信息。

当客户端通过网络访问 Samba 服务器后,会自动添加客户端的相关日志。

11.3.5 Samba 定义的宏

samba 的配置文件 smb.conf 里面可以使用 samba 预先定义的宏,便于更精确的进行服务的设置。宏用百分号后面跟一个字符表示,在服务运行时,宏会被实际参数代替。常用的宏有:

%S = 当前服务名

%P = 当前服务的根目录

%u = 当前服务的用户名

%g = 当前用户说在的主工作组

%U = 当前对话的用户名

%G = 当前对话的用户的主工作组

%H = 当前服务的用户的 Home 目录

%v = Samba 服务的版本号

%h = 运行 Samba 服务机器的主机名

%m = 客户机的 NETBIOS 名称

%L = 服务器的 NETBIOS 名称

%M = 客户机的主机名
%N = NIS 服务器名
%p = NIS 服务的 Home 目录
%d = 当前服务进程的 ID
%I = 客户机的 IP
%T = 当前日期和时间

11.3.6 Samba 服务密码文件

Samba 服务器发布共享资源后，客户端访问 Samba 服务器，需要提交用户名和密码进行身份验证，验证合格后才可以登录。Samba 服务为了实现客户身份验证功能，将用户名和密码信息存放在/etc/samba/smbpasswd 中，在客户端访问时，将用户提交资料与 smbpasswd 文件中存放的信息进行比对，如果相同，并且 Samba 服务器其他安全设置允许，客户端与 Samba 服务器连接才能建立成功。

Samba 账号并不能直接建立，需要先建立 Linux 同名的系统账号。比如如果要建立一个名为 zhangsan 的 Samba 账号，那 Linux 系统中必须提前存在一个同名的 zhangsan 系统账号。

Samba 中添加账号命令为 smbpasswd，命令常用的格式：

（1）添加 Samba 用户账号。
```
# smbpasswd -a 用户名
```
（2）禁用 Samba 用户账号。
```
# smbpasswd -d 用户名
```
（3）启用 Samba 用户账号。
```
# smbpasswd -e 用户名
```
（4）删除 Samba 用户账号。
```
# smbpasswd -x 用户名
```

11-4 Samba 服务器配置实例

11.4.1 share 安全级别服务器实例

需求：如果现在用一个工作组 Workgroup 需要添加 Samba 服务器作为文件服务器，并发布共享目录/share，共享名为 public，这个共享目录允许所有用户访问。配置步骤：

1. 修改 Samba 主配置文件 smb.conf

（1）设置 Samba 服务器工作组名为"Workgroup"。
```
workgroup = Workgroup
```
（2）添加 Samba 服务器注释信息为"File Server"。
```
server string = File Server
```
（3）设置 Samba 安全级别为 share 模式，允许用户匿名访问。
```
security = share
```

（4）设置共享目录的共享名为"public"，共享目录的绝对路径为"/share"，设置允许匿名访问。

```
[public]
comment = public
path = /share
public = yes
```

2. 重新启动 Samba 服务

```
# /etc/init.d/smb    restart
```

11.4.2 user 安全级别服务器实例

如果在 Samba 服务器上存在重要文件的目录，为了保证系统安全性及资料保密性，必须对用户进行筛选，允许或禁止相应的用户访问指定目录，这里 share 安全级别模式就不能满足要求。实现用户身份验证的方法很多，可以将安全级别模式配置为 user、server、domain 和 ads，但是最常用的还是 user 安全级别模式。

例如当前校园网络中的用户分为多个部门，因工作需要，会分门别类的建立相应部门的资料目录，这里需要将财务处的资料存放在 Samba 服务器的/data/finance/目录下，集中管理，以便财务处职工浏览，并且该目录只允许财务处内部人员访问。

在/data/finance/目录中存放有财务处的重要数据，为了保证其他部门无法查看其内容，需要将全局配置中 security 设置为 user 安全级别，这样就启用了 Samba 服务器的身份验证机制，然后在共享目录/data/finance/下设置 valid users 字段，配置只允许财务处的用户能够访问这个共享目录。

1. 在 Linux 系统中添加财务处用户和组，并添加相应 Samba 账号

使用 groupadd 命令添加 finance 组，然后执行 useradd 命令和 passwd 命令添加财务处职工的账号及密码。完成后，再使用 smbpasswd 命令添加相应 Samba 账号。

2. 修改 samba 主配置文件 smb.conf

（1）设置 user 安全级别模式。

```
security = user
```

（2）设置财务处共享目录 finance，共享目录绝对路径为/data/finance，可以访问的用户为 finance 组成员。

```
[finance]
comment = finance data
path = /data/finance
valid users = @finance
```

3. 重新启动 Samba 服务

11-5 Samba 客户端配置

11.5.1 Linux 客户端访问 Samba 共享

Linux 客户端访问服务器主要有两种方法。

1. 使用 smbclient 命令

在 Linux 中，Samba 客户端使用 smbclint 这个程序来访问 Samba 服务器时，先要确保客户端已经安装了 samba-client 软件包。smbclient 可以列出目标主机共享目录列表，命令格式：

　　# smbclient -L　目标 *IP* 地址或主机名　-U　登录用户名%密码

其中-U 选项用于查看 Samba 服务器端共享了哪些目录。

2. 使用 mount 命令挂载共享目录

mount 命令挂载共享目录格式：

　　# mount -t cifs //目标地址/共享目录　挂载点　-o username＝用户名

11.5.2 Windows 客户端访问 Samba 共享

可以在开始运行中使用 UNC 路径，直接进行访问，也可以到网上邻居里面查找，或是直接在资源管理器或 IE 的地址栏里输入 UNC 路径。

1. 在开始菜单、"运行"中使用 UNC 路径直接进行访问（图 11-1，图 11-2）

图 11-1　在"开始"菜单，"运行"选项里经 UNC 路径直接访问

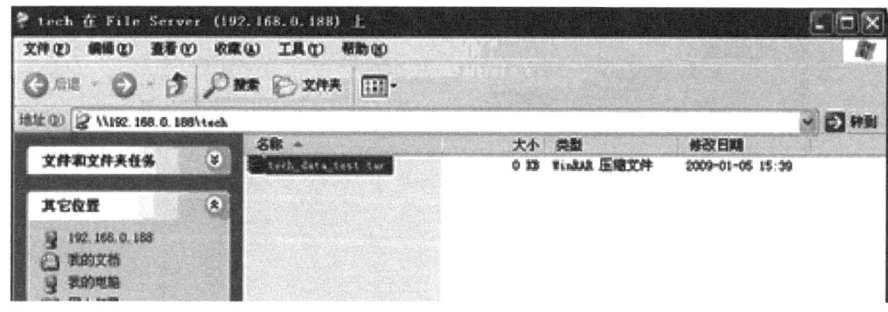

图 11-2　在浏览器地址栏里使用 UNC 路径直接访问

2. 映射网络驱动器访问 Samba 服务器共享目录（图 11-3）

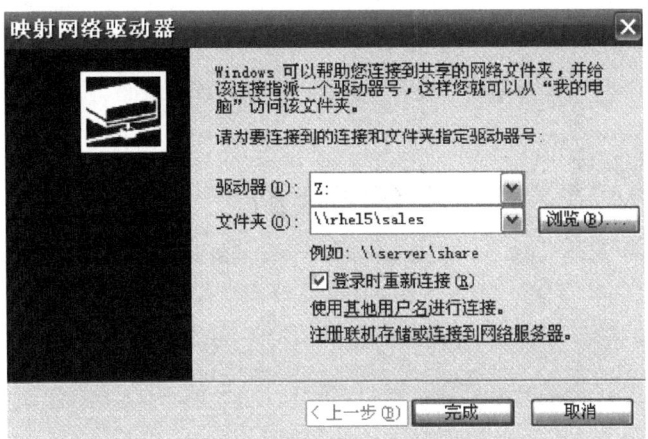

图 11-3 经映射网络驱动器访问

映射成功后如图 11-4 所示：

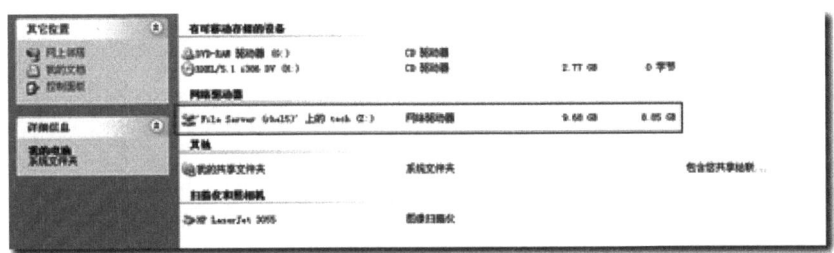

图 11-4 映射成功后在"我的电脑"里显示共享目录

在访问时输入可以访问共享目录的 Samba 账号和密码即可。

第十二章 DNS 服务器

DNS（Domain Name System）域名服务，在 TCP/IP 网络中有非常重要的地位，主要实现域名与 IP 地址之间的转换功能。

——— 本章要点 ———

◎ DNS 服务简介
◎ 安装 DNS 服务器
◎ DNS 服务器配置基础
◎ DNS 客户机配置及测试

12-1 DNS 服务简介

12.1.1 域名空间

DNS 是一个分布式数据库，命名系统采用层次的逻辑结构，如同一棵倒置的树，这个逻辑的树形结构称为域名空间，由于 DNS 划分了域名空间，所以各机构可以使用自己的域名空间创建 DNS 信息。

（1）域和域名。DNS 树的每个节点代表一个域，通过这些节点，对整个域名空间进行划分，成为一个层次结构。域名空间的每个域的名字，通过域名进行表示。域名通常由一个完全正式域名（FQDN）标识。FQDN 能准确表示出其相对于 DNS 域树根的位置，也就是节点到 DNS 树根的完整表述方式，从节点到树根采用反向书写，并将每个节点用"."分隔，对于 DNS 域 test 来说，其完全正式域名（FQDN）为 test.com。

一个 DNS 域可以包括主机和其他域（子域），每个机构都拥有名称空间的某一部分的授权，负责该部分名称空间的管理和划分，并用它来命名 DNS 域和计算机。例如，test 为 com 域的子域，其表示方法为 test.com，而 www 为 test 域中的一台主机，可以使用 www.test.com 表示。

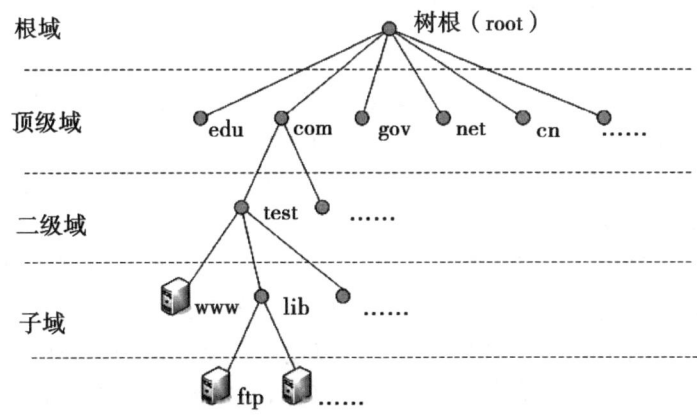

图 12-1 Internet 域名层次空间

（2）Internet 域名空间。Internet 域名空间结构为一棵倒置的树，并进行层次划分如图 12-1 所示。由树根到树枝，也就是从 DNS 根到下面的节点，按照不同的层次，进行了统一的命名。域名空间最顶层，DNS 根称为根域（root）。根域的下一层为顶级域，又称为一级域。其下层为二级域，再下层为二级域的子域，按照需要进行规划，可以为多级。所以对域名空间整体进行划分，由最顶层到下层，可以分成：根域、顶级域、二级域、子域。并且域中能够包含主机和子域。主机 www 的 FQDN 从最下层到最顶层根域进行反写，表示为 www.test.com。

Internet 域名空间的最顶层是根域（root），其记录着 Internet 的重要 DNS 信息，由 Internet 域名注册授权机构管理，该机构把域名空间各部分的管理责任分配给连接到 Internet 的各个组织。

DNS 根域下面是顶级域，也由 Internet 域名注册授权机构管理。共有 3 种类型的顶级域：

组织域：采用 3 个字符的代号，表示 DNS 域中所包含的组织的主要功能或活动。比如 com 为商业机构组织，edu 为教育机构组织，gov 为政府机构组织，mil 为军事机构组织，net 为网络机构组织，org 为非营利机构组织，int 为国际机构组织。

地址域：采用两个字符的国家或地区代号。如 cn 为中国，kr 为韩国，us 为美国。

反向域：这是个特殊域，名字为 in-addr.arpa，用于将 IP 地址映射到名字（反向查询）。

对于顶级域的下级域，Internet 域名注册授权机构授权给 Internet 的各种组织。当一个组织获得了对域名空间某一部分的授权后，该组织就负责命名所分配的域及其子域，包括域中的计算机和其他设备，并管理分配的域中主机名与 IP 地址的映射信息。

12.1.2 区域（Zone）

区域是 DNS 名称空间的一个连续部分，其包含了一组存储在 DNS 服务器上的资源记录。每个区域都位于一个特殊的域节点，但区域并不是域。DNS 域是名称空间的一个分支，而区域一般是存储在文件中的 DNS 名称空间的某一部分，可以包括多个域。一个区域可以再分成几部分，每个部分或区域可以由一台 DNS 服务器控制。使用区域的概念，DNS 服务器回答关于自己区域中主机的查询。

12.1.3 主域名服务器与辅助域名服务器

DNS 服务器可以不存储任何区域的信息，也可以存储一个或多个区域的信息。当 DNS 服务器接收到 DNS 查询时，它检索本地区域以定位所请求的信息。如果因为服务器不是所查询 DNS 域的授权服务器，从而没有所请求域的数据使检索失败，服务器就检查它的高速缓存，或是与其他 DNS 服务器通信以解析该请求，也可以把客户机的请求提交给另一个可能知道答案的 DNS 服务器。

DNS 服务器可以管理主区域和辅助区域。主区域的数据是本地更新的，在区域数据改变时，例如把该区域的某个部分授权给另一台 DNS 服务器，或在区域中添加资源记录，这些改动必须在该区域的主 DNS 服务器上进行，以便新信息能加进本地区。辅助区域的数据是从其他服务器上复制的。在辅助服务器上定义区域时，配置有主区域所在服务器的 IP 地址，辅助区域就从该服务器复制信息。

对每个区域，把它作为主区域进行管理的服务器，是该区域的主域名服务器；把该区域作为辅助区域进行管理的服务器是该区的辅助域名服务器。域名服务器可以配置成同时管理多个不同区域，并且对其中某些区域该域名服务器是主域名服务器，对另外一些区域是辅助域名服务器。

当区域的辅助域名服务器启动时，它与该区域的主域名服务器进行连接并启动一次区域数据传输，区域辅助域名服务器定期与区域主域名服务器通信，查看区域数据是否改变。如果改变，它就启动一次区域数据传输。

每个区域必须有主域名服务器，另外每个区域至少要有一台辅助名服务器，否则如果该区域的主域名服务器崩溃了，就无法解析该区域内的域名。

辅助服务器的优点：

1. 容错能力

配置辅助域名服务器后，在该区域主域名服务器崩溃的情况下，客户机仍能解析该区域的名称。一般把区域的主域名服务器和区域的辅助域名服务器安装在不同子网上，这样如果到一个子网的连接中断，DNS 客户机还能直接查询另一个子网上的域名服务器。

2. 减少广域链路的通信量

如果某个区域在远程有大量客户机，用户就可以在远程添加该区域的辅助域名服务器，并把远程的客户机配置成先查询这些服务器，这样就能防止远程客户机通过广域链路通信来进行 DNS 查询。

3. 减轻主域名服务器的负载

辅助域名服务器能回答该区域的查询，从而减少该区域主域名服务器必须回答的查询数。

12.1.4　DNS 服务的工作机制

（1）客户机提交域名解析请求，并将该请求发送给本地的域名服务器。

（2）当本地的域名服务器收到请求后，就先查询本地的缓存。如果有需查询的 DNS 信息记录，则直接返回查询的结果。如果没有该记录，本地域名服务器就把请求发给根域名服务器。

（3）根域名服务器再返回给本地域名服务器一个所查询域的顶级域名服务器的地址。

（4）本地服务器再向得到的顶级域名服务器发送请求。

（5）接收到该查询请求的顶级域名服务器查询其缓存和记录，如果有相关信息则返回查询结果，否则通知本地服务器下级域名服务器的地址。

（6）本地域名服务器将查询请求发送给返回的域名服务器。

（7）域名服务器如果包含查询的 DNS 信息，则返回查询结果给本地服务器（如果该域名服务器不包含查询的 DNS 信息，查询过程将重复（6）、（7）步骤，直到返回解析信息或解析失败的回应）。

（8）本地域名服务器将返回的结果保存到缓存，并且将结果返回给客户机。

12.1.5　常用概念

（1）DNS 服务器。运行 DNS 服务器程序的计算机，储存 DNS 数据库信息。DNS 服务器会尝试解析客户机的查询请求。在解答查询时，如果 DNS 服务器能提供所请求的信息，就直接回应解析结果；如果该 DNS 服务器没有相应的域名信息，则向其他的域名服务器进行查询后，将结果交给客户机。如果以上两种方法均失败，则回应客户机没有所请求的信息或请求的信息不存在。

（2）解析器。客户机负责向域名服务器提交解析请求的模块。

（3）DNS 缓存。DNS 服务器在解析客户机请求时，如果本地没有该 DNS 信息，则可以会询问其他 DNS 服务器，当其他域名服务器返回查询结果时，该 DNS 服务器会将结果记录在本地的缓存中，成为 DNS 缓存。当下一次客户机提交相同请求时，DNS 服务器能够直接使用缓存中的 DNS 信息进行解析。

（4）资源记录。DNS 服务器的信息数据，按照分类进行存储，能够解析客户端的 DNS 请求。

(5) 区域文件。包含区域资源记录的文件,在大部分 DNS 实现中,区域文件是文本文件。

(6) 正向解析。正向解析是指域名到 IP 地址的解析过程。

(7) 反向解析。反向解析是从 IP 地址到域名的解析过程。反向解析最主要的作用是用作主机身份验证。

12-2 安装 DNS 服务器

12.2.1 服务器程序安装

当前 Linux 下提供 DNS 服务的软件中,最成熟的是 BIND。BIND 全称为 Berkeley Internet Name Domain (伯克利因特网名称域系统)。BIND 主要有三个版本:BIND4、BIND8、BIND9。BIND8 融合了许多提高效率、稳定性和安全性的技术,而 BIND9 增加了一些超前的理念:IPv6 支持、公开密钥加密、多处理器支持、线程安全操作、增量区域传送等。

在 RHEL Server 5 的系统中提供的与 DNS 服务相关的软件包为:

(1) bind-9.3.3-7.el5.i386.rpm。DNS 服务主程序软件包。

(2) bind-utils-9.3.3-7.el5.i386.rpm。客户端工具,默认安装,用于搜索域名指令。

(3) caching-nameserver-9.3.3-7.el5.i386.rpm。实现缓存式 DNS 服务器的范例配置文件,可以在它的基础上配置其他类型 DNS 服务器,建议安装。

DNS 服务器需要安装 bind-9.3.3-7.el5.i386.rpm。可以使用以下命令判断系统是否已安装 DHCP 服务器:

`#rpm -qa | grep bind`

如果输出结果中能显示 DNS 的服务主程序版本 "bind-9.3.3-7.el5",则表示 DNS 服务已安装,否则需要从安装光盘或网络上下载软件包进行安装。

配置 Internet 域名服务器时需要使用多个文件,其中主要的文件如下表 12-1 所示。

表 12-1 服务器的主要文件名

文件作用	文件名	说 明
主程序文件	/usr/sbin/named	DNS 服务器主程序
主配置文件	/etc/named.conf	DNS 服务器的主配置文件
操作脚本	/etc/init.d/named	用来操作 DNS 服务的启动或关闭
正向区域文件	通过 named.conf 指定	用于实现域内主机从主机名到 IP 地址的解析
反向区域文件	通过 named.conf 指定	用于实现域内主机从 IP 地址到主机名的解析

12.2.2 程序的启动和关闭

1. 启动 DNS 服务

`# /etc/init.d/named start`

或者:

```
# service    named    start
```
2. 关闭 DNS 服务
```
# /etc/init.d/named    stop
```
或者：
```
# service    named    stop
```
3. 重启动 DNS 服务
```
# /etc/init.d/named    restart
```
或者：
```
# service    named    restart
```
可以使用如下命令检查 DNS 服务是否在运行：
```
# ps    aux | grep    named
```
如果能看到类似下图所示，结果中有包含"/usr/sbin/named"，则表示服务器运行正常：

```
[root@RHELSev ~]# ps aux|grep named
named      4164   0.1  1.0  36688  2792 ?        Ssl  02:36   0:00 /usr/sbin/named
root       4187   0.0  0.2   4988   672 pts/0    R+   02:37   0:00 grep named
```

12-3　DNS 服务器配置基础

12.3.1　主配置文件 named.conf

named.conf 是 BIND 的核心配置文件，它包含了 BIND 的基本配置，但其并不包括区域数据。named.conf 文件定义了 DNS 服务器的工作目录所在位置，所有的区域数据文件都存放在该目录中，该文件还定义了 DNS 服务器能够管理哪些区域，如果 DNS 服务器可以管理某个区域，它将完成该区域内的域名解析工作。

如果没有安装 caching-nameserver-9.3.3-7.el5.i386.rpm 包，则 named.conf 默认不存在，需要手动建立。为了便于管理，通常把该文件建立在 BIND 主配置文件默认所在的/etc 目录下。

named.conf 配置文件分为两个部分：

1. 全局设置选项

options 语句定义全局设置选项，对整个 DNS 服务器生效。在一个 named.conf 文件中只能有一个 options 语句，其基本格式为：

```
options {
    配置子句；
    ……};
```

在 options 语句中常用的配置子句有：

（1）directory　"*dir*"：

用于定义服务器的工作目录，该目录存放区域数据文件，默认是在/var/named/。配置文件中所有相对路径的路径名都基于此目录。

（2）forwarders "*ip-address*"：

定义将域名查询请求转发给其他 DNS 服务器。

2．区域设置选项

zone 语句定义区域设置选项，用于说明服务器所负责解析的某个区域的基本信息。一个 named.conf 文件中可以有多个 zone 语句，基本格式为：

zone "*domain-name*" {
　type 子句；
　file 子句；
　…… }；

每个 zone 语句至少要包括三个信息：

（1）"domain-name" 中指定该区域的域名。

（2）type 子句指定对该区域来说 DNS 服务器的类型，该语句对于区域的管理至关重要。常见的有三种类型。

master：主域名服务器，拥有区域数据文件，并对此区域提供管理数据。

slave：辅助域名服务器，拥有主域名服务器的区域数据文件的副本，辅助域名服务器会从主域名服务器同步所有辅助区域的数据。

hint：线索区域，指定根域名服务器信息文件，当服务器启动时，使用根线索来查找根域名服务器，并找到最近的根域名服务器列表。

（3）file 子句指定该区域资源记录文件名称信息。

12.3.2　根服务器信息文件 named.ca

/var/named/named.ca 是一个非常重要的文件，该文件包含了 Internet 的根域名服务器名字和地址，DNS 服务器接到客户端主机的查询请求时，如果在缓存中找不到相应的数据，就会通过根域名服务器进行逐级查询。

由于 named.ca 文件经常会随着根域名服务器的变化而发生变化，因此建议最好从国际互联网络信息中心（InterNIC）的 FTP 服务器下载最新的版本，下载地址为 ftp：//ftp.rs.internic.net/domain/named.root。下载完后，应将该文件改名为 named.ca，并复制到"/var/named/"目录下。

12.3.3　区域资源记录文件

区域资源记录文件实际上就是 DNS 的数据库，而资源记录就是数据库中的数据。一台 DNS 服务器内可以有由多个区域资源记录文件，同一个区域资源记录文件也可以存储在多台 DNS 服务器上。

区域资源记录文件分为正向区域资源记录文件和反向区域资源记录文件，正向区域资源记录文件主要提供域名到 IP 地址的解析；反向区域资源记录文件主要提供 IP 地址到域名的解析。

12.3.4　资源记录

为了将域名解析为 IP 地址，服务器查询相应的区域资源记录文件。区域资源记录文件中包含组成相关 DNS 域资源信息的资源记录。例如，某些资源记录把域名映射成 IP 地址，另一些则把 IP 地址映射到域名。

某些资源记录不仅包括 DNS 域中服务器的信息，还可以用于定义域，即指定某些域名服务器授权了哪些域，这些资源记录就是 SOA 和 NS 资源记录。

（1）SOA 资源记录。每个区域资源记录文件的开始处都包含了一个起始授权记录（Start of Authority Record），简称 SOA 记录。SOA 定义了该区域的全局参数，进行整个区域的管理设置。一个区域资源记录文件只允许存在唯一的 SOA 记录。

SOA 资源记录语法格式：

当前区域名　记录类型　SOA　主域名服务器（FQDN）　管理员邮箱（
　　　　　　　　　　　　　　　　　　　　　　　　　　序列号
　　　　　　　　　　　　　　　　　　　　　　　　　　刷新间隔
　　　　　　　　　　　　　　　　　　　　　　　　　　重试间隔
　　　　　　　　　　　　　　　　　　　　　　　　　　过期间隔
　　　　　　　　　　　　　　　　　　　　　　　　　　最小（默认）TTL）

其中各字段的作用如下。

主域名服务器：该区域的主 DNS 服务器的 FQDN，可以@代替当前的域名。

管理员邮箱：管理该区域的负责人的电子邮件地址。在该电子邮件地址中使用英文句号"."代替电子邮件中的"@"符号。

序列号：该区域资源记录文件的修订版本号。每次区域中的资源记录改变时，这个数字便会增加，每次区域改变时增加这个值非常重要，它使区域资源记录文件在改动后可以在后续传输中复制到其他辅助域名服务器上。

刷新间隔：以秒计算的时间，辅助域名服务器请求与主域名服务器同步的等待时间。当刷新间隔到期时，辅助域名服务器请求主域名服务器的 SOA 记录副本，然后辅助域名服务器将主域名服务器的 SOA 记录的序列号与其本地 SOA 记录的序列号相比较，如果主域名服务器上的序列号数值大，则辅助域名服务器从主域名服务器请求区域资源记录数据传输。刷新间隔默认时间是 900 秒。

重试间隔：以秒计算时间，辅助域名服务器在请求区域资源记录数据传输失败后，再次请求区域资源记录数据传输的等待时间。通常这个时间短于刷新间隔，默认值为 600 秒。

过期间隔：以秒计算时间，当这个时间到期时，如果辅助域名服务器还无法与主域名服务器进行区域资源记录数据传输，则辅助域名服务器会把它的本地数据当作不可靠数据。默认值为 86 400 秒。

最小（默认）TTL：区域资源记录的默认生存时间（TTL）和缓存否定应答名称查询的最大间隔。默认值为 3 600 秒。

实例：

```
    @    IN   SOA   ds1.test.com.   root.ds1.test.com.    (
                                    1997022700 ; Serial
                                    28800      ; Refresh
                                    14400      ; Retry
                                    3600000    ; Expire
                                    86400  )   ; Minimum
```

(2) NS 资源记录。名称服务器（NS）资源记录表示该区域的授权服务器，它们表示 SOA 资源记录中指定的该区域的主域名服务器和辅助域名服务器，也表示了任何授权区域的域名服务器。每个区域至少包含一个 NS 记录。

语法格式：

区域名　IN　NS　完整主机名（FQDN）

实例：

 test.com　IN　NS　ds1.test.com.

(3) A 资源记录。A（地址）资源记录把 FQDN 映射到 IP 地址，因而解析器能查询 FQDN 对应的 IP 地址。A 资源记录是使用最为频繁的一种类型。

语法格式：

完整主机名（FQDN）　IN　A　IP 地址

实例：

 ds1.test.com.　IN　A　192.168.1.2

(4) PTR 资源记录。PTR（指针）资源记录把 IP 地址映射到 FQDN。

语法格式：

IP 地址的主机号　IN　PTR　主机名（FQDN）

实例：

 25　IN　PTR　www.test.com.

(5) CNAME 资源记录。CNAME（别名）资源记录创建特定 FQDN 的别名。该资源记录经常用于 A 资源记录中的主机需要重命名时，或者为多台主机（例如一组 WWW 服务器）提供相同的别名。既可以方便管理员维护，也能起到隐藏用户网络的实现细节的作用。

语法格式：

别名　IN　CNAME　主机名

实例：

 web.test.com.　IN　CNAME　www.test.com.

(6) MX 资源记录。MX（邮件交换）资源记录为 DNS 域名指定邮件交换服务器。邮件交换服务器是区域内处理或转发邮件的主机。处理邮件指把邮件投递到目的地或转交另一不同类型的邮件传送者。转发邮件指把邮件发送到最终目的服务器，用简单邮件传输协议 SMTP 把邮件发送给离最终目的地最近的邮件交换服务器，或使邮件经过一定时间的排队。

语法格式：

区域名　IN　MX　优先级（数字）　邮件服务器名称（FQDN）

实例：

 test.com.　IN　MX　10　mail.test.com.

12.3.5　DNS 主域名服务器配置实例

假设需要配置的 DNS 服务器需求如下。

(1) 负责的区域域名为 test.com，子网地址为 192.168.1.0。

(2) 主域名服务器域名为 ds1.test.com，IP 地址为 192.168.1.2。

(3) 域内主机：

a) www.test.com（别名：web）-192.168.1.25。
b) w2.test.com-192.168.1.26。
c) mail.test.com（邮件交换器）-192.168.1.27。

创建主配置文件/etc/named.conf 如下：

```
options    {
directory   "/var/named";};
zone    "."    {
type    hint;
file    "named.ca";};
zone    "test.com"    {
type    master;
file    "db.test.com";};
zone    "1.168.192.in-addr.arpa"    {
type    master;
file    "db.192.168.1";};
```

创建正向区域文件/var/named/db.test.com：

@	IN	SOA	ds1.test.com.	root.ds1.test.com. (
				1997022700; Serial
				28800; Refresh
				14400; Retry
				3600000; Expire
				86400); Minimum
		IN	NS	ds1.test.com.
ds1		IN	A	192.168.1.2
www		IN	A	192.168.1.25
w2.test.com.		IN	A	192.168.1.26
test.com.		IN	MX10	mail.test.com.
mail		IN	A	192.168.1.27
web		IN	CNAME	www

创建反向区域文件/var/named/db.192.168.1：

@	IN	SOA	ds1.test.com.	root.ds1.test.com. (
				1997022700; Serial
				28800; Refresh
				14400; Retry
				3600000; Expire
				86400); Minimum
		IN	NS	ds1.test.com.
2		IN	PTR	ds1.test.com.
25		IN	PTR	www.test.com.
27		IN	PTR	mail.test.com.

12.3.6 DNS 辅助域名服务器配置实例

建立辅助域名服务器的方法和主域名服务器基本相同，主要的区别在于 named.conf 里的 zone 类型，它的 type 为 slave。例如创建 test.com 的辅助域名服务器，在 /etc/named 中需要定义区域：

```
zone "test.com" in？{
    type    slave；
    file    "db.test.com"；
    masters {192.168.1.25；}；
```

可以看出，这个配置文件与主域名服务器的区别，type 用 salve 定义该服务器为辅域名服务器，然后指出主域名服务器的 ip。

辅助域名服务器的区域资源记录文件不用手动建立，它自己会从主域名服务器传过来。这样一个可以工作的辅助域名服务器就建好了，如果这是一个新建的辅助域名服务器，那么在启动服务后，/var/named 下自动生成区域资源记录文件。

另外，需要在主域名服务器的资源记录文件里也指定本机为该域的 DNS 服务。

12-4 DNS 客户机配置及测试

12.4.1 Windows 客户机设置

在网络接口的"属性"界面中，选择"Internet 协议（TCP/IP）"的"属性"，设置其中的"使用下面的 DNS 服务器地址"，填入准备使用的 DNS 服务器 IP 即可，如图 12-2 所示：

12.4.2 Linux 客户机设置

在 Linux 系统中设置 DNS 客户端，需要编辑 /etc/resolv.conf 文件，格式为：

```
nameserver ip-address
```

例如将"192.168.1.2"设置为准备使用的 DNS 服务器，则写入：

```
nameserver 192.168.1.2
```

12.4.3 测试

测试 DNS 服务器是否生效，可以使用多种方法，这里主要介绍使用 Windows 和 Linux 都默认支持的 nslookup 命令进行检测。测试步骤如下：

1. 进入 nslookup 命令交换环境

```
# nslookup
>
```

2. 设置使用指定的 DNS 服务器

```
> server 192.168.1.2
```

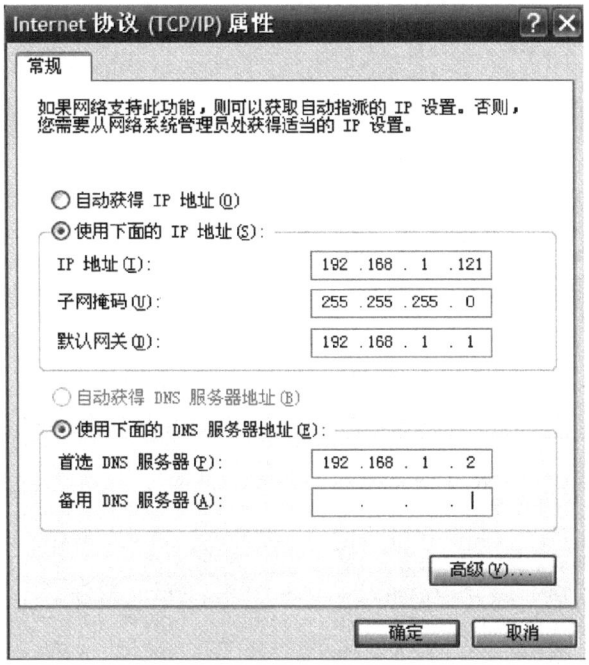

图 12 – 2　Windows 配置 TCP/IP 属性的 DNS 客户端参数

3. 测试 www.test.com 的正向解析（测试反向解析只需将域名改为 IP 地址即可）

```
> www.test.com
Server:         192.168.1.2
Address:        192.168.1.2#53
Non-authoritative answer:
Name:   www.test.com
Address: 192.168.1.25
```

第十三章

13 Web 服务器

随着 Internet 上 Web 服务的发展，几乎各个政府部门、公司、大专院校、科研院所等都在构建或正在建设自己的网站。Web 服务是实现信息发布、资料查询、数据处理、视频点播等诸多应用的基本平台，所以架设 Web 服务器是 Internet 和 Intranet 必不可少的工作。本章将详细介绍如何使用功能强大的 Apache 服务器软件来架设 Web 服务器。

---- 本章要点 ----

◎ Web 服务简介
◎ 安装 Web 服务器
◎ Web 服务器配置基础
◎ Web 服务器高级配置

13−1　Web 服务简介

Web 服务是 Internet 中最为重要的应用，它是实现信息发布、资料查询、数据处理和视频点播等诸多应用的基本平台，并采用超级链接（Hypertext）的方式，将信息通过 Internet 传递到世界各处。

13.1.1　HTTP 协议

WWW 的目的就是使信息更易于获取，而不管它们的地理位置在哪里。当使用超文本作为 WWW 文档的标准格式后，人们开发了可以快速获取这些超文本文档的协议——HTTP 协议，即超文本传输协议。

HTTP 是应用级的协议，主要用于分布式、协作的信息系统。HTTP 协议是通用的、无状态的，其系统的建设和传输的数据无关。HTTP 也是面向对象的协议，可以用于各种任务，包括名字服务、分布式对象管理、请求方法的扩展、命令等。

在 Internet 上，HTTP 通信往往发生在 TCP/IP 连接上，其默认的端口为 80，也可使用其他端口。

13.1.2　Web 服务

Web 服务的实现采用客户机/服务器模型。客户机运行 WWW 客户程序——浏览器，它提供良好、统一的用户界面。浏览器的作用是解释和显示 Web 页面，响应用户的输入请求，并通过 HTTP 协议将用户请求传递给 Web 服务器。Web 服务器一端运行服务器程序，它最基本的功能是侦听和响应客户端的 HTTP 请求，向客户端发出请求处理结果信息。

Web 服务通常可以分为两种：静态 Web 服务和动态 Web 服务。

在静态 Web 服务中，服务器只是简单地负责把存储的文档发送给客户端浏览器，在此过程中传输的网页只有在网页编辑人员利用编辑工具对它们修改后，才会发生变化。

而动态 Web 服务能够实现浏览器和服务器之间的数据交互。Web 服务器通过 CGI、ASP、PHP 和 JSP 等动态网站技术，可以向浏览器发送动态变化的内容。在此过程中，服务器根据客户端浏览器发出的不同请求，在服务器端执行程序，组织好文档后再将结果发送至客户端。

13.1.3　Web 服务工作原理

Web 服务使用超文本传输协议（HTTP），该协议是一个在 TCP/IP 协议基础上的应用程序级协议。它的具体通信过程如下。

（1）Web 浏览器使用 HTTP 命令向一个特定的服务器发出 Web 页面请求。

（2）若该服务器在特定端口（通常是 TCP 协议的 80 端口）处接收到 Web 页面请求后，就发送一个应答并在客户和服务器之间建立连接。

（3）服务器 Web 查找客户端所需文档，若 Web 服务器查找到所请求的文档，就会将所请求的文档传送给 Web 浏览器。若该文档不存在，则服务器会发送一个相应的错误提示文档给客户端。

（4）Web 浏览器接收到文档后，就将它显示出来。

（5）当客户端浏览完成后，就断开与服务器的连接。

13.1.4 Apache

开放源代码的 Apache 服务器起初由 Illinois 大学 Urbana-Champaign 的国家高级计算程序中心开发，后来 Apache 被开放源代码团体的成员不断地发展和加强。开始时，Apache 只是 Netscape 网页服务器（现在是 Sun ONE）之外的开放源代码选择。渐渐地，它开始在功能和速度上超越其他 Web 服务器。由于 Apache 服务器拥有牢固可信的美誉，因此从 1995 年 1 月以来，Apache 一直是 Internet 上最流行的 Web 服务器。

根据著名的 Web 服务器调查公司 Netcrafe 的最新调查，截止到 2007 年 9 月，Apache 的市场占有率为 50.48%，而同期微软的 Web 服务器 IIS 的市场占有率只有 34.94%。不难看出 Apache 依然是目前使用最广泛的 Web 服务器，并将最大的竞争者——微软的 IIS 远远抛在了后面。

为什么 Apache 能保持如此高增长速度并且得到如此广泛的应用呢？这与 Apache 自身的优点是分不开的。首先，Apache 能运行在 UNIX、Linux 和 Windows 等多种操作系统平台之上。其次，Apache 借助开放源代码开发模式的优势，得到全世界许多程序员的支持，程序员们为 Apache 编写了能完成许多有用功能的模块，借助这些功能模块，Apache 具有无限扩展功能的优点。最后，Apache 的工作性能和稳定性远远领先于其他同类产品。基于以上优点，使用 Apache 作为 Web 服务器软件的优势当然也是不言而喻。

13-2 安装 Web 服务器

13.2.1 服务器程序安装

目前几乎所有的 Linux 发行版都捆绑了 Apache，RHEL Server 5 也不例外。需要注意的是，Apache 的程序名称为 httpd，在 RHEL Server 5 的系统中提供的 Apache 服务主程序软件包为 httpd-2.2.3-6.el5.i386.rpm。

可使用下述命令判断系统是否已安装 Apache：

```
#rpm -qa|grep httpd
```

如能显示 Apache 的服务主程序版本"httpd-2.2.3-6.el5"则表示 Apache 已安装。

13.2.2 程序的启动和关闭

1. 启动 Web 服务

```
#/etc/init.d/httpd start
```

或者：

```
#service httpd start
```

2. 关闭 Web 服务

```
#/etc/init.d/httpd stop
```

或者：

service httpd stop

3. 重启动 Web 服务

/etc/init.d/ httpd restart

或者：

service httpd restart

4. 如果需要让 Web 服务随系统启动而自动加载，可以执行"ntsysv"命令启动服务配置程序，找到"httpd"服务，在其前面加上星号（*），然后选择"确定"即可。

可以使用如下命令检查 Apache 服务是否在运行：

ps aux | grep httpd

如果能看到类似下图 13-1 所示，结果中有包含"/usr/sbin/httpd"，则表示服务器运行正常。

```
[root@serv01 ~]# ps aux|grep httpd
root      3574  0.1  1.8  23004  9420 ?        Ss   19:54   0:00 /usr/sbin/httpd
apache    3576  0.0  0.9  23004  4772 ?        S    19:54   0:00 /usr/sbin/httpd
apache    3577  0.0  0.9  23004  4772 ?        S    19:54   0:00 /usr/sbin/httpd
apache    3578  0.0  0.9  23004  4772 ?        S    19:54   0:00 /usr/sbin/httpd
apache    3579  0.0  0.9  23004  4772 ?        S    19:54   0:00 /usr/sbin/httpd
apache    3580  0.0  0.9  23004  4772 ?        S    19:54   0:00 /usr/sbin/httpd
apache    3581  0.0  0.9  23004  4772 ?        S    19:54   0:00 /usr/sbin/httpd
apache    3582  0.0  0.9  23004  4772 ?        S    19:54   0:00 /usr/sbin/httpd
apache    3583  0.0  0.9  23004  4772 ?        S    19:54   0:00 /usr/sbin/httpd
root      3588  0.0  0.1   5020   676 pts/1    R+   19:55   0:00 grep httpd
```

图 13-1 查看 httpd 服务是否运行

13-3 Web 服务器配置基础

配置 Apache 服务器的运行参数，是通过编辑 Apache 的主配置文件 httpd.conf 来实现的。该文件的位置随着安装方式的不同而不同，如果使用 RPM 的方式安装，该文件通常存放在/etc/httpd/conf 目录下；如果使用编译源代码的方式安装，该文件通常存放在 Apache 安装目录的 conf 子目录下。由于 httpd.conf 是一个文本文件，因此可以使用任何文本编辑器对其进行编辑。

13.3.1 httpd.conf 文件的格式

httpd.conf 配置文件主要由全局环境、主服务器配置和虚拟主机 3 个部分组成。每部分都有相应的配置语句，该文件所有配置语句的语法为：

"配置参数名称 参数值"

配置语句可以放在文件中的任何地方，但为了增强文件的可读性，最好将配置语句放在相应的部分。

httpd.conf 中每行包含一条语句。如果配置语句太长，行末使用反斜杠"\"可以换行，但是反斜杠与下一行中间不能有任何其他字符（包括空格）。httpd.conf 的配置语句除了选项的参数值以外，所有选项指令均不区分大小写，可以在每一行前用"#"号表示注释。

在默认的 httpd.conf 文件中，每个配置语句和参数都有详细的解释，建议初学者在不熟悉配置方法的情况下，先使用 Apache 默认的 httpd.conf 文件作为模板进行修改设置，并且在修改之前先做好备份，以便做了错误的修改后能够还原。

13.3.2 Web 服务的基本配置

1. 设置主目录的路径

Apache 服务器主目录的默认路径位于"/var/www/html"，可以将需要发布的网页放在这个目录下。可以将主目录的路径修改为其他目录，以方便管理和使用。

```
DocumentRoot   "/var/www/html"
```

2. 设置默认文档

默认文档是指在 Web 浏览器中键入 Web 站点的访问路径时，如果没有指定要访问的页面文件名，则系统会自动提交的 Web 页面文件。在缺省的情况下，Apache 的默认文档名为 index.html，默认文档名由 DirectoryIndex 语句进行定义，也可以将 DirectoryIndex 语句中的默认文档名修改为其他文件。

```
DirectoryIndex   index.html   index.html.var
```

如果有多个文件名，各个文件名之间须用空格分隔。Apache 会根据文件名的先后顺序查找在"主目录"列表中指定的文件名，如能找到以第 1 个文件名命名的文件则进行提交，否则再寻找并调用第 2 个文件名的文件，依此类推。

如果用户在浏览时没有指出所要浏览的网页文件名，所在目录既没有设置默认文档，也没有设置允许目录浏览，则会出现"403 Forbidden"的错误信息。

3. 设置 Apache 监听的 IP 地址和端口号

Apache 默认会在本机所有可用 IP 地址上的 TCP 协议的 80 端口监听客户端的请求。可以使用多个 Listen 语句，以便在多个地址和端口上监听请求。语法格式：

```
Listen   ip-address：port
Listen   port
Listen   0.0.0.0：port
```

注意：如果将 Apache 监听的 TCP 端口号改为 80 以外的端口，那么用户在 Web 浏览器中需要手动指定 TCP 端口号和 HTTP 协议才能访问该站点。例如，将一个域名为 www.test.com 的 Web 站点的 TCP 端口号改为 8080，则用户在浏览器的地址栏中必须输入 http://www.test.com:8080。

4. 设置相对根目录的路径

相对根目录通常是 Apache 存放配置文件和日志文件的地方。在缺省的情况下，相对根目录是/etc/httpd，它一般包含 conf 和 logs 子目录。

```
ServerRoot   "/etc/httpd"
```

5. 设置日志文件

日志文件可以说是网络管理员最好的帮手，分析日志文件是每个网络管理员必不可少的工作，通过日志文件可以监控 Apache 的运行情况、出错原因和安全等问题。

（1）错误日志。错误日志记录了 Apache 在启动或运行时发生的错误，所以当 Apache 出错时,应该先检查这个日志。通常错误日志的文件名为 error_log,错误日志存放的位置和文件名可以通过 ErrorLog 参数设置。

ErrorLog   logs/error_log

这里需要提醒的是,如果日志文件存放的路径不是以"/"开头的,则意味着该路径是相对于 ServerRoot 目录的相对路径。

(2)访问日志。访问日志记录了客户端所有的访问信息。通过分析访问日志可以知道客户机什么时间访问了网站的哪个文件等信息。通常访问日志的文件名为 access_log,访问日志存放的位置和文件名可以通过 CustomLog 参数设置。

CustomLog   logs/access_log   combined

上面语句最后的 combined 指明日志使用的格式,在这个位置可以使用 common 或 combined(使用自定义的名称也可以)。common 是指使用 Web 服务器普遍采用的"普通标准"格式(Common Log Format),这种格式可以被许多日志分析程序所识别。combined 是指使用"组合记录"格式(Combined Log Format)。其实 combined 与 common 格式基本相同,只是多了"引用页"和"浏览器识别"信息而已。common 和 combined 格式由 LogFormat 语句进行定义。

LogFormat   "%h %l %u %t \"%r\" %>s %b \"%{Referer}i\" \"%{User-Agent}i\""   combined
LogFormat   "%h %l %u %t \"%r\" %>s %b"   common

6. 设置网络管理员的 E-mail 地址

当客户端访问服务器发生错误时,服务器通常会向客户端返回错误提示网页。为了方便解决错误,在这个网页中通常包含管理员的 E-mail 地址。可以使用 ServerAdmin 语句来设置管理员的 E-mail 地址。

ServerAdmin lindenstar@163.com

7. 设置服务器主机名称

为了方便 Apache 识别服务器自身的信息,可以使用 ServerName 语句来设置服务器的主机名称。在 ServerName 语句中,如果服务器有域名,则填入服务器的域名;如果没有域名,则填入服务器的 IP 地址。

ServerName   192.168.16.177:80

使用 ServerName 选项设置服务器的域名(IP 地址)和端口号后,Web 服务器在启动的时候就不会出现"httpd: Could not determine the server's fully qualified domain name, using 127.0.0.1 for ServerName"的错误信息了。

8. 设置默认字符集

AddDefaultCharset 选项定义了服务器返回给客户机的默认字符集。由于西欧(UTF-8)是 Apache 的默认字符集,因此当客户端访问服务器的中文网页时会出现乱码的现象。解决的办法是将语句:

AddDefaultCharset   UTF-8

改为:

AddDefaultCharset   GB2312

然后重新启动 Apache 服务,中文网页就能正常显示了。

注意：修改完默认字符集后，应清空 Web 浏览器的缓存后再测试，否则会由于缓存的原因造成虽然修改了默认字符集，但 Web 浏览器还是显示乱码的现象。

13.3.3 创建虚拟目录

要笑 站主目录以外的其他目录中发布网页文件，就必须创建虚拟目录。虚拟目录是一个位于 Apache 的主目录外的目录，它不包含在 Apache 的主目录中，但在访问 Web 站点的用户看来，它与位于主目录中的子目录是一样的。每个虚拟目录都有一个别名，用户 Web 浏览器中可以通过此别名来访问虚拟目录，如"http://服务器 IP 地址/别名/文件名"，就可以访问虚拟目录下面的任何文件了。

使用虚拟目录有以下优点：

（1）便于访问。由于虚拟目录名（别名）通常要比真实目录的路径名短，因此使用虚拟目录名（别名）访问简短、方便。

（2）便于移动站点中的目录。只要虚拟目录名（别名）不变，即使更改了虚拟目录的实际存放位置，无需更改目录的 URL，也不会影响用户的访问。

（3）能灵活加大磁盘空间。虚拟目录能够提供的磁盘空间几乎是无限的。适合于提供对磁盘空间要求加大的 VOD 服务、个人主页服务或其他 Web 服务。

（4）安全性好。由于每个虚拟目录都可以分别设置不同的访问权限，因此非常适合于不同用户对不同目录拥有不同权限的情况。此外，虚拟目录名（别名）通常只有该用户知道，其他不知道虚拟目录名的用户无法访问。期望对服务器进行入侵的不法分子也不知道虚拟目录的实际存放位置，难以进行破坏。

使用 Alias 选项可以创建虚拟目录。在主配置文件中，Apache 默认已经创建了两个虚拟目录。这两条语句分别建立了"/icons/"和"/manual"两个虚拟目录，它们对应的物理路径分别是"/var/www/icons/"和"/var/www/manual"：

```
Alias   /icons/    "/var/www/icons/"
Alias   /manual    "/var/www/manual"
```

实例：在网站根目录下创建名为 ftp 的虚拟目录，它对应的物理路径是""/var/ftp"。

```
Alias   /ftp   "/var/ftp"
```

13.3.4 设置目录权限

可以使用 <Directory 目录路径> 和 </Directory> 这对语句为主目录或虚拟目录设置权限，它们是一对容器语句，必须成对出现，它们之间封装的是具体的设置目录权限语句，这些语句仅对被设置目录及其子目录起作用。下面是主配置文件中设置目录权限的例子。

```
<Directory   "/var/www/icons" >
Options   Indexes   MultiViews
AllowOverride   None
Order   allow, deny
Allow   from   all
</Directory>
```

(1) 定义目录使用哪些特性。

  Options Indexes MultiViews

Options 选项用于定义目录使用哪些特性，包括 Indexes、MultiViews 和 ExecCGI 等，如表 13 - 1 所示。

表 13 - 1 Options 选项的参数值及说明

参数值	说 明
Indexes	允许目录浏览 当客户仅指定要访问的目录，但没有指定要访问目录下的哪个文件，而且目录下不存在默认文档时，Apache 以超文本形式返回目录中的文件和子目录列表（虚拟目录不会出现在目录列表中）
MultiViews	允许内容协商的多重视图 MultiViews 其实是 Apache 的一个智能特性。当客户访问目录中一个不存在的对象时，如访问"http：//192.168.16.177/icons/a"，则 Apache 会查找这个目录下所有 a.* 文件。由于 icons 目录下存在 a.gif 文件，因此 Apache 会将 a.gif 文件返回给客户，而不是返回出错信息
All	All 包含了除 MultiViews 之外的所有特性，如果没有 Options 语句，默认为 All
ExecCGI	允许在该目录下执行 CGI 脚本
FollowSymLinks	可以在该目录中使用符号连接
Includes	允许服务器端包含功能
IncludesNoExec	允许服务器端包含功能，但禁用执行 CGI 脚本

  细心的用户可能会发现虽然在主目录设置了 Indexes 权限，且主目录中并不存在默认文档，但访问时并不会出现目录列表，而只出现 Apache 的测试页面。解决这个问题的方法很简单，只要将位于/etc/httpd/conf.d/目录下的 welcome.conf 文件删除后重启 Apache 即可。需要注意的是，一旦定义允许目录浏览，就会将 Web 站点的文件夹和文件名结构暴露给访问者。目录浏览还会允许访问者浏览文件并掌握服务器配置信息，所以指定该权限往往带来安全性上的隐患。除非有充足的理由要使用目录浏览，否则应该禁用它。

（2）设置 .htaccess 文件中的指令类型

  AllowOverride None

AllowOverride 选项用于定义位于每个目录下 .htaccess（访问控制）文件中的指令类型。基于安全和效率的原因，虽然可以通过 .htaccess 来设置目录的访问权限，但应尽可能地避免使用，所以一般将 AllowOverride 设置为"None"，即禁止使用 .htaccess 文件，而将目录权限的设置放在主配置文件 httpd.conf 的 <Directory 目录路径> 和 </Directory> 语句之间。

（3）设置缺省的访问权限与 Allow 和 Deny 语句的处理顺序

  Order allow, deny

Order 选项用于定义缺省的访问权限与 Allow 和 Deny 语句的处理顺序。Allow 和 Deny 语句可以针对客户机的域名或 IP 地址进行设置，以决定哪些客户机能够访问服务器。Order 语句通常设置为以下两个值之一：

allow，deny：缺省禁止所有客户机的访问，且 Allow 语句在 Deny 语句之前被匹配。如果某条件既匹配 Deny 语句又匹配 Allow 语句，则 Deny 语句会起作用（因为 Deny 语句覆盖了 Allow 语句）。

deny，allow：缺省允许所有客户机的访问，且 Deny 语句在 Allow 语句之前被匹配。如果某条件既匹配 Deny 语句又匹配 Allow 语句，则 Allow 语句会起作用（因为 Allow 语句覆盖了 Deny 语句）。

13.3.5 用户认证

用户认证在网络安全中是非常重要的技术之一，它是保护网络系统资源的第一道防线。用户认证控制着所有登录并检查访问用户的合法性，其目标是仅让合法用户以合法的权限访问网络系统的资源。当用户第一次访问了启用用户认证目录下的任何文件，浏览器会显示一个对话框，要求输入正确的登录用户名和口令进行用户身份的确认。若是合法用户，则显示所访问的文件内容。此后访问该目录的每个文件时，浏览器会自动送出用户名和密码，不用再输入了，直到关闭浏览器为止。用户认证界面如图 13-2 所示。

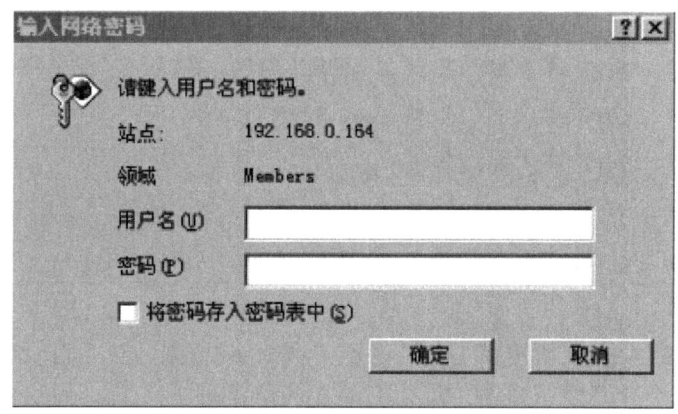

图 13-2 用户认证登录界面

用户认证功能起到了一个屏障的作用，限制非授权用户非法访问一些私有的内容。下面通过一个实际的例子说明在 Apache 中启用用户认证功能的方法。

假设有一个名为 mysecret 的虚拟目录，其对应的物理路径是/usr/local/mysecret，现需要对其启用用户认证功能，只允许用户名为 zhangtao 和 lipeng 的用户访问。

1. 建立口令文件

要实现用户认证功能，首先要建立保存用户名和口令的文件。Apache 自带的 htpasswd 命令提供了建立和更新存储用户名、密码的文本文件的功能。需要注意的是，这个文件必须放在不能被网络访问的位置，以避免被下载。本例将口令文件放在/etc/httpd/目录下，文件名为 mysecretpwd。使用以下命令建立口令文件。

#htpasswd -c /etc/httpd/mysecretpwd zhangtao

-c 选项表示无论口令文件是否已经存在，都会重新写入文件并删去原有内容。所以在添加第 2 个用户到口令文件时，就不需要使用 -c 选项了。

#htpasswd /etc/httpd/mysecretpwd lipeng

2. 建立虚拟目录并配置用户认证

在 Apache 的主配置文件 httpd. conf 中加入以下语句建立虚拟目录并配置用户认证。

```
Alias   /mysecret   "/usr/local/mysecret"
<Directory   "/usr/local/mysecret" >
AuthType   Basic
AuthName   "This is a private directory. Please Login："
AuthUserFile   /etc/httpd/mysecretpwd
Require   user   zhangtao   lipeng
</Directory >
```

（1）设置认证类型。

AuthType Basic

AuthType 选项定义了对用户实施认证的类型，最常用的是由 mod_auth 提供的 Basic。

（2）设置认证领域内容。

AuthName   "This is a private directory. Please Login："

AuthName 选项定义了 Web 浏览器显示输入用户/密码对话框时的领域内容。

（3）设置口令文件的路径。

AuthUserFile   /etc/httpd/mysecretpwd

AuthUserFile 选项定义了口令文件的路径，即使用 htpasswd 建立的口令文件。

（4）设置允许访问的用户。

Require   user   zhangtao   lipeng

Require user 选项定义了允许哪些用户访问，各用户之间用空格分开。

3. 测试用户认证

测试用户认证的具体步骤如下。

在服务器中使用命令"#/etc/init. d/httpd   restart"重启 Web 服务。

在客户端的 Web 浏览器中访问这个虚拟目录，这时 Web 浏览器会弹出输入用户名和口令的对话框进行验证。

13.3.6 虚拟主机的配置

1. 虚拟主机的概述

虚拟主机的出现源于网站的迅猛发展，在"每站一机"的传统方式不能满足需求时，虚拟主机技术就应运而生了。利用虚拟主机技术，可以把一台真正的主机分成许多"虚拟"的主机，从而实现多用户对硬件资源、网络资源共享，大幅度降低了用户的建站成本。每一台虚拟主机都具有独立的域名或 IP 地址，具有完整的 Web 服务器功能。虚拟主机各用户之间是完全独立的，从外界来看，虚拟主机和独立主机的表现是完全一样的。目前许多企业建立网站都采用租用 ISP 虚拟主机的方法，这是因为虚拟主机具有以下优点。

（1）节约投资。利用"虚拟主机"技术，可以使用户节省大量不必要的开支，包括购置服务器、租用专线及其他硬件设备和安排专业系统管理人员等多方面的费用。

（2）可以获得专业的维护而无需维护人员与昂贵的电源系统。专业的网络系统供应商往往花费大量的投资用于建设后备电源系统以应付电力故障，并且拥有一批专业的维护人员，这些资源对于普通的企业来说是不必要的支出。

（3）拥有更加稳定的性能。普通的企业级网站往往只通过某一家 ISP 接入，如果这家供应商有故障，则用户必将受到影响。而采取租用"虚拟主机"的方案往往可以借助服务商的多路由获得稳定的性能，因为大多数的虚拟主机服务商所依赖的主干网一般不止一条，可以保证系统不受某一家供应商的影响。

2. 基于 IP 地址的虚拟主机

基于 IP 地址的虚拟主机在服务器里绑定多个 IP，然后配置 Apache，把多个网站绑定在不同的 IP 上，访问服务器上不同的 IP，就看到不同的网站。

实例：假设服务器有 192.168.1.201 和 192.168.1.202 两个 IP 地址，现需使用这两个 IP 地址分别创建两台虚拟主机，每台虚拟主机都对应不同的主目录，可以在主配置文件 httpd.conf 中添加以下语句实现。

```
<VirtualHost 192.168.1.201>
ServerName 192.168.1.201:80
ServerAdmin web1@test.com
DocumentRoot "/usr/www/web1"
DirectoryIndex index.html
ErrorLog logs/web1/error_log
CustomLog logs/web1/access_log combined
</VirtualHost>

<VirtualHost 192.168.1.202>
ServerName 192.168.1.202:80
ServerAdmin web2@test.com
DocumentRoot "/usr/www/web2"
DirectoryIndex default.html
ErrorLog logs/web2/error_log
CustomLog logs/web2/access_log combined
</VirtualHost>
```

创建虚拟主机需要在 Apache 的主配置文件 httpd.conf 中使用 <VirtualHost IP 地址> 和 </VirtualHost> 这对语句进行设置，这对语句必须成对出现，它们之间封装了设置虚拟主机属性的语句。由于配置虚拟主机与配置独立的 Web 服务器类似，因此大部分的配置语句都能用在 <VirtualHost IP 地址> 和 </VirtualHost> 语句之间。

例子中的语句 <VirtualHost IP 地址> 是指明这台虚拟主机使用哪个 IP 地址。如果虚拟主机需要独立的日志文件，应保证日志文件的路径存在，否则 Apache 将不能启动。

3. 基于域名的虚拟主机

基于域名的虚拟主机只需服务器有一个 IP 地址即可创建多台虚拟主机，所有的虚拟主机共享同一个 IP 地址，各虚拟主机之间通过域名进行区分。因为 HTTP 协议访问请求里包含 DNS 域名信息，所以当 Web 服务器收到访问请求时，就可以根据不同的 DNS 域名来访问不同的网站。它的优势就是不需要更多的 IP 地址，容易配置。

要建立基于域名的虚拟主机,就要更改 DNS 服务器的配置,将多个主机域名解析到同一个 IP 地址上。如:

www.test.com.   IN   A   192.168.1.201
web.test.com.   IN   CNAME www.test.com.

实例:假设服务器的 IP 地址为 192.168.1.201,在 DNS 服务器中有 www.test.com 和 web.test.com 主机地址 A 资源记录映射到该 IP 地址,现需使用这两个域名分别创建两台虚拟主机,每台虚拟主机都对应不同的主目录,可以在主配置文件 httpd.conf 中添加以下语句实现。

```
NameVirtualHost  192.168.1.201
<VirtualHost www.test.com>
ServerName  www.test.com:80
ServerAdmin  web1@test.com
DocumentRoot  "/usr/www/web1"
DirectoryIndex  index.html
ErrorLog  logs/web1/error_log
CustomLog  logs/web1/access_log  combined
</VirtualHost>

<VirtualHost web.test.com>
ServerName  web.test.com:80
ServerAdmin  web2@test.com
DocumentRoot  "/usr/www/web2"
DirectoryIndex  default.html
ErrorLog  logs/web2/error_log
CustomLog  logs/web2/access_log  combined
</VirtualHost>
```

创建基于域名的虚拟主机时,必须先用 NameVirtualHost 指令指定哪个 IP 地址负责响应对虚拟主机的请求,然后 <VirtualHost 域名> 米指明这台虚拟主机使用哪个域名。没有必要为每个虚拟主机指定所有的配置语句,因为虚拟主机中没有指定的配置语句将使用服务器主配置文档中的配置。

13-4 Web 服务器高级配置

13.4.1 PHP 运行环境的配置

PHP 是超级文本预处理语言 PHP:Hypertext Preprocessor 的嵌套缩写。PHP 是一种 HTML 内嵌式的语言,PHP 与微软公司的 ASP 类似,都是一种在服务器端执行的"嵌入 HTML 文档的脚本语言",语言的风格类似于 C 语言,现在被很多的网站编程人员广泛运用。PHP 独特的语法混合了 C、Java、Perl 以及 PHP 自创新的语法。它可以比 CGI 或者 Perl 更快速地执行动态网页。用 PHP 做出的动态页面与其他的编程语言相比，PHP 是将程序嵌入到 HTML 文档中去执行，执行效率比完全生成 HTML 标记的 CGI 要高许多；与同样是嵌入 HTML 文档的脚本语言 JavaScript 相比，PHP 在服务器端执行，充分利用了服务器的性能；PHP 执行引擎还会将用户经常访问的 PHP 程序驻留在内存中，其他用户在访问这个程序时就不需要重新编译程序，只要直接执行内存中的代码就可以了，这也是 PHP 高效率的体现之一。PHP 具有非常强大的功能，所有的 CGI 或者 JavaScript 的功能 PHP 都能实现，而且支持几乎所有流行的数据库和操作系统。PHP 具有下列特点。

（1）跨平台。PHP 程序可以运行在 UNIX、Linux 或 Windows 操作系统下。

（2）嵌入 HTML。因为 PHP 语言可以嵌入到 HTML 内部，所以 PHP 很容易学习。

（3）简单的语言。与 Java 和 C++ 不同，PHP 语言坚持以基本语言为基础，然而它的功能强大到足以支持任何类型的 Web 站点。

（4）效率高。和其他的解释性语言相比，PHP 系统消耗较少的系统资源。当 PHP 作为 Apache 服务器的一部分时，运行代码不需要调外部二进制程序，服务器解释脚本不需要承担任何额外负担。

（5）支持各种数据库。用户可以使用 PHP 存取 Oracle、Sybase、MS-SQL、MySQL、PostgreSQL、dBase、FilePro 和 Informix 等数据库平台的数据。

（6）文件存取。PHP 有许多支持文件存取函数。

（7）文本处理。PHP 有许多函数处理字符串，其中包括模式匹配的能力。

（8）复杂的变量。PHP 支持标量、数组、关联数组等变量，这给用户提供了支持其他的高级数据结构的坚实基础。

（9）支持图像处理。用户可以使用 PHP 动态创建图像。

1. PHP 解释器的安装

RHEL Server 5 安装光盘带有 PHP 解释器，可使用下面的命令检查系统是否已经安装：

```
# rpm -q php
```

PHP 解释器需要安装的软件包为 php-5.1.6-5.el5.i386.rpm，相关软件包有 php-cli-5.1.6-5.el5.i386.rpm 和 php-common-5.1.6-5.el5.i386.rpm，可以从安装光盘中的 Server 目录下找到软件包进行安装。

2. 设置 php.conf 文件

在 Apache 主配置文件 httpd.conf 中默认有如下语句：

```
Include conf.d/*.conf
```

它的含义是将目录/etc/httpd/conf.d/中的所有文件名后缀为".conf"的文件包含到 httpd.conf 中。PHP 解释器的安装程序会自动在目录/etc/httpd/conf.d/中建立一个名为 php.conf 的配置文件，这个文件包含了 PHP 的配置选项。由于历史原因，许多原来基于 PHP3 的程序文件扩展名为.php3。为了能让这些 PHP3 的程序文件运行，应该在 php.conf 文件中为.php3 扩展名的文件建立映射。编辑/etc/httpd/conf.d/php.conf，找到语句：

```
AddHandler php5-script .php
```

将其改为：

```
AddHandler php5-script .php .php3
```

3. 测试 PHP 运行环境

测试 PHP 运行环境的具体步骤如下。

在 Apache 主目录/var/www/html/中建立一个名为 testphp.php 的文件，该文件的内容如下。

```
<?    phpinfo( );    ?>
```

在客户端的浏览器中访问"http://Web 服务器的 IP 地址/testphp.php"，如果出现如下图 13-3 所示的 PHP 的信息页面，则表示 PHP 运行环境配置成功。

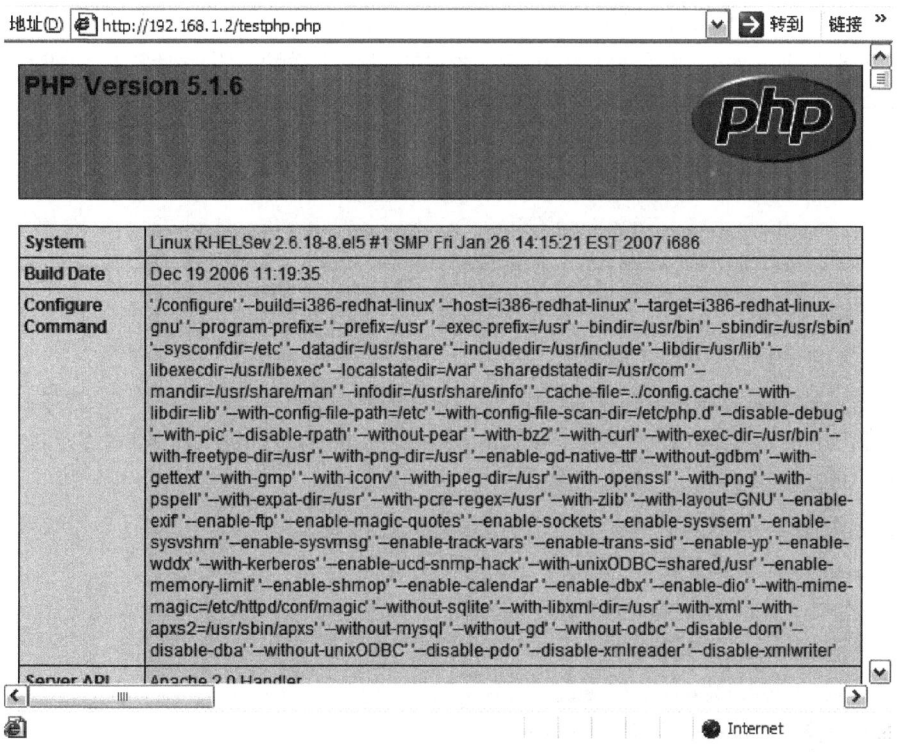

图 13-3   PHP 测试运行环境

13.4.2   JSP 运行环境的配置

JSP（Java Server Pages）是由 Sun Microsystems 公司倡导、许多公司一起参与建立的一种基于 Java 技术的动态网页技术标准。在传统的网页 HTML 文件（*.htm、*.html）中嵌入了 Java 代码的一个脚本，由脚本完成查询数据库、重新定向网页和发送电子邮件等动态操作。所有程序操作都在服务器端执行，网络上传送给客户端的仅是得到的 HTML 结果。在这一点上，JSP 与 ASP 和 PHP 等脚本语言一样。但 JSP 与其他脚本不同的是，ASP 和 PHP 等传统脚本语言由服务器直接解释这个脚本，而 JSP 则由 JSP 容器（如 Tomcat）首先将其转化为 Servlet，然后再调用 Javac 编译器将 Servlet 编译为二进制的 Class 文件，服务器最终运行的是 Class 文件，所以运行效率要比传统解析性的脚本语言高。

Apache 只是一个 Web 服务器，不能运行 JSP 程序。如果要运行 JSP 程序，还需要安装 Tomcat 服务器软件，通过整合 Tomcat 与 Apache 来运行 JSP 程序。Tomcat 是由 Apache-Jakarta 子项目支持的开放源代码服务器软件,它得到 Sun 公司的全力支持,而且 Tomcat 的运行效率非常高,所以它得到了广泛的应用。

1. Tomcat 的安装

可以使用下面的命令检查系统是否已经安装了 Tomcat 服务。

```
# rpm -q tomcat5
```

如果需要安装 Tomcat 服务,由于 Tomcat 服务的关联程序非常多,逐个安装会耗费大量的时间和精力,因此建议使用 yum 工具进行安装。

yum(Yellow dog Updater,Modified)是一个针对 RPM 操作系统的非常方便的自动升级和软件包管理工具。yum 会自动计算出程序之间的相互关联性,并且计算出完成软件包的安装需要哪些步骤。默认情况下 yum 需要从 Red Hat 公司的服务器上下载程序并安装,此时用户必须提供相关的订阅号。

使用以下命令安装 Tomcat 服务及关联程序:

```
#yum install tomcat5 tomcat5-webapps tomcat5-admin-webapps
```

yum 工具列出需要安装的程序,并提示是否安装,输入"y"后,程序开始下载并安装 Tomcat 服务。

使用以下命令启动 Tomcat 服务:

```
#/etc/rc.d/init.d/tomcat5 start
```

打开客户端的浏览器访问"http://Web 服务器的 IP 地址:8080"。如果出现的 Tomcat 的缺省页面,则表示 Tomcat 已正常工作。

2. 启动和停止 Tomcat 服务

(1)启动 Tomcat 服务命令如下:

```
#/etc/rc.d/init.d/tomcat5 start
```

(2)停止 Tomcat 服务命令如下:

```
#/etc/rc.d/init.d/tomcat5 stop
```

(3)重新启动 Tomcat 服务命令如下:

```
#/etc/rc.d/init.d/tomcat5 restart
```

(4)如果需要让 Tomcat 服务随系统启动而自动加载。可以执行"ntsysv"命令启动服务配置程序,找到"Tomcat5"服务,在其前面加上星号(*),然后选择"确定"即可。

注意:Tomcat 使用 TCP 协议的 8080 端口。如果 Linux 服务器开启了防火墙功能,就需关闭防火墙功能或设置允许 TCP 协议的 8080 端口通过,可以使用以下命令开放 TCP 协议的 8080 端口:

```
# iptables -I INPUT -p tcp --dport 8080 -j ACCEPT
```

第三部分　项目实训篇

第十四章

14 Linux 系统管理项目实训

本章将之前各章的知识点融入实训项目中，以学生能按要求完成项目任务为出发点，以工程实践为基础，注重学生实践能力的锻炼，通过精心设计的实训任务，加深学生对 Linux 系统管理工具和方法的理解。

本章重点知识包括

◎ Linux 系统的安装和启动
◎ Linux 系统基本管理命令
◎ Linux 文本编辑工具
◎ 用户和组群管理
◎ 文件和文件系统管理
◎ 作业和进程管理

14 – 1　实训项目一：安装和启动 Red Hat Enterprise Linux5

14.1.1　任务一：安装 Linux

📁 任务要求

（1）安装仅有 RHEL Server 5 的计算机。
（2）安装 Windows 与 RHEL Server 5 双系统的计算机。
（3）删除 Linux。

📁 操作步骤

请参考第二章的相关内容。

14.1.2　任务二：Linux 的启动和关闭

📁 任务要求

（1）启动 Linux 系统，观察启动过程。
（2）在图形化用户界面下使用用户账号登录 Linux，然后注销。
（3）在命令行模式下使用用户账号登录 Linux，然后注销。
（4）关闭系统。

📁 操作步骤

（1）启动 Linux。
（2）系统默认使用图形化用户界面，输入用户名和口令进入系统。
（3）单击 GNOME 桌面系统菜单的"注销"选项，出现如图 14 – 1 所示的对话框，系统将在 60 秒后自动注销。
（4）单击"注销"按钮立即回到登录界面，等待其他用户登录。

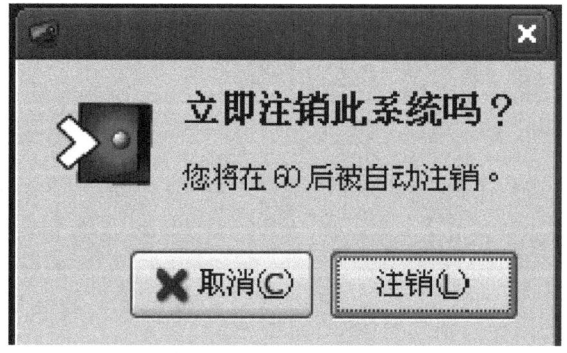

图 14 – 1　确认注销

第十四章　Linux 系统管理项目实训

（5）重新使用账户登录，单击 GNOME 桌面系统菜单的"关机"选项，关闭计算机。

（6）启动 Linux，进入登录界面后，按下 Ctrl + Alt + F2 键切换到第 2 个虚拟终端，显示如图 14 - 2 所示界面。

```
Red Hat Enterprise Linux Server release 5 (Tikanga)
Kernel 2.6.18-8.el5xen on an i686

rhel5 login: zhangsan
Password:
```

图 14 - 2　命令行模式下登录界面

（7）输入用户账号登录系统。
（8）运行命令"exit"注销用户登录。
（9）重新使用系统用户账号 root 登录系统。
（10）使用命令"reboot"重启 Linux 系统。
（11）系统重启进入登录界面后，按下 Ctrl + Alt + F2 键切换到第 2 个虚拟终端。
（12）使用系统用户账号 root 登录系统。
（13）使用命令"shutdown – h now"关闭 Linux。

14 - 2　实训项目二：Linux 系统基本管理命令

14.2.1　任务一：图形化用户界面下的 Shell 命令操作

任务要求

（1）显示系统时间，并将系统时间修改为 2011 年 5 月 15 日 8 点整，查看 2011 年 6 月 1 日是星期几。

（2）查看 ls 命令中-s 选项的帮助信息，然后查看/etc 目录下所有文件和子目录的详细信息。

操作步骤

（1）启动计算机，以超级用户身份登录图形化用户界面。
（2）依次单击"主菜单"→"系统工具"→"终端"，打开桌面环境下的终端工具。
（3）输入命令"date"，显示系统的当前日期和时间。
（4）输入命令"date 051508002011"，屏幕显示新修改的系统时间。
（5）输入命令"cal 2011"，屏幕上显示出 2011 年的日历，由此可知 2011 年 6 月 1 日是星期三。
（6）输入"man ls"命令，屏幕显示出手册页中 ls 命令相关帮助信息的第一页，介绍 ls 命令的含义、语法结构以及-a -A、-b 和-B 等选项的意义。

· 203 ·

（7）使用 PageDown 键、PageUp 键以及上、下方向键找到-s 选项的说明信息。

（8）由此可知，ls 命令的-s 选项等同于-size 选项，以文件块为单位显示文件和目录的大小。

（9）在屏幕上的":"后输入"q"，退出 ls 命令的手册页帮助信息。

（10）输入命令"cd/etc"，切换到/etc 目录。

（11）输入命令"ls -al"，显示/etc 目录下所有文件和子目录的详细信息。

14.2.2　任务二：命令行界面下的 Shell 命令操作

📂 任务要求

（1）进入命令行界面。

（2）查看当前目录。

（3）用 cat 命令在用户主目录下创建一名为 file1 的文本文件。

（4）向 file1 文件增加新内容。

（5）统计 file1 文件的行数，单词数和字符数，并将统计结果存放在 file1_info 文件。

（6）分页显示/etc 目录中所有文件和子目录的信息。

📂 操作步骤

（1）启动计算机后默认会启动图形化用户界面，按下 Ctrl + Alt + shift + F2 键切换到第 2 个虚拟终端。

（2）使用用户账号 yzh 登录系统。

（3）输入命令"pwd"，显示当前目录。

（4）输入命令"cat ＞file1"，屏幕上输入点光标闪烁。

（5）依次输入上述内容。使用 cat 命令进行输入时，而且只能用退格键（Backspace）来删除光标前一位置的字符。并且一旦按下回车键，该行输入的字符就不可修改。

（6）上述内容输入后，按 Enter 键，让光标处于输入内容的下一行，按 Ctrl + D 键结束输入。

（7）要查看文件是否生成，输入命令"ls"即可。

（8）输入命令"cat file1"，查看 file1 文件的内容。

（9）输入命令"cat≫file1"，屏幕上输入点光标闪烁。

（10）输入上述内容后，按 Enter 键，让光标处于输入内容的下一行，按 Ctrl + D 键结束输入。

（11）输入"cat file1"命令，查看 file1 文件的内容，会发现 file1 文件增加了一行。

（12）输入命令"wc ＜file1 ＞ file1_info"，屏幕上不显示任何信息。

（13）输入命令"cat file1_info"，查看 file1_info 文件的内容，其内容是 file1 文件的行数、单词数和字符数信息，即 file1 文件共有 3 行，19 个词和 87 个字符。

（14）输入命令"less/etc | more"，屏幕显示出"ls"命令输出结果的第一页，屏幕的最后一行上还出现"-More-"字样，按空格键可查看下一页信息，按 Enter 键可查看下一行信息。

（15）浏览过程中按 q 键，可结束分页显示。

14.2.3 任务三：通配符的使用

📁 任务要求

（1）显示/bin/目录中所有以 c 为首字母的文件和目录。
（2）显示/bin/目录中所有以 c 为首字母，文件名只有 3 个字符的文件和目录。
（3）显示/bin 目录中所有的首字母为 c 或 s 或 h 的文件和目录。
（4）显示/bin/目录中所有的首字母不是 a、b、c、d、e 的文件和目录。
（5）重复上一步操作。

📁 操作步骤

（1）输入命令"ls /bin/c*"，屏幕将显示/bin 目录中以 c 开头的所有文件和目录。
（2）按向上方向键，shell 命令提示符后出现上一步操作时输入的命令"ls bin/c*"。
（3）将其修改为"ls /bin/c??"，按下 Enter 键，屏幕显示/bin 目录中以 c 为首字母，文件名只有 3 个字符的文件和目录。
（4）输入命令"ls /bin/[c,s,h]*"，屏幕显示/bin 目录中首字母为 c 或 s 或 h 的文件和目录。
（5）输入命令"ls /bin/[!a-e]*"，屏幕显示/bin 目录中首字母不是 a、b、c、d、e 的文件和目录。
（6）输入命令"!!"，自动执行上一步操作中使用过的"ls /bin/[!a-e]*"命令。

14.2.4 任务四：设置系统默认的启动模式

📁 任务要求

（1）将系统设置为默认以命令行模式启动。
（2）手工启动图形化用户界面。
（3）切换到 KDE 桌面环境。

📁 操作步骤

（1）修改/etc/inittab 文件，设置系统的默认启动模式。
①按下 Alt + F7 键，切换回到图形化用户界面。
②依次单击"主菜单"→"附件"→"文本编辑器"，打开 gedit 文本编辑器。
③单击工具栏上的"打开"按钮，从"打开文件…"对话框中选择/etc 目录中的 inittab 文件。
④将文件中的"id：5：initdefault："所在行的"5"修改为"3"。
⑤单击工具栏上的"保存"按钮，并关闭 gedit。
⑥单击"主菜单"→"注销"，弹出对话框，选择"重新启动"，并单击"确定"按钮，重新启动计算机。
⑦计算机重启后显示字符界面，输入用户名和相应的口令后，登录 Linux 系统。

⑧输入命令"startx",启动图形化用户界面。
⑨单击"主菜单"→"注销",弹出对话框,单击"确定"按钮,返回到字符界面。
⑩输入命令"switchdesk kde",切换为启动 KDE 桌面环境。
⑪输入命令"startx",启动 KDE 桌面环境。

14-3 实训项目三:Linux 文本编辑工具

任务 vi 编辑器的基本操作。

任务要求

(1) 在用户主目录下新建文本文件 file2,内容为:

It was fifteen past nine as Marie hurried into the office building where she was going for work.

Her bus had inched along through heavy morning traffic, making her a few minutes late for her very first job.

She decided for start out half an hour earlier the next day.

(2) 打开文件 file2 并显示行号。
(3) 在 file2 文件的第一行后插入一行内容为自己的学号。
(4) 将文本中所有的"for"用"to"替换。
(5) 把第一行移动到第三行后,删除第一和第二行并恢复删除,不保存退出。
(6) 重新打开文件,复制第二行,并添加到文件的第四行后,删除第二行,保存修改后退出 vi。

操作步骤

1. 新建文件

(1) 启动计算机后,以普通用户(yzh)身份登录字符界面。
(2) 在 Shell 命令提示符后输入命令"vi",启动 vi 文本编辑器,进入命令模式。
(3) 按"i"键,从命令模式转换为文本编辑模式,此时屏幕的最底边出现"——INSERT——"字样。
(4) 输入上述文本内容。如果输入出错,可使用退格键或 Delete 键删除错误的字符。
(5) 按 Esc 键返回命令模式。
(6) 按":"键进入最后行模式,输入"w file2",就可以将正在编辑的内容保存为 file2 文件。屏幕底部显示文件信息。注意:vi 中行的概念与平时所说的行有所区别,在输入文字的过程中由于字符串长度超过屏幕宽度而发生的自动换行,vi 并不认为是一行,只有在 vi 中按一次 Enter 键,另起一行的才是新的一行。
(7) 按":"键后输入"q",退出 vi。

2. 编辑文件

(1) 输入命令"vi file2",启动 vi 文本编辑器并打开 file2 文件。

（2）按":"键切换到最后行模式，输入命令"set nu"，每一行前出现行号。
（3）vi 自动返回到命令模式，连续两次输入"Z"，就退出 vi。
（4）再次输入命令"vi file2"，启动 vi 文本编辑器并打开 file2 文件。
（5）按"a"键，进入文本编辑模式，屏幕底部出现"——INSERT——字样。
（6）利用方向键移动光标到第一行行尾后，按 Enter 键，另起一行。输入学号。
（7）按 Esc 键后输入":"，进入最后行模式。因为当前 file2 文件中共有 5 行，所以输入命令"1，5 s/for/to/g"，并按 Enter 键，将文件中所有的"for"替换为"to"。
（8）按":"键，再次进入最后行模式，输入命令"1,1 m 3"，将第 1 行移动到第三行的后面。
（9）按":"键，输入"1,2 d"，删除第一和第二行。
（10）按"u"键，恢复被删除的部分。
（11）按":"键，进入最后行模式，输入"q!"退出 vi，不保存对文件的修改。
（12）再次输入命令"vi file2"，启动 vi 文本编辑器并打开 file2 文件。
（13）按":"键，进入最后行模式，输入"2，2 co 4"，将第二行的内容复制到第四行的后面。
（14）移动光标到第二行，键入"dd"命令，原来的第二行消失。
（15）按":"键，输入"wq"，存盘并退出 vi。

14-4 实训项目四：用户和组群管理

14.4.1 任务一：桌面环境下管理用户与组群

📁 任务要求

（1）新建两个用户账号，其用户名为 user1 和 user2，口令为"user1pass"和"user2pass"。
（2）锁定 user2 用户账号。
（3）删除 user2 用户。
（4）新建两个组群，分别是 group1 和 group2。
（5）修改 group1 组群属性，将 user1 用户加入 group1 组群。
（6）删除 group2 组群。

📁 操作步骤

1. 用户管理
（1）以超级用户身份登录 x window 图形化用户界面，依次单击"主菜单"→"系统设置"→"用户和组群"，启动"RedHat 用户管理器"窗口。
（2）单击工具栏上的"添加用户"按钮，出现"创建新用户"对话框，在"用户"文本框中输入用户名"user1"，在"口令"文本框中输入口令"user1pass"，在"确认口令"

文本框中再次输入口令，然后单击"确认"按钮，返回"RedHat 用户管理器"窗口。

（3）用同样的方法新建用户 user2。

（4）依次单击"主菜单"→"附件"→"文本编辑器"，启动 gedit 文本编辑器，打开/etc/passwd 和/etc/shadow 文件将发现文件的末尾出现表示 user1 和 user2 用户账号的信息。打开/etc/group 和/etc/gshadow 文件将发现文件末尾出现表示 userl 和 user2 私人组群的信息。

（5）按下 Ctrl + Alt + F3 组合键切换到第 3 个虚拟终端，输入用户名 user2 和相应的口令可登录 Linux 系统，说明新建用户操作的确成功。

（6）输入"pwd"命令，屏幕显示用户登录后进入用户主目录"/home/user2"。

（7）输入"exit"命令，user2 用户退出登录。

（8）按下 Alt + F7 组合键返回图形化用户界面。

（9）在"Red Hat 用户管理器"窗口选中 user2 用户账号，单击工具栏上的"属性"按钮，打开"用户属性"对话框。

（10）选中"账号信息"选项卡让"本地口令被锁"复选框被选中，单击"确定"按钮，返回"RedHat 用户管理器"窗口。

（11）按下 Clrl + Alt + F3 组台键，再次切换到第 3 个虚拟终端，输入用户名 user2 和相应的口令，但 user2 用户无法登录 Linux 系统，说明 user2 用户账号的确已被锁定。

（12）按下 Alt + F7 组合键再次返回图形化用户界面。

（13）在"Red Hat 用户管理器"窗口，单击"首选项"菜单中取消选择"过滤系统用户和组群"，"用户"选项卡的窗口中显示包括超级用户和系统用户在内的所有用户。

（14）在"搜索过滤器"文本框中输入"u＊"并按下 Enter 键，则仅显示以 u 为首字母的用户。

（15）选中 user2 用户，单击工具栏上的"删除"按钮，弹出对话框，单击"是"按钮返回"RedHat 用户管理器"，发现 user2 用户已被删除。

（16）在"搜索过滤器"文本框中输入"＊"并按下 Enter 键，则显示所有用户。

2. 群组管理

（1）在"Red Hat 用户管理器"窗口中单击"组群"选项卡，当前显示出所有组群。

（2）单击工具栏上的"添加组群"按钮，出现"创建新组群"对话框，在"组群名"文本框中输入"group1"，单击"确定"按钮，返回"Red Hat 用户管理器"窗口。

（3）用相同的方法新建 group2 组群。

（4）从"组群"选项卡中选择 group1 组群，单击工具栏上的"属性"按钮，弹出"组群属性"对话框。

（5）选择"组群用户"选项卡，选中 userl 前的复选框，将 user1 用户加入 group1 组群，单击"确定"按钮，返回"RedHat 用户管理器"窗口。

（6）从"组群"选项卡中选择 group2 组群，单击工具栏上的"删除"按钮，出现确认对话框，单击"是"按钮即可。

14.4.2 任务二：利用 Shell 命令管理用户与组群

📁 任务要求

（1）新建一名为 user3 的用户，其口令是"user3pass"，主要组群为 group1。
（2）将 user3 用户设置为不需口令就能登录。
（3）查看 user3 用户的相关信息。
（4）普通用户 user3 切换为超级用户。
（5）一次性删除 user3 用户及其工作目录。
（6）新建组群 group3。
（7）将 group3 组群改名为 grp3。
（8）删除 grp3 组群。

📁 操作步骤

1. 用户管理

（1）按下 Ctrl + Alt + F2 组合键，切换到第 2 个虚拟终端，以超级用户身份登录。
（2）输入命令"useradd -g group1 user3"，建立新用户 user3，其主要组群是 group1。
（3）为新用户设置口令，输入命令"passwd user3"，根据屏幕提示输入两次口令。注意：所输入的口令在屏幕上并不显示出来，而输入两次的目的在于确保口令没有输错。最后屏幕提示口令成功设置信息。
（4）输入命令"cat /etc/passwd"，查看/etc/passwd 文件的内容，发现文件的末尾增加 user3 用户的信息。
（5）输入命令"cat /etc/group"，查看/etc/group 文件的内容，发现文件内容未增加。
（6）按下 Alt + F3 组合键，切换到第 3 个虚拟终端，输入 user3 用户名和口令可登录 Linux 系统。
（7）输入"exit"命令，user3 用户退出登录。
（8）按下 Alt + F2 组合键，切换到正被超级用户使用的第 2 个虚拟终端。
（9）输入命令"passwd -d user3"。
（10）按下 Alt + F3 组合键，再次切换到第 3 个虚拟终端，在"Login:"后输入用户名"user3"，按下 Enter 键就出现 Shell 命令提示符，说明 user3 用户不需口令即可登录。
（11）在第 3 个虚拟终端输入命令"id user3"或"id"，显示 user3 用户的用户 ID（UID）、主要组群的名称和 ID（GID）。
（12）第 3 个虚拟终端当前的 Shell 命令提示符为"＄"，表明当前用户是普通用户。
（13）输入命令"ls /root"，屏幕上没有出现/root 目录中文件和子目录的信息，这是因为普通用户没有查看/root 目录的权限。
（14）输入命令"su -"或者是"su - root"，屏幕提示输入口令，此时输入超级用户的口令，Shell 提示符从"＄"变为"#"，说明已从普通用户转换为超级用户。
（15）再次输入命令"ls /root"，可查看/root 目录中文件和子目录的信息。
（16）输入"exit"命令，回到普通用户的工作状态。

（17）输入"exit"命令，user3 用户退出登录。
（18）按下 Alt + F2 组合键，切换到正被超级用户使用的第 2 个虚拟终端。
（19）输入命令"userdel -r user3"。
（20）输入命令"cat /etc/passwd"，查看/etc/passwd 文件的内容，发现 user3 的相关信息已消失。
（21）输入命令"ls /home"，发现 user3 的主目录/home/user3 也不复存在。

2. 群组管理

（1）在超级用户的 Shell 提示符后输入命令"groupadd group3"，建立 group3 组群。
（2）输入命令"cat /etc/group"，发现 group 文件的末尾出现 group3 组群的信息。
（3）输入命令"cat /etc/gshadow"，发现 gshadow 文件的末尾也出现 group3 组群的信息。
（4）输入命令"groupmod -n grp3 group3"，其中-n 选项表示更改组群的名称。
（5）输入命令"cat /etc/group"，查看组群信息，发现原来 group3 所在行的第一项变为"grp3"。
（6）超级用户输入"groupdel grp3"命令，删除 grp3 组群。

14.4.3 任务三：批量新建多个用户账号

📁 **任务要求**

为全班同学创建用户账号，用户名为"stu + 学号"，已知学生的学号为 21090101…21090130。例如学号为 21090103 的学生，用户名为"stu21090103"，并且都属于 c0901 组群。

📁 **操作步骤**

（1）新建班级的组群 c0901，输入命令"groupadd c0901"。
（2）查看/etc/group 文件，获取用户组群 c0901 的 ID 号，假设为 505。
（3）编辑用户信息文件，保存为 stu.txt 文件，文件的格式为：（假设 >500 的 UID 未被使用）

```
stu21090101：x：501：505：：/home/ stu21090101：/bin/bash
stu21090102：x：502：505：：/home/ stu21090102：/bin/bash
…
```

（4）编辑用户口令文件，保存为 password.txt 文件，文件的格式为：

```
stu21090101：21090101pass
stu21090102：21090102pass
…
```

（5）输入命令"newusers < stu.txt"，批量新建用户账号。
（6）输入命令"pwunconv"，暂时取消 shadow 加密。
（7）输入命令"chpasswd < password.txt"，批量新建用户的口令。
（8）输入命令"pwconv"，进行 shadow 加密，完成批量新建用户账号工作。

(9) 输入命令"cat /etc/passwd",查看/etc/passwd 文件发现所有的用户账号均已建立。

14-5 实训项目五:文件和文件系统管理

14.5.1 任务一:目录和文件管理

📁 任务要求

(1) 目录操作,创建两个新目录 dir1 和 dir2,然后将 dir2 目录移到 dir1 目录中,最后删除 dir2 目录。

(2) 文件操作,查找 inittab 文件,并将 inittab 文件中所有包含"default"的行存入/home/yzh/dir1/file1.txt 文件。

(3) 将 file1.txt 文件复制到当前目录,命名为 file2.txt,并在当前目录中创建 file1.txt 文件的符号链接文件 file3.txt 和硬链接文件 file4.txt,分别观察 file1.txt、file2.txt、file3.txt 和 file4.txt 的内容,并且比较四个文件的 inode 值、大小、权限等属性。

📁 操作步骤

(1) 以普通用户(yzh)身份登录到 Linux 命令行模式,当前目录为用户的主目录"/home/yzh"。

(2) 执行命令"ls -l",查看当前目录中的所有文件。

(3) 执行命令"mkdir dir1 dir2"创建两个目录。

(4) 执行命令"ls -l",确认两个目录是否成功创建。

(5) 输入命令"mv dir2 dir1",将 dir2 目录移动到 dir1 目录。

(6) 输入命令"cd dir1",切换到 dir1 目录,再输入"ls"命令,查看到 dir2 目录。

(7) 输入命令"rm -rf dir2"删除 dir2 目录。

(8) 查找 inittab 文件,执行命令"find / -name inittab",屏幕显示 inittab 文件的完整路径为"/etc/inittab"。

(9) 将/etc/fstab 文件中所有包含"default"的行存入 file1.txt 文件,输入命令"grep -n " default" /etc/fstab > /home/yzh/dir1/file1.txt"。

(10) 执行命令"/home/yzh/dir1"进入 dir1 目录,输入命令"cat file1.txt",查看 file1.txt 文件的内容。

(11) 输入命令"cp file1.txt file2.txt",在当前目录创建 file1.txt 文件的副本 file2.txt。

(12) 执行命令"ln -s file1.txt file3.txt",创建 file1.txt 文件的符号链接文件。

(13) 执行命令"ln file1.txt file4.txt",创建 file1.txt 文件的硬链接文件。

(14) 使用 cat 命令查看 file1.txt、file2.txt、file3.txt 和 file4.txt 的内容。

(15) 执行命令"ls -li file1.txt file2.txt file3.txt file4.txt",观察四个文件的属性。

14.5.2 任务二：文件系统的管理

📁 任务要求

（1）挂载与卸载 U 盘。
（2）挂载与卸载光盘。

📁 操作步骤

（1）使用 root 账号登录系统，为 U 盘创建挂载点目录/mnt/udisk。
（2）插入 U 盘，输入命令"mount -t vfat /dev/sda1 /mnt/udisk"，挂载 U 盘。
（3）插入光盘，输入命令"mount -t iso9660 /dev/cdrom /mnt/cdrom"，挂载光盘。
（4）输入命令"ls /mnt/udisk"，查看 U 盘中的文件内容。
（5）输入命令"ls /mnt/cdrom"，查看光盘中的文件内容。
（6）为验证系统已挂载的设备，输入命令"df"，可查看 U 盘当前空间使用情况。
（7）输入命令"cp /mnt/cdrom/file1 /mnt/udisk"，将光盘中的文件 file1 复制到 U 盘。
（8）输入命令"ls /mnt/udisk"，查看 file1 文件是否已复制到 U 盘。
（9）卸载光盘，输入命令"umount/dev/cdrom"。
（10）卸载 U 盘，输入命令"umount/dev/sda1"。

14.5.3 任务三：文件归档与压缩

📁 任务要求

（1）将/etc 目录归档为 etc.tar 文件。
（2）将/etc 目录归档并调用 gzip 压缩为 etc.tar.gz 文件。
（3）解压缩 etc.tar.gz 文件至用户的主目录。
（4）比较/etc、etc.tar 和 etc.tar.gz 占用磁盘空间大小的差别。

📁 操作步骤

（1）以 root 用户身份登录到 Linux 命令行模式。
（2）执行命令"tar -cvf etc.tar /etc"，将/etc 目录中的所有文件归档为 etc.tar 文件。
（3）输入命令"tar -czvf etc.tar.gz /etc"，将/etc 目录中的所有文件归档并调用 gzip 压缩为 etc.tar.gz 文件。
（4）输入命令"tar -xzvf etc.tar.gz"，解压缩 etc.tar.gz 文件至用户的当前目录。
（5）输入命令"du -sh /etc etc.tar etc.tar.gz"，观察它们占用磁盘空间大小的差别。

14-6 实训项目六：作业和进程管理

14.6.1 任务一：作业和进程的基本管理

📁 任务要求

（1）先在前台启动 vi 编辑器并打开 file1.txt 文件，然后挂起，最后在后台启动一个 find 作业，查找 passwd 文件，将结果输出到 file2.txt。
（2）查看当前作业、进程和用户信息，并对作业进行前后台切换。
（3）设置一个 at 调度，要求在 2 分钟后向所有用户发送系统即将重启的消息，并在 5 分钟后重新启动计算机。
（4）设置 crontab 调度，要求每天 17 点 30 分查看系统的进程状态。

📁 操作步骤

（1）以系统管理员用户（root）身份登录到 Linux 字符界面。
（2）输入命令"vi file1.txt"，在前台启动 vi 文本编辑器并打开 file1.txt 文件。
（3）按下 Ctrl+Z 组合键，暂时挂起"vi file1.txt"作业，屏幕显示该作业的作业号。
（4）输入命令"find / -name passwd > file2.txt&"，启动一个后台作业。
（5）输入命令"jobs"，查看当前系统中的所有作业。由此可知"vi file1.txt"作业的作业号为 1，已经停止。"find / -name passwd > file2.txt&"作业的作业号为 2，正在运行。
（6）输入命令"fg 2"，将"find /-name passwd > file2.txt&"作业切换到前台。屏幕显示出"find / -name passwd > file2.txt"命令，并显示其执行结果。稍等片刻，作业完成后屏幕再次出现命令提示符。
（7）输入命令"cat file2.txt"，查看"find/ -name passwd > file2.txt"命令的执行结果。
（8）再次输入命令"jobs"，可发现当前系统中只有一个已停止的作业"vi file1.txt"。
（9）终止"vi file1.txt"作业，输入命令"kill %1"。
（10）输入命令"ps -l"，查看进程的相关信息。
（11）输入命令"who -H"，查看用户信息。
（12）按下 Alt+F4 组合键，切换到第 4 个虚拟终端，以超级用户身份登录。
（13）首先输入命令"at now +2 minutes"，设置 2 分钟后执行 at 调度的内容。
（14）屏幕出现 at 调度的命令提示符"at >"，输入"wall please logout; the computer will restart"，向所有用户发送消息。
（15）在"at >"提示符的第二行输入"shucdown -r +5"，系统 5 分钟后将重新启动。
（16）光标移动到"at >"提示符的第三行，按下 Ctrl+D 组合键结束输入。
（17）2 分钟后系统将自动运行这一 at 调度内容。先向所有用户发送消息，然后再等 5 分钟重新启动。
（18）输入命令"crontab -e"，新建一个 crontab 配置文件。

（19）屏幕出现 vi 编辑器，按下"i"，进入输入模式，输入"30 17 * * * ps"。

（20）按下 Esc 键退出 vi 的文本输入模式，并按下"："键切换到最后行模式，输入"wq"，保存并退出编辑器。

14.6.2 任务二：系统性能监视

📂 任务要求

（1）利用 Shell 命令监视系统性能。
（2）利用桌面环境图形化工具监视系统性能。

📂 操作步骤

（1）输入命令"top"，屏幕动态显示 CPU 利用率、内存利用率和进程状态等相关信息。
（2）按下 M 键，所有进程按照内存使用率排列。
（3）按下 T 键，所有进程按照执行时间排列。最后按下 P 键，恢复按照 CPU 使用率排列所有进程。
（4）按下 Ctrl + C 组合键结束 top 命令。
（5）输入"startx"命令，启动 X Window 图形化用户界面。
（6）超级用户依次单击"主菜单"→"系统工具"→"系统监视器"，打开"系统监视器"窗口。
（7）"进程列表"选项卡中显示超级用户启动的所有进程。单击"查看"后下拉列表选择"所有的进程"，则显示系统中所有的进程。
（8）单击"编辑"菜单中的"首选项"，弹出"首选项"对话框。单击"进程域"选项卡，可设置显示的信息项目。单击"关闭"按钮，显示进程的各种信息。
（9）单击"系统监视器"选项卡，查看当前 CPU、内存和交换分区、硬盘和共享内存的使用情况。
（10）依次单击"主菜单"→"系统工具"→"系统日志"，打开"系统日志"窗口。可分别查看各类系统日志。

第十五章

15 Linux 网络服务管理实训

本章主要包括网络服务的实训任务，提出各服务的用户需求，通过网络服务要求、服务器配置、客户端配置等几个环节的配置实践，让学生对 Linux 下网络服务的管理流程有更深一步的认识。

---- 本章重点知识包括 ----

◎ 实训项目一：配置和管理 Samba 服务器

◎ 实训项目二：配置和管理 DNS 服务器

◎ 实训项目三：配置和管理 Web 服务器

15-1　实训项目一：配置和管理 Samba 服务器

15.1.1　任务一：配置 Samba 服务应用环境

📁 任务要求

（1）Linux 环境配置，配置 Linux 计算机，其 IP 地址为 10.0.0.10，主机名为 rhel5，关闭网络防火墙。

（2）Samba 服务的安装、启动与停止。

（3）配置 Windows XP 计算机，其 IP 地址为 10.0.0.6，主机名为 USER6，所属工作组为 Workgroup。

📁 操作步骤

1. Linux 服务器环境设置

（1）以超级用户身份登录到图形化用户界面，依次单击"主菜单"→"系统设置"→"网络"，打开"网络配置"窗口。

（2）选中 eth0 网卡，单击工具栏上的"编辑"按钮，出现"以太网设备"对话框，将网卡的 IP 地址设置为 10.0.0.10，子网掩码为 255.255.255.0，单击"确定"按钮，回到"网络配置"窗口。

（3）选中"DNS"选项卡，将计算机的主机名设置为 rhel5。

（4）选中"主机"选项卡，并单击工具栏上的"新建"按钮，弹出"添加，编辑主机项目"对话框，"地址"文本框中输入主机的 IP 地址"10.0.0.10"，"主机名"文本框中输入主机名"rhel5"，单击"确定"按钮，回到"网络配置"窗口。

（5）单击"设备"选项卡，选中 eth0 网卡，先单击工具栏上的"解除"按钮，再单击"激活"按钮，重新启动网卡。

（6）单击"文件"菜单中的"保存"，弹出对话框，单击"确定"按钮。最后关闭"网络设置"窗口。

（7）依次单击"主菜单"→"系统设置"→"安全级别"，从"安全级别"下拉列表中选择"禁用防火墙"，并单击"确定"按钮。弹出确认对话框，单击"是"按钮。

（8）执行命令"mount /dev/cdrom /mnt/cdrom"，将挂载安装光盘至/mnt/cdrom。

（9）执行命令"cd /mnt/server"，进入光盘中放置软件安装包的目录。

（10）安装 Samba 服务器："rpm – Uhv samba-3.0.25b-0.el5.4.i386.rpm"。

（11）安装 Samba 客户端软件软件包：

"rpm – Uhv samba-client-3.0.25b-0.el5.4.i386.rpm"。

（12）安装包括 Samba 服务器和客户端所需文件的软件包："rpm – Uhv samba-common-3.0.25b-0.el5.4.i386.rpm"。

（13）运行命令"/etc/init.d/smb start"，启动 Samba 服务器。

（14）运行命令"/etc/init.d/smb stop"，关闭 Samba 服务器。

（15）运行命令"/etc/init.d/smb restart"，重启 Samba 服务器。

2. Windows XP 环境设置

（1）启动 Windows XP 计算机后，打开控制面板，双击"网络和拨号连接"图标，打开"网络和拨号连接"窗口。

（2）右键单击"本地连接"，弹出抉捷菜单，选中"属性"，弹出"本地连接属性"对话框，确认是否已安装 NetBIOS 协议和 TCP/IP 协议，否则安装这两个协议。

（3）选中"Internet 协议（TCP/IP）"，设置 TCP/IP 协议的属性，设置 IP 地址为 10.0.0.6，子网掩码为 255.255.255.0，最后关闭"本地连接属性"对话框。

（4）打开控制面板，双击"系统"图标，选中"网络标识"选项卡，单击"属性"按钮，弹出"标识更改"对话框，将计算机名设置为 USER6，工作组设置为 Workgroup，单击"确定"按钮。

（5）单击"开始"菜单中的"运行"，输入命令"ping 10.0.0.10 -t"，测试网络连接是否通畅。

15.1.2 任务二：使用 Samba 图形化管理工具，配置 share 安全级别的 Samba 服务器

📁 任务要求

（1）将 Linux 计算机中的/share 目录设置为共享目录。

（2）使用 Windows 客户端访问 Linux 共享目录。

📁 操作步骤

1. 服务器配置

（1）备份配置文件/etc/samba/smb.conf。

（2）在/share 目录下建立两个文件，file1.txt 和 file2.txt。

（3）修改 file1.txt 文件的属性，设置所有用户都可以读写 file1.txt 文件。

（4）依次单击"系统"→"管理"→"服务器设置"→"Samha"，打开"Samba 服务器配置"窗口。

（5）单击工具栏上的"添加"按钮，弹出"创建 samba 共享"窗口。在"基本"选项卡中的"目录"文本框中输入共享的目录"/share"，并选择"基本权限"栏的"可擦写"和"显示"。

（6）在"访问"选项卡中选择"允许所有用户访问"。

（7）单击"首选项"菜单中的"服务器设置"，在"基本"选项卡的"工作组"文本框中输入当前工作组名"Workgroup"，并在"安全性"选项卡中，选择"验证模式"下拉列表中的"共享"即可，最后关闭"samba 服务器配置"窗口。

（8）依次单击"系统"→"管理"→"服务器设置"→"服务"，打开"服务配置"窗口，从左侧选择 smb 服务，然后单击工具栏的"开始"按钮，启动 samba 服务。

2. 客户端访问

（1）在 Windows XP 客户端计算机上，双击进入桌面上的"网上邻居"图标。

（2）双击"邻近的计算机"图标，出现两台计算机，名为 USER6 和 RHEL5。

（3）双击进入 RHEL5 的计算机，即访问 Linux 计算机，出现共享目录 share 和打印机图标。

（4）进入 share 目录，显示该共享目录中的所有文件和目录。双击 file2.txt 文件可查看其内容，但是不能修改其内容，因为 file2 的所有者是超级用户，其他用户只拥有读权限而没有写权限。

（5）由于修改过 file1 的属性，双击 file1.txt 文件不仅可查看其内容，并且还能修改其内容。

15.1.3 任务三：使用命令行界面，配置 user 安全级别的 Samba 服务器

任务要求

（1）用户可以访问个人主目录。
（2）用户可以访问/smbdir 目录。
（3）创建 Samba 用户 yzh。
（4）使用 Windows XP 的客户端，通过用户账号 yzh 访问服务器的共享目录。

操作步骤

1. 服务器配置

（1）进入命令行界面，以 root 用户身份登录。
（2）建立 Samba 服务的配置文件/etc/samba/smb.conf，其内容为：

```
[global]
workgroup = Workgroup
[homes]
comment = Home Directory
browseable = no
writable = yes
[smbdir]
path = /smbdir
writable = yes
```

（3）使用"testparm"命令测试 Samba 配置文件是否配置正确。

2. 创建 Samba 用户

（1）创建新用户 yzh 使用命令"useradd yzh"。
（2）设置 yzh 用户的口令使用命令"passwd yzh"。
（3）使用组合键，切换到另一个虚拟终端，以 yzh 用户身份登录系统，进入用户的主目录，创建一个新文件 file1.txt。
（4）回到以超级用户身份登录的虚拟终端，输入命令添加 Samba 用户使用命令"smbpasswd －a yzh"，将 yzh 用户添加为 Samba 用户并设置口令。
（5）输入"service smb restart"命令，重新启动 Samba 服务。

3. 访问 Samba 服务

（1）在 Windows XP 计算机上双击桌面上的"网上邻居"图标，找到名为 RHEL5 的计算机。
（2）双击 RHEL5 计算机，弹出对话框，输入用户名 yzh 和其 Samba 口令，显示 yzh 用

户的主目录、smbdir 目录以及打印机图标。

（3）双击 yzh 目录则可查看用户主目录的文件，并可进行各项文件操作。

15.1.4 任务四：访问 Windows XP 的共享目录

📁 **任务要求**

（1）桌面环境下访问 Windows 共享目录。
（2）利用 Shell 命令访问 Windows 共享目录。

📁 **操作步骤**

（1）在 Windows XP 计算机上打开控制面板，双击"网络和拨号连接"图标，打开"网络和拨号连接"窗口。

（2）右键单击"本地连接"，弹出快捷菜单选中"属性"，弹出"本地连接属性"对话框，查看是否已安装"Windows 网络的文件和打印机共享"服务，否则安装这一服务。

（3）在 Windows 计算机中新建 share 目录，并在 share 目录中新建两个文件 sabc.txt 和 sxyz.txt，并将 share 目录设置为共享目录。

（4）Linux 计算机按下 Alt + F7 组合键，切换回桌面环境。

（5）单击"主菜单"中的"网络服务器"，首先显示出当前网络的工作组 workgroup，双击 workgroup 工作组，显示此工作组中的两台计算机，名为 USER6 和 RHEL5。

（6）双击 USER6 计算机，弹出"需要验证"对话框，输入 Windows 计算机中的用户名和口令，则显示共享目录 share。

（7）双击 share 目录可查看其包含的文件，并可进行各项文件操作。

（8）按下 Ctrl + Alt + F2 组合键回到以超级用户身份登录的虚拟终端，输入命令"smbclient -L localhost"，屏幕显示"Passwd"字样，直接按 Enter 键，可显示出 Linux 计算机提供共享的目录。

（9）输入命令"smbclient //USER6/share"，显示"Passwd"字样，直接按 Enter 键，出现"smb：\ >"提示符。

（10）在"smb: \ >"提示符后输入"?"，可查看 smb 提供的所有命令。

（11）在"smb: \ >"提示符后输入"get sabc.txt"命令，可将 Windows 共享目录中 sabc.txt 下载到 Linux 计算机中的/etc/samba 目录。

（12）最后输入"quit"，退出 smb 工作环境。

15 – 2 实训项目二：配置和管理 DNS 服务器

15.2.1 任务一：建立 DNS 服务器的应用环境

📁 **任务要求**

（1）配置第一台 Linux 计算机（简称为 A），其口地址为 10.0.1.10，主机名为

rhel5.test.com。

（2）配置第二台 Linux 计算机（简称为 B）IP 地址为 10.0.1.20，主机名为 www.test.com。

（3）配置 Windows 计算机（简称为 C），其 IP 地址为 10.0.1.30。

操作步骤

（1）启动 A 计算机，并以超级用户身份登录字符界面。

（2）输入命令"ifconfig eth0 10.0.1.10"，设置 A 计算机的 IP 地址为 10.0.1.10。

（3）输入命令"hostname rhel5.test.com"，设置 A 计算机的主机名为 rhel5.test.com。

（4）输入命令"ifconfig"，查看网卡信息，确认其 IP 地址为 10.0.1.10。

（5）输入命令"hostname"，查看主机名，确认其主机名为 rhel5.test.com。

（6）输入命令"service iptables stop"，关闭 A 计算机的防火墙守护进程。

（7）启动 B 计算机，并以超级用户身份登录字符界面。

（8）输入命令"ifconfig eth0 10.0.1.20"，设置 B 计算机的 IP 地址为 10.0.1.20。

（9）输入命令"hostname www.test.com"，设置 B 计算机的主机名为 www.test.com。

（10）输入命令"ifconfig"，查看网卡信息，确认其 IP 地址的确为 10.0.1.20。

（11）输入命令"hostmame"，查看主机名，确认其主机名的确为 www.test.com。

（12）输入命令"service iptables stop"，关闭 B 计算机的防火墙守护进程。

（13）输入命令"ping 10.0.1.10"，测试与 A 计算机的网络连接是否通畅。

（14）启动 C 计算机后打开控制面板，双击"网络和拨号连接"图标，打开"网络和拨号连接"窗口。

（15）右键单击"本地连接"，弹出快捷菜单，选中"属性"，弹出"本地连接属性"对话框，选中"Internet 协议（TCP/IP）"，设置 TCP/IP 协议的属性，设置 IP 地址为 10.0.1.30，子网掩码为 255.255.255.0，最后关闭"本地连接属性"对话框。

（16）单击"开始"菜单中的"运行"，输入命令"ping 10.0.1.10 -t"，测试与 A 计算机的网络连接是否通畅。

（17）单击"开始"菜单中的"运行"，输入命令"ping 10.0.1.20 -t"，测试与 B 计算机的网络连接是否通畅。

15.2.2 任务二：配置主 DNS 服务器

任务要求

（1）将 A 计算机配置为主 DNS 服务器，域名为 test.com，要解析的服务器为 www.test.com。

（2）启动 B 计算机的 www 服务器，并设置 A 计算机为其 DNS 服务器。

（3）配置 C 计算机，使其 DNS 服务器为 A 计算机。

操作步骤

1. 服务器配置

（1）在 A 计算机中新建立如下内容的 named.conf 文件，保存于/etc 目录。

```
options {
directory "/var/named/";};
zone  "test.com" {
type master;
file"test.com.zone";};
zone "1.0.10.in-addr.arpa" {
type master;
file  "10.0.1.rev";};
```

（2）编写如下内容的 test.com.zone 文件，保存于/var/named 目录。

```
@  IN SOA rhel5.test.com root.rhel5.test.com. (
    1
    3H
    15M
    1w
    1D)
    IN      NS      rhel5.test.com.
rhel5   IN      A       10.0.1.10
www     IN      A       10.0.1.20
```

（3）编写如下内容的 10.0.1.rev 文件，保存于/var/named 目录。

```
@   IN SOA rhel5.test.com root.rhel5.test.com. (
    1
    3H
    15M
    1W
    1D)
    IN      NS      rhel5.test.com.
10      IN PTR      rhel5.test.com.
20      IN PTR      www.test.com.
```

（4）输入命令"service named start"，启动 DNS 服务器的守护进程 named。

（5）输入命令"tail /var/log/messages"，查看/var/log/messages 文件，以了解 DNS 服务器的启动过程。如果出现错误信息，则根据提示信息修改相应的文件，直到 DNS 服务器成功启动。

2. 配置 Linux 的 DNS 客户端

（1）在 B 计算机中输入命令"service httpd start"，启动 www 服务器。

（2）输入命令"vi /etc/resolv.conf"，在 vi 文本编辑器中打开 resolv.conf 文件。按下"i"键，进入文本编辑模式，向 resolv.conf 文件添加 "nameserver 10.0.1.10"语句。

（3）按下 Esc 进入命令模式后，按下":"键进入最后行模式，输入命令"wq"，保存 resolv.conf 文件并退出 vi。

（4）输入命令" ping rhel5.test.com"，将能把域名 rhel5.test.com 解析为 IP 地

址 10.0.1.10。

3. 配 Windows XP 的 DNS 客户端

（1）在 C 计算机中打开控制面板，双击"网络和拨号连接"图标，打开"网络和拨号连接"窗口。

（2）右键单击"本地连接"，弹出快捷菜单，选中"属性"，弹出"本地连接属性"对话框，选中"Internet 协议（TCP/IP）"，设置 TCP/IP 协议的属性，设置首选 DNS 服务器为 10.0.1.10。

（3）单击"开始"菜单中的"运行"，输入命令"ping rhel5.test.com -t"，将能把域名 rhel5.test.com 解析为 IP 地址 10.0.1.10。

（4）启动 Internet Explorer，在地址栏输入"www.test.com"将显示出 Red Hat 默认的主页。

15-3 实训项目三：配置和管理 Web 服务器

15.3.1 任务一：启动 Web 服务器

任务要求

（1）设置 Linux 计算机，其 IP 地址为 10.0.0.10，子网掩码为 255.255.255.0。
（2）允许 www 服务穿过防火墙。
（3）启动 Apache。
（4）测试服务器。

操作步骤

（1）以超级用户身份启动 X Window 图形化用户界面。

（2）依次单击"系统"→"管理"→"网络"，打开"网络配置"窗口。选中网卡 eth0，单击工具栏上的"编辑"按钮，弹出"以太网设备"对话框，设置 IP 地址为 10.0.0.10，子网掩码为 255.255.255.0，单击"确定"按钮，返回"网络配置"窗口。

（3）重启网卡 eth0，如果出现对话框则单击"是"按钮，最后关闭"网络配置"窗口。

（4）依次单击"系统"→"管理"→"服务器设置"→"服务"，打开"服务配置"窗口，选中 httpd 服务，并单击工具栏上的"开始"按钮，启动 httpd 服务。

（5）依次单击"系统"→"管理"→"安全级别和防火墙"，打开"安全级别设置"窗口。在"防火墙"下拉列表中选择"启用"，在"信任的服务"栏选择"WWW（HTTP）"，并单击"确定"按钮，允许 WWW 服务通过防火墙。

（6）依次单击"应用程序"→"附件"→"文本编辑器"，新建一个 index.html 文件保存于/var/www/html 目录，内容自定。

（7）在 Windows 计算机中启动 Internet Explorer，在地址栏输入"http://10.0.0.10"，将显示/var/www/html/目录下 index.html 文件的内容。

15.3.2 任务二：配置个人 Web 站点

任务要求

（1）配置 Apache 服务器，允许 Linux 的本地用户启动个人 Web 站点。
（2）设置用户 yzh 的个人 Web 站点。
（3）测试 yzh 用户的个人站点。

操作步骤

1. 服务器配置
（1）按下 Ctrl + Alt + F2 组合键，切换到第 2 个虚拟终端，以超级用户身份登录。
（2）备份配置文件 httpd.conf，便于当 Apache 服务器的配置错误时恢复初始设置。
（3）利用 vi 编辑器，修改 httpd.conf 文件的以下内容，允许用户建立其个人 Web 站点。

    < If Module　mod_userdir.c >
    userDir public_html
    < If Module >

（4）输入命令"service httpd restart"，重新启动 httpd 服务。

2. 用户个人站点配置
（1）输入命令"useradd yzh"，创建用户 yzh。
（2）输入命令"passwd yzh"，为 yzh 用户设置其口令。
（3）按下 Alt + F3 组合键，切换到第 3 个虚拟终端，以普通用户 yzh 身份登录 Linux。
（4）输入命令"mkdir public_html"，在用户主目录/home/ yzh 中新建 public_html 目录。
（5）输入命令"cd ..."，切换到用户主目录的上一级目录，即/home。
（6）输入命令"chmod 701 yzh"，修改 yzh 用户主目录的权限．让其他用户都可进入此目录。
（7）输入命令"cd ~/public_html"，切换到新建的 public_html 目录。
（8）新建 index.html 文件，可输入命令"cat > index.html"，内容自定。

3. 个人站点访问
在 Windows XP 计算机中启动 Internet Explorer，在地址栏输入"http://10.0.0.10/ ~ yzh"，显示/home/yzh/public_html 目录下 index.html 文件的内容。

15.3.3 任务三：配置 Web 服务的用户认证

任务要求

（1）对/var/www/html/secret 目录进行用户认证，仅 yzh 用户可访问。
（2）测试用户认证的效果。

操作步骤

1. 服务器配置
（1）按下 Alt + F2 组合键，回到超级用户登录的字符界面。

（2）输入命令"mkdir /var/www/html/secret"，在 Apache 的默认主页根目录下新建一个为 secret 的目录。

（3）为测试配置效果，需要在此目录中新建一 index.html 文件，内容自定。

（4）编辑 httpd.conf 文件，添加如下内容：

```
< Directory "/var/www/html/secret" >
Allowoverride none
AuthName "share web"
AuthType Basic
AuthuserFile /var/www/userpass
require yzh
</Directory >
```

（5）输入命令"htpasswd -c /var/www/userpass yzh"，将创建 apache 的认证用户口令文件/var/www/userpass，并设置 yzh 用户的认证口令。

（6）输入命令"service httpd restart"，重新启动 Apache 服务器。

2. 测试

（1）Windows 计算机中启动 Internet Explorer，在地址栏输入"http：//10.0.0.10/secret"，弹出"输入网络密码"对话框。

（2）在"用户名"文本框中输入"yzh"，并输入其口令，然后单击"确定"按钮，将显示/var/www/html/secret 目录下 index.html 文件的内容。

参考文献

［1］杨明华. Linux 系统与网络服务管理技术大全. 北京：电子工业出版社，2010.

［2］黄丽娜，许社村，陈彩可，等. Red Hat Linux 9.0 基础教程（第 2 版）. 北京：清华大学出版社，2007.

［3］余柏山等. Linux 系统管理与网络管理. 北京：清华大学出版社，2010.

［4］谢蓉. Linux 基础及应用. 北京：中国铁道出版社，2008.

［5］梁如军，丛日全，等. Red Hat Linux 9 系统管理. 北京：机械工业出版社，2004.

［6］张金石. 网络服务器配置与管理——Red Hat Enterprise Linux 5 篇. 北京：人民邮电出版社，2011.

［7］姚越. Linux 网络管理与配置. 北京：机械工业出版社，2010.

［8］杨宗德，刘福刚，邓玉春，等. Red Hat Linux 9 系统管理与服务器配置. 北京：人民邮电出版社，2010.

［9］闫映炳. Linux 系统与网络管理教程（第 2 版）. 北京：电子工业出版社，2010.